新たなミサイル軍拡競争と日本の防衛

INF条約後の安全保障

森本　敏
高橋杉雄　編著

戸﨑洋史　合六　強
小泉　悠　村野　将

並木書房

目　次

第3章　ポストＩＮＦ時代の軍備管理（戸﨑洋史）106

第5章　ロシアにとってのＩＮＦ問題（小泉 悠）

略語集

A2／AD（接近阻止／領域拒否）
ABM（弾道弾迎撃ミサイル）
ALCM（空中発射型巡航ミサイル）
ASW（対潜水艦戦）
AWACS（早期警戒管制機）
BMD（弾道ミサイル防衛）
BWC（生物兵器禁止条約）
CBM（信頼醸成措置）
CEND（核軍縮環境創設アプローチ）
CEP（半数必中界）
CFE（ヨーロッパ通常戦力条約）
COP（共同作戦図）
CPGS（迅速グローバル打撃システム）
CTBT（包括的核実験禁止条約）
CWC（化学兵器禁止条約）
DMO（分散型海洋作戦）
EAB（遠征前進基地）

ＥＡＢＯ（遠征前進基地作戦）
ＥＤＩ（欧州抑止イニシアチブ）
ＥＲＷ（放射線強化弾頭）
ＧＢＩ（米本土防衛用のＢＭＤ用迎撃ミサイル）
ＧＬＢＭ（地上発射型弾道ミサイル）
ＧＬＣＭ（地上発射型巡航ミサイル）
ＧＲＡＵ（国防省ロケット・砲兵総局）
ＨＧＶ（極超音速グライド兵器）
ＨＩＭＡＲＳ（高機動ロケット砲システム）
ＩＡＭＤ（統合航空ミサイル防衛）
ＩＣＢＭ（大陸間弾道ミサイル）
ＩＮＦ（中距離核戦力）
ＩＲＢＭ（中距離弾道ミサイル）
ＬＲＩＮＦ（長射程中距離核戦力）
ＭＡＤ（相互確証破壊）
ＭＢＦＲ（中欧相互兵力削減）
ＭＤ（ミサイル防衛）
ＭＩＲＶ（個別誘導複数弾頭）
ＭＬＦ（多角的核戦力）
ＭＬＲＳ（多連装ロケットシステム）

MRBM（準中距離弾道ミサイル）
MTCR（ミサイル技術管理レジーム）
NATO（北大西洋条約機構）
NCW（ネットワーク中心の戦い）
NPG（核計画グループ）
NPR（核態勢見直し）
NPT（核兵器不拡散条約）
NTM（国家技術手段）
PGM（精密誘導兵器）
PrSM（精密打撃ミサイル）
QDR（4年次国防見直し）
RMA（軍事における革命）
RVSN（戦略ロケット部隊）
SALT（戦略兵器制限交渉）
SALTⅠ（第一次戦略兵器制限条約）
SALTⅡ（第二次戦略兵器制限条約）
SCO（上海協力機構）
SDI（戦略防衛構想）
SLBM（潜水艦発射型弾道ミサイル）
SLCM（海洋発射型巡航ミサイル）

SRBM（短距離弾道ミサイル）
SRINF（短射程中距離核戦力）
SSGN（巡航ミサイル原子力潜水艦）
START（戦略兵器削減条約）
TEL（移動式発射機）
TNF（戦域核戦力）
TPNW（核兵器禁止条約）
UAV（無人航空機）
WMD（大量破壊兵器）

はじめに

（高橋杉雄）

ＩＮＦ条約破棄の背景と影響

冷戦を記憶している世代にとって、中距離核戦力（ＩＮＦ：Intermediate-Range Nuclear Forces）条約は特別の意味を持つ。当時の世界における最大の恐怖は、膨大な数の核弾頭を突きつけ合っていた米ソ間で全面核戦争が勃発し、人類が絶滅してしまうことであった。特に１９８０年代は、米ソの中距離核ミサイルの配備に加え、ヨーロッパではＮＡＴＯ軍が核戦争を想定して行なった演習「エイブル・アーチャー」を実施したり、アジアではソ連による大韓航空００７便撃墜事件が発生するなど（いずれも１９８３年）、軍事的緊張が極度に高まった。

一般社会でも、アメリカでは核戦争後の社会を描いたテレビ映画「ザ・デイ・アフター」が大反響を呼び、日本でも、米ソの全面戦争を描いたアニメ映画「１９８Ｘ年」（長い間入手困難だったが、現在はアマゾンプライムで視聴可能）が公開されるなど、核戦争の恐怖を皮膚感覚として感じざるを得なかった時代であった。

その恐怖の中心にあったのが中距離核ミサイル、すなわちソ連のSS‐20と米国のパーシングⅡであった。INF条約とは、まさにその双方のミサイルを廃棄し、歴史の流れを変えた条約であった。INF条約締結のわずか2年後の1989年には、米国のブッシュ（父）大統領とソ連のゴルバチョフ書記長が冷戦終結を宣言したマルタ会談が行なわれ、その後ほどなくしてベルリンの壁が崩壊した。こうして名実ともに冷戦は終結し、米ソの全面核戦争による人類滅亡の恐怖は去った。INF条約は、文字どおり時代の分水嶺だったのである。

しかし、それから30年を経て、国際情勢は大きく変動した、ソ連の条約上の義務を継承したロシアと米国については、INF条約の下で射程500〜5500キロメートルの地上発射型ミサイルの開発・配備が禁止されていた一方、中国をはじめとして、インド、パキスタン、イラン、イラク、北朝鮮、韓国などがその射程距離のミサイルを保有するようになった。また、米ロ関係も2014年のクリミア危機以後、著しく悪化した。さらにロシアがINF条約で禁止されているはずのミサイルを開発しているとの情報を米国が得たことを直接的なきっかけとして、2019年8月2日にINF条約は失効した。

INF条約は、そもそも正式名称を「中射程および短射程ミサイルの全廃に関するアメリカ合衆国とソビエト連邦の条約」といい、核弾頭ではなくミサイルのみを規制する条約である。また、条約の当初の署名国は米国とソ連の二か国でしかない。[1] しかし、ＩＮＦ条約は、冷戦の終結プロセスおよびポスト冷戦期の国際安全保障における重要な枠組みの一つであったことは間違いなく、その失効は今後の国際安全保障に大きな影響を及ぼすであろう。

本書は、そうした問題意識に基づき、ＩＮＦ条約の失効後、すなわち〝ポストＩＮＦ条約〟の世界における安全保障上の課題をいくつかの角度から分析したものである。[2]

現行のミサイル技術

ＩＮＦ条約とはミサイルを規制する条約であったため、ポストＩＮＦ条約の世界に関する分析も、ミサイルを中心とする軍事技術を中心とした議論となる。そこでまずミサイル技術に関連する基本的な知識について整理しておきたい。

ミサイルには、「巡航ミサイル」「弾道ミサイル」「極超音速グライド（滑空）兵器」の三つがある。「巡航ミサイル」は、航空力学に基づいて大気圏内を飛翔するミサイルで、大気中の酸素を使用するジェットエンジンを動力とし、また揚力を得るための小型の翼が付いている。

巡航ミサイルは、対地攻撃にも対艦攻撃にも使われるが、大気圏内を飛翔するため、そのほとんどが亜音速で飛行する。ただし、旧ソ連が開発した対艦ミサイルの一部（現在もロシアおよび中国で運用されている）は、米空母部隊の防空網を高速で突破するため、ラムジェットを搭載してマッハ3を超える速度で飛翔する能力がある。また、現在、米国では、ラムジェットやスクラムジェットを用いて、マッハ5~10の極超音速域で飛翔するミサイルが開発されている。これらは極超音速（ハイパーソニック）兵器とされるが、飛行原理からみれば巡航ミサイルと同じである。

亜音速で飛行する現在の対地攻撃型巡航ミサイルは、相対的に低速であることから精密な誘導が可能であり、米国のトマホーク巡航ミサイルは、地形照合誘導によって地形に沿って飛行する能力を持ち、極めて高い命中精度を誇っている。中国を含め、それ以外の国のミサイルも、現在はGPSに代表される衛星測位システム技術を用いることで精密な攻撃が可能になっていると考えられている。ただし、これらの巡航ミサイルは飛行速度が音速以下のため、堅固な目標を破壊するには向いていない。また大気圏を飛行するため、エンジンを動かし続ける必要がある。つまり、長い射程距離を得るためにはそれだけ多くの燃料を積まなければならず、実用上は射程距離に限界がある。

実際、現在実用化されている巡航ミサイルの射程距離は2000キロメートル程度にとどまる（亜音速で飛行するとすれば、2000キロメートル飛ぶには2時間以上、3000キロメートル飛ぶには3時間以上エンジンを動かす必要がある）。なお、史上最初の巡航ミサイルはナチスドイツが開発したV-1である。

「弾道ミサイル」は、酸素を必要としないロケットエンジンを動力とするもので、宇宙空間など、極めて高い高度まで上昇し、地球の重力に引かれて放物線を描いて落下してくる。宇宙空間から落下してくるため、中間誘導が難しく、巡航ミサイルに比べて一般的に精度が悪くなるが、中国などは、衛星誘導技術を用いて精度を高めていると考えられている。なお米国のＩＣＢＭ（大陸間弾道ミサイル）やＳＬＢＭ（潜水艦発射弾道ミサイル）は天測航法を用いて軌道から天体の位置を把握して軌道を補正し、ＧＰＳに依存せずに高い精度での攻撃を可能としている。

弾道ミサイルの落下速度は最大到達高度に依存するが、マッハ10から20に達するため、高精度の誘導が可能であれば、堅固な目標に対する貫徹力も高い。また巡航ミサイルはそれほど速度が大きくないから、目標を探知さえできれば戦闘機による迎撃も可能だが、弾道ミサイルは戦闘機をはるかに上回る速度で落下してくるため、弾道ミサイル防衛（ＢＭＤ）システムのような、特別に開発された防御システムでなければ迎撃は不可能である。

また弾道ミサイルには、液体燃料を使用するものと固体燃料を使用するものがある。液体燃料は技術的なハードルは低いとされるが、多くの場合、発射時に燃料を注入するため即応性が低い。あるいは常時燃料を充塡できるミサイルでも温度管理や燃料漏れ対策を講じなければならず、維持コストが高い。一方、固体燃料は即時発射が可能であり、また維持コストも低いが、高出力で安定した固体燃料の開発・生産の技術的な難易度が高いとされる。

現在では、米国、ロシア、中国のほとんどのミサイルは固体燃料である。いずれにしても、それらを短時間燃焼させて、高い軌道高度まで打ち上げることができれば遠くまで届くので、巡航ミサイルに比べて、長射程のミサイルを開発するのは相対的に容易であり、ＩＣＢＭの中には1万キロメートル程度の射程距離を持つものもある。なお史上最初の弾道ミサイルもまたナチスドイツが開発したＶ－2である。

「極超音速グライド兵器（ＨＧＶ：Hypersonic Glide Vehicle）」は現在、開発が進められているもので、マッハ5～10程度の極超音速域で飛翔する兵器である。弾道ミサイルとの違いは、宇宙空間まで打ち上げ、その位置エネルギーを運動エネルギーに置換して高速で飛翔するだけでなく、飛翔中のかなりの時間、大気圏内で空力制御を行なうことで、精度の高い攻撃や移動目標の追尾を可能にできることである。具体的には、ロケットで宇宙空間まで打ち上げ、最高到達点から落下し、大気圏に突入したのちに空力制御で飛行するブーストグライドシステムや、あるいは大気圏で弾頭の軌道を空力制御で変化させる機動弾頭技術を発達させたものが考えられている。なお、極超音速域で飛翔するミサイルとしては、前述のとおり、ほかにラムジェットやスクラムジェットを用いた極超音速巡航ミサイルがある。ただこれは本質的に巡航ミサイルなので、本書では巡航ミサイルのカテゴリーに含むこととし、ブーストグライドシステムや機動弾頭技術とは区別することとする。

極超音速グライド兵器は米中ロそれぞれが開発を進めているが、それぞれの戦略環境の違いを反映して異なる方向性を有している。米国は、オバマ政権当時に「迅速グローバル打撃システム（ＣＰＧ

S)」構想を打ち出した。これは、米国が数十分以内に世界のどこかの目標を攻撃しなければならない状況になった場合、使用可能なシステムはICBM、すなわち100キロトン以上の核弾頭を搭載したミサイルしかなかったため、通常兵器でもそうした攻撃を行なえることを目指したものであった。

そして、数十分以内で攻撃しなければならない目標は、移動式ミサイルランチャーなどの移動目標であることが想定されたため、CPGSは極超音速で飛翔しながら、目標を追尾することが必要だと考えられた。しかし、CPGSのような長射程の極超音速グライド兵器は、飛翔速度が超高速になり、大気が発する高熱のために電波によるコントロールが不可能となってしまう。したがって実用化は極めて困難であり、結局のところCPGSの流れをくむ長射程の空中発射型の極超音速通常打撃兵器(HCSW)は2020会計年度をもって開発が中止された(3)。

その結果、米空軍は、F-15戦闘機でも発射可能な小型の空中発射緊急対応兵器(ARRW)に集中して極超音速グライド兵器を開発することとなった。これは、本来のCPGSよりは小型であり、射程距離も短いため、もはや「グローバル打撃システム」と呼べるものではない。ほかに米海軍と米陸軍が共同開発している極超音速グライドシステムもあるが、これも米本土から発射されるようなものではない。したがって世界中のターゲットを30分以内に通常兵器で攻撃できるようにするという、当初のCPGS構想の土台にあった戦略的意図は頓挫したことになる。

一方、ロシアが開発している「アヴァンガルド」は、ロシアの置かれた戦略環境を踏まえれば、基本的に米本土のBMDシステムを突破する能力によって対米核第二撃能力を強化するシステムであると推測される。もしそうだとすればBMDを回避できる機動飛行ができればよく、ターゲットも固定目標となるため、技術的な難易度は米国が追求しているシステムより低い。

中国の場合は、すでに対艦弾道ミサイルとして、DF-21DやDF-26のように、1000~2500キロメートル程度の射程距離で空力制御が可能な弾道ミサイルを開発している。極超音速グライド兵器はその技術を応用して戦域レベルで運用するものであろうと推測され、やはり技術的なハードルは米国のCPGSよりも低い。

ミサイル迎撃システムの開発と課題

次に「ミサイル防衛」について簡単に説明する。広く知られているとおり、弾道ミサイルに対しては、1990年代以降、弾道ミサイル防衛(BMD)システムの開発・配備が進んでいる。

航空機の登場後、多くの国がレーダーと戦闘機を連携させた防空システムを配備してきたが、弾道ミサイルは大気圏のごく上層、あるいは宇宙空間を高速で飛翔するため、従来の防空システムでの対応は不可能であった。そこで早期警戒衛星の赤外線センサーや地上配備のレーダーによって弾道ミサイルを捕捉し、運動エネルギー迎撃体を直撃させて撃破するシステムとしてBMDは開発された。

一方、巡航ミサイルに対しては、従来の防空システムでの対応も不可能ではない。実際、史上最初の巡航ミサイルであるＶ‐１は、すでにレーダーによる防空管制システムを配備していたイギリスにとっては対応不可能な脅威ではなく、当時の主力戦闘機スピットファイアによる迎撃が可能であった。

巡航ミサイルの場合は低空を飛行するから、迎撃そのものよりも探知できるかどうかが課題となる。レーダーの電波は地平線の向こうには届かないから、地上配備のレーダーでは、低空を飛ぶ巡航ミサイルを探知できる距離はそもそも短い。またＡＷＡＣＳ（早期警戒管制機）などの航空機搭載レーダーを使った場合でも、地上からの電波の乱反射に紛れてしまうため、巡航ミサイルの識別は容易ではない。そのため対巡航ミサイル防衛は、対弾道ミサイルとは異なる困難を克服しなければならない。

また、最近の動きとして、次の二点を指摘しておきたい。一つは、ＢＭＤを従来型の防空システムと切り離して運用するのではなく、ＢＭＤ、対巡航ミサイル防衛システム、従来型の防空システムを統合し、かつ相手のミサイルを発射前に撃破する打撃作戦と組み合わせた「統合防空ミサイル防衛（ＩＡＭＤ）」システムの構築である。

日本のＢＭＤはもともと従来型の本土防空システムであるＪＡＤＧＥシステムに組み込まれて構築されたから、航空自衛隊のアセットということであればＩＡＭＤとしての性格も持つが（本来のＩＡＭＤとして運用するためには陸上自衛隊、海上自衛隊の防空アセットも統合的に運用する必要がある。また自衛隊は相手のミサイルを発射前に撃破する打撃作戦能力を現在有していないので、日本では「総合ミサイル防空」と呼称している）、米国の場合、海外に展開してのオペレーションが通常であるから、これらを別々に整備してきたのを統合していく考え方である。

もう一つは、指向性エネルギー兵器の導入である。現在の運動エネルギー迎撃体によるＢＭＤでは、迎撃体の保有数以上のミサイルを迎撃することはできない。通常、一つのミサイルに対して二つの迎撃体を割り当てるから、10発のミサイルが飛んできた場合には20発の迎撃体を発射する。そのため防衛側の備蓄が20発しかなかった場合、11発目のミサイルに対する迎撃は不可能となる。

ＢＭＤ用の運動エネルギー迎撃体は高価であるから、簡単に多数をそろえるわけにもいかない。また運動エネルギー迎撃体は、中間誘導も受けながら、最終的には自らのセンサーで飛来する弾頭を探知し、未来位置を予測しながら迎撃する。極超音速グライド兵器のように空力機動が可能な飛翔体の場合は未来位置の予測が相対的に困難になるため、在来型のＢＭＤの迎撃率は一定程度低下することが予測される。

こうした問題を解決しうるのが指向性エネルギー兵器である。筆者はこれを「第2世代ＢＭＤ」と呼んでいる（第1世代は運動エネルギー迎撃体によるＢＭＤ）。指向性エネルギー兵器は、レーザーやレールガンを用いるもので、運動エネルギー迎撃体と比べて1発あたりの迎撃に要するコストを低下させることができ、数の制約も受けにくく、極超音速グライド兵器の迎撃も可能である。ただし、レーザーの場合は大気によって減衰したり、天候による影響を受けるため（たとえば雨天の場合は雨滴の影響を受けて到達距離が短くなる）、高々度滞空型ＵＡＶ（無人航空機）に搭載して成層圏で運用することが有効であると考えられている。レールガンは、フレミングの〝左手の法則〟を利用して金属製の迎撃体（プロジェクタイル）を撃ち出すものだが、発射した迎撃体は重力に引かれて地上に落下するから、迎撃システムの配備場所には一定の考慮が必要となるという制約があり、万能のシステムではない。

本書の構成

ポストＩＮＦ条約の時代においては、条約上の制約を受けてきた米ロも、中国などと同じように射程５００～５５００キロメートルの地上発射型のミサイルを開発することができるようになる。ただし、兵器システムは、それぞれの国の軍事戦略に沿って開発されるものであり、それぞれの国の戦略的な条件の違いによって、開発される兵器システムの具体的な姿は変わってくる。そして軍事戦略は、それぞれの国の大戦略に基づいて形成される。そもそもＩＮＦ条約自体、ゴルバチョフ政権における対西側協調的な外交・安全保障政策への転換という、ソ連の大戦略の変化によって生まれ、米ロの対立という大戦略レベルでの変化の中で消滅したものである。

ポストＩＮＦ条約時代の安全保障を考えるうえで、今後のミサイル開発の動向は極めて重要であるが、それはあくまで各国の戦略的条件に基づいて進展していく。そこで本書においては、ミサイルのスペックそのものを分析するのではなく、その背後にある戦略的な条件を中心に分析している。今後、ポストＩＮＦ条約時代の安全保障について、日本においても本格的に議論を進める必要があるが、ハードウェアから議論するのではなく、戦略レベルから議論を積み上げていかなければならない。その基礎となる材料を提供するのが本書の重要な目的である。

第1章では、ポストＩＮＦ条約時代における安全保障上の問題について、ＩＮＦ条約の歴史、現在の論点、そして将来の課題について総括的に論じている。特に執筆者の森本元防衛大臣は、大臣在任中に「日米防衛協力の指針」（いわゆるガイドライン）の見直しを提起し、必ずしも積極的ではなかった米国側を説得してガイドライン見直しを開始した経験も踏まえ、日米同盟における課題についても議論を進めている。そのほかの章はそれぞれ各論を論じたものであるから、ＩＮＦ条約後の世界の全体像を把握したい読者は、まず第1章を読んでいただきたい。その上で関心に応じて各章に進んでいただければと思う。

第2章では、ポストＩＮＦ条約時代における抑止戦略の課題について議論している。特に抑止が破れてしまった後でどのように戦うかという指針を示す「セオリー・オブ・ビクトリー」の重要性を指摘し、どのような「セオリー・オブ・ビクトリー」を構築するかによって優先されるべき兵器システムが変わってくることを強調している。戦略的に意味のあるポストＩＮＦ打撃システムを開発・配備するためには、それぞれの兵器システムの特徴を踏まえ、戦略的条件に適合するかたちで資源配分に優先順位をつけなければならないからである。

第3章では、ＩＮＦ条約の終焉および新ＳＴＡＲＴ条約の存続が不透明ななかにあって、岐路に立たされている軍備管理の将来を論じている。今後の「新しい枠組み」を考える際に検討しなければならない論点を提示し、特に重要なのは核・ミサイルのリスクの低減であることを指摘した上で、いくつかの提言を行なっている。軍備管理の今後を考える上では、一方に「大国間競争の復活」に見られる安全保障環境の悪化があり、もう一方に核兵器禁止条約などの核廃絶運動の動きがあり、多くの複雑な論点を考慮しなければならない。本章はその大きな手がかりを提供している。

第4章では、ＩＮＦ条約をめぐる歴史的な経緯を詳述している。ＩＮＦ条約といえば、パーシングⅡ配備とソ連への軍備管理の提案を組み合わせたＮＡＴＯのいわゆる「二重決定」が有名だが、本章ではその詳細なプロセスについて解き明かしている。「二重決定」的な発想は、今後のアジアにおいても必要になる可能性があり、ＩＮＦ条約交渉における歴史的な展開を理解することはますます重要になっている。

第5章では、ＳＳ‐20の開発・配備の経緯にまで遡りながら、ポストＩＮＦ条約時代の安全保障をめぐる問題をロシアの視点から読み解いている。特にそもそもの問題の発端となったＳＳＣ‐8の開発について、国内政治の要因に言及しつつ分析を行ない、さらに想定される運用構想にまで議論を進めている。英語圏でも、この問題についてロシアの視点から見た分析がほとんど見ることができないなかで、本章は貴重な視点を提供している。

第6章では、ＩＮＦ条約を最終的に葬る決断を行なった米国内の議論をまとめている。ＩＮＦ条約破棄に至るまでの詳細な経緯を踏まえ、作戦構想をめぐる議論の展開やポストＩＮＦ打撃システム開発の状況、同盟国との関係について記述されている。この問題について米国は最も重要なプレイヤーであるが、その議論の現場である米国ワシントンＤＣのハドソン研究所で勤務している筆者の村野氏ならではの具体的かつ詳細な分析が示されており、ポストＩＮＦ条約時代の安全保障を考える上で必読の章となっている。

終章では具体的に日本の安全保障における今後の課題について議論を進めている。特にハードウェアを先行して議論するのではなく、「セオリー・オブ・ビクトリー」を考えた上で、必要となる能力を整備していくアプローチが必要であることが強調されている。

さらに巻末に、執筆者による「座談会」を掲載し、ポストＩＮＦ条約時代の安全保障のあり方について総括をしている。これは執筆作業中にオンライン会議で行なったものである。前半の論文部分を先に読んだ上で座談会の部分を読むと、それぞれの論点の相互関係がよりはっきりと理解できると思う。

最後に、本書で使用している用語について簡単にまとめておく。まず、そもそもの条約の名称であるが、本書では「ＩＮＦ条約」と呼称する。外務省を含め、日本では「ＩＮＦ全廃条約」という用語が用いられることも多いが、英語では「INF Treaty」と呼ばれること、そして何よりも、対象が地上発射型ミサイルだけであり、海洋発射あるいは空中発射のＩＮＦは規制されておらず、その意味で「全廃条約」ではないことから、「ＩＮＦ条約」を用いることとした。

次にＩＮＦ条約の失効にともなって米ロでも開発・配備が可能となった射程５００～５５００キロメートルの地上発射型ミサイルだが、本書ではそれを総称して「ポストＩＮＦ打撃システム」と呼ぶこととした。ＩＮＦ条約の締結国ではない中国についても同じ用語を用いることには異論があるかもしれないが、議論のわかりやすさを重視して用語を統一した。

本書の企画は、執筆者でもある森本敏元防衛大臣の発案で２０１９年夏にスタートし、２０２０年の冬から春にかけての時期に執筆された。つまり、新型コロナウイルスが蔓延し、テレワークなど、ソーシャル・ディスタンスをとることが必要になった時期に執筆・編集作業は行なわれたのである。執筆者がみな自宅で執筆にあたるなか、それを支えてくださったそれぞれのご家族の方々に、僭越ながら筆者からも感謝申し上げたい。

なお本書の内容はすべて執筆者個人の見解であり、それぞれの執筆者が所属する組織の見解を代表するものではない。

「ポスト新型コロナウイルス」の国際安全保障環境がどのようなものになるか、現時点（２０２０

年7月末）では定かではないが、ＩＮＦ条約失効にともなう問題が消えることはない。そして中国が先行して整備しているポストＩＮＦ打撃システムは日本の安全保障に大きく関わる問題である以上、これにどう対応していくかは日本自身の安全保障の問題であり、日本人自身が当事者意識を持って議論を進めなければならない。

筆者は、ここ数年、欧米におけるポストＩＮＦ条約時代の安全保障に関する会議に何回も参加しているが、いまほど日本自身の考え方が求められている時代はないことを実感している。本書を手がかりとして、日本におけるこの問題に関する議論が深まっていくことを期待したい。

（1）その後、ソ連の崩壊にともない、ロシアに加え、査察対象施設が存在するベラルーシ、ウクライナ、カザフスタンが条約参加国となった。

（2）この問題について日本語で書かれた主要な論考としては、戸﨑洋史、岡田美保、伏田寛範「米国の脱退方針表明で岐路に立つＩＮＦ条約」『国問研戦略コメント』第1号 https://www2.jiia.or.jp/RESR/column_page.php?id=319、村野将「ＩＮＦ後の世界」と日米同盟：中国抑止に向け具体的な議論を」『nippon.com In-Depth』（２０１９年11月6日）https://www.nippon.com/ja/in-depth/d00526/、梅本哲也「ＩＮＦ全廃条約の失効と米露中戦略関係」『Working Paper』20-01（静岡県立大学、２０２０年5月）http://id.nii.ac.jp/1417/00004804/がある。

（3）Department of Defense "Fiscal Year (FY) 2021 Budget Estimates, Research, Development, Test and Evaluation, Air Force," (February 2020), Vol.2-131, page 10 of 14; John A. Tilpak, "Roper: The ARRW Hypersonic Missile Better Option for USAF," *Air Force Magazine*, (March 2, 2020) https://www.airforcemag.com/arrw-beat-hcsw-because-its-smaller-better-for-usaf/.

第1章　ポストＩＮＦ時代の安全保障

（森本　敏）

ＩＮＦ条約失効がもたらすもの

ＩＮＦ条約の役割と機能

ＩＮＦ条約は６年にわたる米ソ交渉の結果、１９８７年に合意された軍備管理条約である。冷戦後の安全保障環境変化にともない、その役割と機能は徐々に低下し、30年以上にわたる役割を終えて２０１９年８月２日に失効した。

これにより、国際社会はポストＩＮＦ条約の安全保障問題に直面するようになった。米国がＩＮＦ条約から離脱しようとした動機はロシアによるＩＮＦ条約違反の疑いである。(1)しかし、より本質的な問題はＩＮＦ条約に基づく規制の対象外にある中国の中距離ミサイルが米国にとって深刻な脅威となってきたことにある。２０１８年10月20日にトランプ大統領が初めてＩＮＦ条約離脱に言及した際、ロシアによる条約違反だけでなく、ＩＮＦ条約によって何らの規制を受けていない中国との関係において米国が不利な状態にあることを強調したのはその証左でもある。

ＩＮＦ条約は、それまでに見られなかった実質的な検証制度を有する軍備管理条約であった。ＩＮＦ条約は、ＳＴＡＲＴ（戦略兵器削減条約）系の戦略核軍備管理条約、ＣＦＥ（ヨーロッパ通常戦力条約）のような通常戦力軍備管理と組み合わされて、欧州における地域的安定を図る上で重要な役割を果たしてきた。

ＩＮＦ条約が消滅した結果、少なくとも米ロが保有する兵器体系のうち、新ＳＴＡＲＴ条約によって規制されている戦略兵器以外のほとんどのミサイルを含む飛翔体や兵器システムについて何の規制もない世界が出現しつつある。特にインド太平洋において中国の中距離ミサイルによる脅威にいかに対応していくかが米国のみならず周辺諸国にとって大きな安全保障問題になってきた。

ＩＮＦ条約消滅後の課題

本章は、このような問題意識に立って、次に指摘する課題について考察を試みるものである。

第一は、ＩＮＦ条約が消滅した結果、米ロをはじめとする多くの地域大国が今後、ポストＩＮＦ打撃システムの開発や配備をどのように、どこまで進展させるかである。とりわけ米ロ間のみならず、各国間でミサイル戦力の軍拡競争が進むかどうかが注目される。この中にはＩＮＦ条約の対象であった地上発射型ミサイルだけではなく、ＩＮＦ条約の対象になっていなかった海洋発射・空中発射型各種ミサイルも併せて考察する必要が生じている。

第二は、こうした状況変化が抑止と安定の機能をどのように変化させるかである。米ロ間には新ＳＴＡＲＴ条約（戦略兵器削減条約）があり、戦略核戦力の安定が維持されているが、これとポストＩＮＦ打撃システムのバランスをいかにして確保しつつ、どのように抑止と安定を図るかという問題がある。国際社会には米中ロからなる軍備管理の枠組みを構築することが抑止と安定にとって重要であり、そのためには新ＳＴＡＲＴ条約の延長を再検討するべきだという意見がある。さらにＩＮＦ射程のミサイルについても中国を含む軍備管理の枠組みを新たに追求する動きもあり、戦略兵器と中距離ミサイルを抑止の点から総合的に考察する必要が生じている。

第三は、ポストＩＮＦ打撃システムに対応するミサイル防衛システムの開発・配備をどうするかである。アジアにおいては、ポストＩＮＦ打撃システムは現存している脅威なので、その対応は打撃システム・防衛システムの双方から考える必要がある。

第四は、米ロ、米中のように「大国間競争」が復活した国際情勢の中で、どのように軍備管理枠組みを再構築していくかという問題がある。また、こうした軍備管理枠組みは、米ロの戦略的安定や、地域的安定を確保できるのか、軍備管理合意によってポストINF打撃システムの開発・配備を抑止できるのか、それは国際社会の安定にとっていかなる意味をもたらすのか、中国をどのようにして軍備管理枠組みに組み入れることができるのか、という問題もある。

第五に、ポストINF打撃システムを実際に配備するとすればそれは米国ではなく、欧州かアジアになることである。ただし、このことは「米国が決め、同盟国がイエスかノーを言う」という問題ではなく、同盟国自身が、中国やロシアのポストINFシステムによってもたらされる脅威をどのように認識し、どのように対応するかを考えた上で突き詰めて答えを出すべき問題である。日本にとっては、この問題は主として中国のミサイル脅威に対して日・中・米の関係というコンテキスト（文脈）において日本がいかに対応するべきかという問題であり、それは今後の日本にとって最も重大な安全保障問題になることは明白である。

INF条約交渉とその成果

冷戦期の米ソ戦略兵器制限交渉

1987年のINF条約は核軍縮合意ではない。INFすなわち「中距離『核』戦力」とされているので、中距離の射程を有する核ミサイルの禁止条約と理解されやすいが、これは誤りである。

ＩＮＦ条約は射程５００から５５００キロメートル未満の地上発射型中距離ミサイルを条約発効後３年の間に解体・廃棄することを決めていた。この条約はミサイル本体・発射台・関連施設・基地などを含み、配備されているミサイルだけでなく未配備のミサイルも含んでいる。またミサイルだけでなく、発射台の生産やミサイル飛翔テストも禁止していた。

この条約は運搬手段としての中距離ミサイルの全廃を規定していたが、ミサイルに搭載されている核弾頭の解体・廃棄を義務付けてはいない。また条約により廃棄の対象となったミサイルは地上発射型のみであり、海洋発射・空中発射型中距離ミサイルは条約の対象外である。

冷戦期における米ソの核軍備競争に転機をもたらしたのは、１９６２年のキューバ危機以降のソ連の急速な核戦力近代化計画であった。キューバ危機当時、ソ連が保有する戦略ミサイルは米国と比べて距離・精度・数量などの点で相当に劣位にあった。キューバ危機において米国の要求に屈服せざるを得なかったソ連は、劣位を挽回するために猛烈な戦略核戦力の近代化計画を進めようとした。

このことに危機感をもってソ連にＳＡＬＴＩ（戦略兵器制限交渉）を提案したのは米国である。この頃、米国はマクナマラ国防長官の下で相互確証破壊（ＭＡＤ）という核戦略の考え方を採用しつつあった。これは、核戦争が起これば「共倒れになる」ことを確実にすることによって、全面核戦争の発生を阻止しようという逆説的な考え方に立っている。

そして、これを確実ならしめるためには、相手の攻撃に対して「相互に脆弱」である必要があった。ＡＢＭ（弾道弾迎撃ミサイル）制限条約はこの防御手段を最低限にして、双方の第二撃能力を確実に維持するための条約であり、相互確証破壊を実効ならしめる重要な条約であった。米ソ間で合意されたＳＡＬＴⅠ、ＳＡＬＴⅡという戦略兵器制限条約は結局、ＭＡＤにおける戦略的安定を図るための軍備管理合意にほかならなかった。

　このようにＳＡＬＴⅠ条約とともに合意されたＡＢＭ条約はＭＡＤの論理を確立するために重要な役割を果たしたものの、冷戦後に大量破壊兵器や弾道ミサイルを開発する国が急増し、これに対応するためにミサイル防衛システムの開発・配備を推進せざるを得なくなった。そこで、米国は、２００1年12月13日にロシア側に対してＡＢＭ条約脱退について通報を行ない、６か月後の２００２年6月13日に正式に破棄されることになった。

　同時に米国は同盟国に対して、核戦力によって安全を維持する拡大抑止を提供した。ところが、第4章に詳述されているように、１９７０年代後半にカーター政権が中性子爆弾の開発計画を進め、その後、中止を決定したことで、欧州諸国の間では米国の政策は不確かで一貫性がないとの認識が強まった。

　一方、ロシアは１９７7年頃から、それまでに配備していた中距離ミサイルＳＳ‐４、ＳＳ‐５の近代化を図るため、ＳＳ‐20の配備を始めた。ＳＳ‐20は、ＳＳ‐４、ＳＳ‐５と比べて射程が延長され、ＣＥＰ（半数必中界）も小さく、固体燃料、３弾頭ＭＩＲＶ（個別誘導複数弾頭）を搭載した移動式ミサイルであり、西欧諸国の主要軍事基地を攻撃できる精度と攻撃力と生き残り性を有していた。ソ連がSS‐20のような戦域核戦力を欧州正面に配備した背景には、いまだにさまざまな解釈がなされているが、第5章で詳述されているので参照されたい。

また、詳細は第4章で記述されているが、西欧諸国の中にはSS‐20の配備にともない、米国が果たしているコミットメントとNATOの主力を占める在欧米軍の展開は極めて重要な意味合いを持っていることは理解しつつも、米国が自国を危険にさらしてまで欧州を防衛するために核戦力を使用するか疑わしいという懸念を持ったためデカップリング（切り離し）という議論が出始めた。[2] さらに米国は西独に配備していたパーシングⅠをパーシングⅡ・108基に近代化する計画を検討していたが、パーシングⅡが配備されると西独だけがSS‐20の攻撃目標になるという危惧を西独は持った。そこで米国はGLCM（地上発射型巡航ミサイル）を英国（160基）、イタリア（112基）、オランダ（48基）、ベルギー（48基）に配備し、さらに西独の懸念を払拭するため西独にもGLCMを96基配備して中距離ミサイル配備とINF交渉のダブルトラックを追求することにしたのである。[3]

NATOの「二重決定」はこのような背景のもとで1979年に合意された決定であり、米ソがINF撤廃を求める軍備管理交渉を開始するため、米国は対ソ外交交渉のイニシアチブをとること、その交渉がうまくいかなかった場合は欧州にINFミサイルを配備するという決定を背景にして、ソ連にINF交渉を提案したのである。

実際にはソ連が当初は交渉を拒否したが、1981年にはようやく交渉が始まり、1983年にレーガン大統領のSDI構想（スターウォーズ）もあってソ連が交渉を中断させたが、1985年に交渉は再開された。その間、米国はINF条約交渉が実現できなかったら、欧州にパーシングⅡ・108基とGLCM・464基を配備することを表明し、ソ連に交渉に応じるよう威嚇した。(4)

SS-20は当時、360基以上配備されており、その三分の二以上は欧州東部（東欧諸国のワルシャワ条約機構加盟国）に配備されていた。残りの三分の一にあたる120基以上は極東に配備されていた。欧州正面でSS-20廃棄に合意しても極東に配備されたSS-20が欧州正面に移転されたら欧州の安全は実現しない。

日本は米ソ交渉開始後の1983年に開催されたウイリアムズバーグ・サミットの共同声明にある「西側の安全保障は密接不可分」という論理を展開して、極東に配備されたSS-20も完全廃棄しなければ西側の脅威はなくならないと主張した。

1981年当時からゼロオプション（米ソの中距離核ミサイル全面破棄）を主張していたレーガン大統領がこの論理を受け入れ、INFの全廃、すなわちグローバル・ゼロを目標とする交渉が実現できたが、この背景には当時の日米同盟関係、特にレーガン・中曽根（ロン・ヤス）関係が大きく貢献した。(5)

INF交渉の合意と条約批准

INF交渉は結局、1981年から1987年までの合計6年を要したが、最後に成功した背景は米ソ両国だけでなく欧州やアジアをめぐる政治的環境にも変化があり、特に1983年以降、ゴルバチョフ書記長とレーガン大統領の登場がINF合意にとって極めて大きな貢献となった。

また、グローバル・ゼロの実現は、国際安全保障にとって西欧を重要地域に位置付けるという政治的な意味合いもあり、NATOの安全保障上の結束を維持するために西欧諸国が努力を結集させたことが重要であった。

西独のシュミット首相、英国のサッチャー首相、フランスのミッテラン大統領がともにレーガン大統領と協力して、西独だけが犠牲になることなくNATOの一体化を実現しようとしたこと、中曽根総理がレーガン大統領と協力して極東のSS-20を撤去するために尽力したことが、INF条約合意の達成に大きく貢献した。

また、パーシングⅡの配備が1983年に始まろうとした時に、欧州社会を中心に反核運動が起こったが、欧州諸国政府はこうした地域感情を困難な政治的環境の中で乗り切った。欧州諸国が「二重決定」を受け入れ、反核運動にも断固として対応し、通常戦力から核戦力の使用に至るエスカレーションラダーが失われることへの懸念を払拭するために防衛努力を進め、在欧米軍の配備継続を維持するために現実的な対応をしようとしたこともINF合意に貢献したといえるであろう。

また検証制度は、米国上院でＩＮＦ条約批准を達成するために必要であったものの、ＳＡＬＴ条約でも採用されていない画期的な制度であった。ＩＮＦミサイルには機動性があり、国家検証手段（それぞれの国の偵察衛星による情報収集に基づく検証）だけでＩＮＦ配備の現状を検証することは不十分であったので、現地査察の制度が採り入れられたのは大きな成果であった。しかし、この検証制度を実効的なものにするためには当事国以外の配備先まで検証する必要があり、ＩＮＦ条約とは別途の協定が必要であったが、これも各国の協力を得て協定の成立にこぎつけることができた。

これをまとめるならば、ＩＮＦ条約の成果と教訓として以下の四点を指摘できよう。

第一に軍備管理合意において核兵器運搬手段システムの削減・解体に初めて踏み込んだこと、第二に一定のカテゴリーに該当する全システムを一律に、かつグローバルに廃止したこと、第三に現地査察による実質的な査察制度を初めて採用したこと、第四に西側諸国の団結と協力が条約成立に大きな役割を果たしたことである。

米ロのＩＮＦ条約違反と中国の対応

ＩＮＦ条約がもたらした影響

冷戦後、ＩＮＦ条約をめぐって米ロ二国間に大きな隙間風が吹くようになった。その背景には冷戦後のロシアが米国と肩を並べる超大国ではなくなり、NATOの東方拡大もあって西側より劣勢に立たされるようになったことへの不満がある。さらにロシアは周辺国のミサイル開発にともない脅威認識が深まり、INF条約はロシアにとって利益にならないという考え方を持つようになった。

プーチン大統領は、2007年10月に行なわれたゲーツ国防長官とライス国務長官との会談で、他国が同様のミサイルを開発しているのに米ロだけがこの枠組みに置かれているのは困難な面があると不満を述べたといわれる。ロシアは、中国が中距離ミサイルを有しているのに自国がINF条約に縛られていることへの懸念を強調したものといえる。

ロシアは、2004~05年頃から中国、イラン、パキスタンなど周辺国がミサイルの開発・配備を進めていることに懸念を持ち始めた。また、2007年には米国がポーランド(その後、ルーマニア)にBMD(弾道ミサイル防衛)システム(イージス・アショア)、チェコに早期警戒レーダーシステムを含むミサイル防衛の配備を計画したことを受けて、一方でBMDシステムを攻撃しうる射程を持つミサイルの配備を本格的に検討し始めたと推定される(第5章と第6章で詳述)。

結局、オバマ政権はイージス・アショアをポーランドとルーマニアに配備するとしたこともあり、ロシアはこのBMDシステムにトマホーク巡航ミサイルの発射を可能とするランチャーを置くことはINF条約違反であると主張した。

米国側は「イージス・アショア・システムは、攻撃型地上発射弾道ミサイルまたは攻撃型地上発射巡航ミサイルの能力を有するものではなく、特にこのシステムはトマホークのような攻撃型弾道ミサイルまたは攻撃型巡航ミサイルを発射するために必要なソフトウェア、発射コントロールのためのハードウェア、支援装備およびその他の基盤を欠いている。イージス・アショア基地の防衛的性質は、ルーマニアおよびポーランドとの間の配備に係る合意において証明されている。イージス・アショア垂直発射装置は、艦艇に搭載される海洋発射型マーク41垂直発射装置と同様の構造用部品を使用しているが、海洋発射型マーク41垂直発射装置と同じ発射システムではない。またイージス・アショアは、INF条約において禁止されるミサイルを内包したり、発射したり、発射試験を行なったりしたことはない。したがって、このシステムは、禁止される発射システムではない」と説明していた。[6]

しかし、実際にはINF条約はランチャーの設置自体がINF条約上の規制対象となっていることから米国側の説明には無理があるといえよう。

条約違反をめぐる米ロの対立

2008年、米国はロシアが中距離ミサイル9M729の開発や発射テストに着手していることを察知し、2011年以降、米議会はロシアに懸念を表明し、2013年5月に国務省高官がロシア側に懸念を伝えた。

米国がロシアのINF条約違反を明確に認識したのは2014年7月28日、ロシアが地上発射型I

NF巡航ミサイルの実験を行なったことが確認されたことによるものとされる。国務省は同年7月29日付の2014年度「コンプライアンス・レポート」を公表し、ロシアがINF条約に違反し、地上発射型巡航ミサイルを生産・保有し、INF条約に違反していると指摘したが、ロシアはこれを否定した。(7)

INF条約違反問題に関する米ロ間のやり取りの詳細は第5章および第6章に詳述されているとおり複雑な経緯があるが、ロシアは当初、INF条約違反を否定し、その後はミサイルの存在についても否定した。米国がミサイルの細部について追及を始めてからはミサイルの射程について否定し始めた。さらにロシアが米国のミサイル防衛システムのランチャーや対地攻撃用のUAV(無人航空機)がINF条約違反であると批判すると、米国はこの批判については否定した。(8)しかし、INF条約が批准された際、米国上院が付した条件の中にUAVもINF条約上の規制を受けることが明記されており、米国側の主張には無理な面があるといわざるを得ない。

米ロの担当者が2019年1月15日に議論した際、ロシア側の外交官は、9M729ミサイルがINF条約上の距離は飛翔できないことを示す代わりに、米国はルーマニアに配備しているマーク41垂直発射装置がINF条約上の射程を持つ巡航ミサイルを発射するようソフトウェアが転換できないことを互いに証明することを提案したが、米国側は拒否した。(9)

トランプ大統領は2017年12月8日にロシアがINF条約で禁止されているGLCM(地上発射

型巡航ミサイル）の開発、試験、配備を進めており、ロシアが条約に違反して兵器システムを開発し続けている限り、米国は現状に留まることはできないと確信していると明らかにした[10]。

このような経緯もあって、トランプ大統領は２０１８年10月20日、米国としてＩＮＦ条約の合意を終了し、離脱するとともに中ロが米国に歩み寄ることにより、賢明な判断をして（ＩＮＦのような）兵器を開発しないと表明しない限り、米国はこれらの兵器を開発しなければならないとの考えを明らかにした。

すなわち米国がＩＮＦ条約から離脱することを明確にした理由は、①プーチン大統領がＩＮＦ条約はロシアの国益にならないと２００８年に宣言し、実際には２０１１年頃からＩＮＦの再開発を始め、２０１４年にはミサイル実験を行ない、ＩＮＦを配備していたのに、オバマ政権はＩＮＦ条約から脱退もせず、放置していたので、こうした対応は米国の国益にならないと考えていたこと、②中国の弾道ミサイル・巡航ミサイルの開発（特にＤＦ‐21、ＤＦ‐26）が進んでいるのに中国はＩＮＦ条約に加盟していないため、何の制約もなく中距離核ミサイルを開発、配備することができるので、時間が経つほど中国とのミサイルバランスが不利になると考えたこと、③トランプ政権がロシアとの選挙工作の疑念を払拭しようとしたことなどがあると思われる。

２０１８年12月4日、ＮＡＴＯ外相会議後の記者会見でポンペオ国務長官は、ロシアはＩＮＦ条約に対する実質的な違反をしており、米国としてはロシアが完全で検証可能な条約順守に戻らない限り、60日間、条約上の義務履行を停止すると宣言し、その期限が2019年2月2日に到来した。同2月2日、プーチン大統領は米国から条約撤退の通知を受けて、ロシアはINF条約参加を停止し、米国の新たなシステムに対抗するために海洋発射型カリブル巡航ミサイルの地上発射型、短距離・中距離離極超音速グライド（滑空）兵器の開発に着手することを示唆した。その後、事態に大きな進展はなく、INF条約は廃棄通告後6か月経った2019年8月2日に失効したのである。

台頭する中国の戦略とミサイル能力

中国の核戦略は、核戦力の能力と戦略環境によって大きな影響を受けてきたが、基本的にその核戦略は核保有国からの核攻撃を抑止することを基本としている。[11]中国が米ロという核大国と対峙するために核戦力の開発に努力した結果、戦略戦力については、ICBM（特にDF-4、DF-5、DF-5A、DF-5B、DF-31G、DF-31A、DF-31B、DF-31、開発中のDF-41）やSLBM（096型原潜搭載として開発中のJL-3、094型原潜搭載のJL-2、094A型原潜搭載のJL-2Aなど）およびH-6などの核搭載可能爆撃機を含めて280〜290発ほど保有している。[12]

中国のミサイル戦力は米本土を攻撃できる戦力システムと地域の同盟国、米軍、米軍基地に脅威を与えうる戦域戦力の組み合わせからなっている。中国は戦力システムの多様化と改良を推進しており、中国がこれらを危機や紛争の場合に強制手段として使用するものと認識している可能性がある。[13]

さらに2019年10月の軍事パレードで登場したDF-17（WU-14）のような極超音速グライド兵器や、宇宙・サイバーの能力向上が顕著であり、こうした戦力システムの総合力は通常戦力の近代化とともに米国にとって大きな脅威となりつつある。

また中国は多数の短・中距離弾道ミサイル（SRBM、MRBM、IRBM）およびCJ-10などの巡航ミサイルを2000基以上保有しており、その9割以上が核搭載可能といわれる。[14] 米ロ両国はINF条約もあったので、この分野については中国が極めて非対称なミサイル戦力を有することになった。[15]

中国の中距離ミサイルは最大4000キロメートルほどの射程を有し、ミサイル基地も各地に分散しているが、相手国の海軍艦艇からの攻撃を回避するため中央部（多くが内陸部や北西部）に配備されている。これらの中距離ミサイルの目標は台湾への攻勢のためであり、また第一列島線から第二列島線に至るまでの広大な海域においてA2／AD（接近阻止／領域拒否）を実現するためのカウンターアタック能力を発揮することである。これがDF-21D（1700〜3000キロメートル）は「空母キラー」、DF-26（3000〜4000キロメートル）は「グアムキラー」（またはグアムエクスプレス）といわれる理由である。

中国は内陸部（ゴビ砂漠周辺）に在日米軍の横田、横須賀、三沢、嘉手納基地を模した巨大な基地施設をつくり、東部より弾道ミサイルを発射して訓練している様子が衛星写真で撮影されており、これら内陸部に配備されている中距離ミサイルの主たる目標は日本およびその周辺海・空域で活動する米軍であると思われる(16)。

戦略兵器システムとＩＮＦの関係

拡散する核戦力の脅威

冷戦期の国際政治において大国間の力のバランスは戦略核のバランスで決まっていた。しかし、こうした力の論理は冷戦後に大きく変化した。核戦力が国際社会における力のバランスにおいて持つ意味合いが逓減したからである。現在は、国力の相関関係は力の淵源である軍事力・経済力およびデジタル経済（情報通信電子手段を構成する先端技術力）とこれらを総合的に発揮するためのクロスドメイン（宇宙・サイバー・電磁波）能力に基づくパワーから構成されるとみられる。冷戦期におけるバランスは核戦力であったが、冷戦後は通常戦力とこれを支える先端技術力の総合戦力によって決まるという要素が大きい。

当然のことながら、米ロ両国が依然として圧倒的な核戦力を保有しているという事実に変化はない。米国内には、今でもロシアが米国にとって大きな脅威だと考える核問題専門家がいると思われるが、2018年以降、米国政府の脅威認識は中国が第一位の脅威になっている。その背景には国力の概念変化が大きく影響していると思われる。

世界中で核兵器を保有している国の人口は世界の半分以上を占める。これらの核保有国の中で米ロだけが核軍備管理・軍縮合意によって核兵器を削減することを行なってきた。米ロの戦略核軍備管理は新START条約によって規定されているが、実質的には条約の範囲内で米ロとも戦略核戦力の近代化を進めている。

ロシアはさらに先端技術を駆使して各種の新型戦略兵器の開発を進めており、現時点で新START条約の枠組みを壊すと近代化計画に影響を与えるので、当面は現条約の枠組みを維持することに利益を認め合っている。

戦略抑止のもう一つの側面は、ミサイル防衛（MD）システムである。米国のMDはIAMD（統合防空ミサイル防衛システム）に発展しつつあるが、目標の技術的進展にともなって、一層、複雑な要素を有しつつある。加えて宇宙・サイバーの技術革新にともない、MDシステムがトータルな運用システムとなり、核戦力システムとのバランスによって抑止機能を発揮させる必要が生じている。さらに核態勢見直し（NPR）に基づき、低出力の核システムを含め、新しい核抑止戦力を創出させることによって核抑止が強化されるであろう。[17]

ＳＴＡＲＴ条約延長と米中ロの思惑

米ロの戦略兵器システムは、２０１０年4月に合意された新ＳＴＡＲＴ条約によって核弾頭と運搬手段の削減が進められ、２０１８年2月には米ロとも合意の目標である、核弾頭１５５０、運搬手段７００の目標を達成した。[18]

２０２１年2月に条約の期限が来る新ＳＴＡＲＴ条約がさらに期限延長になるかどうかは明らかではないが、米国の次期政権の対応が大きな影響を与える。現時点で米国内には、新ＳＴＡＲＴ条約を今後も延長することで戦略的安定を維持できるという考え方がある一方で、米ロ間の戦略兵器削減では戦略的安定を図ることは困難であり、中国を加えた戦略的軍備管理枠組みを作ることが必要であるという考え方もあり、方向性は決まっていない。

２０２０年2月27日、ロシア外務省レオンチェフ不拡散・軍備管理局副局長は、米国がＳＴＡＲＴ条約の延長問題をめぐる実務者協議には拒否的対応をしているためＳＴＡＲＴ条約は失効する、との見方を示したと伝えられる。[19]

一方、米国には中国などを含めた軍縮枠組みを創設すべきだという意見もあり、米ロの主張は平行線であるともいわれる。いずれにしても、ＳＴＡＲＴ条約の延長問題はポストＩＮＦ打撃システムを含めて、どのように新たな軍備管理のアプローチを見いだすべきかという問題（第3章参照）と深く関連しており、全体としていかに戦略的安定性を構築すべきかが問題になるであろう。

戦略兵器の三本柱には特徴があり、ICBMは信頼性と安定性の高い兵器システムであるが、生き残り性はミサイルの防護性（移動システムは生き残り性が高い）に依存する。SLBMは最も生き残り性が高いので第二撃報復戦力として極めて重要な核抑止機能を有するが、その程度は相手の対潜水艦戦能力に依拠する。戦略爆撃機は人的損害の危険性はあり、生き残り性と侵攻性はレーダーの性能との相関関係によるが、相手国の深くに侵攻でき、運用上の柔軟性を有し、同盟国防衛の意図を示すこともできるという利点がある。そして、米ロの戦略核の兵力構成は非対称になっており、米国はSLBM、ロシアはICBMを中心としている。

このように米ロの核・ミサイルシステム全体が開発されて、さらに近代化が進み、派生的な兵器システムの開発・配備も進行している。極超音速グライドシステム、無人システムだけでなく、こうした兵器体系に対応できる防御システムや対抗手段の開発も進み、AI、自律性、3Dプリンター、量子システム、ロボティクス、サイバーシステムの開発がこうした兵器システムの開発、配備をさらに複雑化することになるであろう。

ロシアもICBM（RS-24）、SLBM（ボレイ級SSBN）の近代化を進めており、さらに2018年3月1日、プーチン大統領は核近代化計画（①サルマト重ICBM、②アヴァンガルド核搭載極超音速グライド兵器システム、③空中発射型弾道ミサイル、④長距離原子力推進巡航ミサイル、⑤原子力推進無人水中発射体）を進めることを発表した[20]。

このうち①サルマトと②アヴァンガルドは新STARTの対象となり得るが、その他の三つのシステムは新START条約では規定されていない新しい種類の戦略兵器システムとみられる。またロシアが保有する大量の非戦略核兵器（2000発以上の戦術核兵器を保有しており、米国は少数の戦術核兵器を欧州に配備している）は、軍備管理合意の対象となっていないという問題が放置されている。(21)

つまり米ロとも、戦略・戦域戦力の近代化を進めつつも、米ロのみの軍備管理枠組みでは安定と抑止の手段を確保することは困難であり、圧倒的な戦域打撃能力を有する中国を加えた新たな軍備管理枠組みを構築する必要性を痛感し始めていると推測される。

INF条約はすでに終焉したが、今後、新START条約の期限が延長されないことになれば事態はさらに混迷することが予想される。

ポストINF打撃システム配備に関する諸問題

INF条約失効後のミサイル開発

2019年8月2日にINF条約が失効して以降、ポストINF打撃システムをめぐる状況は急速に変化している。特に米ロ両国はポストINF打撃システムを含む非戦略核兵器システム全般にわたり開発を進めている。

２０１９年8月18日、米国はＩＮＦ条約失効の16日後に米国西海岸でマーク41垂直発射装置を地上に設置して、トマホーク巡航ミサイルの発射実験を行ない成功した。さらに２０１９年12月12日に地上発射型弾道ミサイルの実験も行なった。

これらの実験はいずれも約５００キロメートルの射程を超える飛翔を行ない、開発に必要なデータを取得したといわれる。ただ巡航ミサイルについては配備まで最低でも18か月、弾道ミサイルについては5年以上を要するといわれ、今後どのような展開を迎えるかは予想できない面がある。

いずれにしても、こうした新たなポストＩＮＦ打撃システムの開発・実験は現存するミサイル脅威に対応する抑止力構築のために必要であるが、同時に軍備管理枠組みを作り上げるまでの間、ミサイル戦力の優位性を確保するためのイニシアチブと受け止められる。

地上発射型ミサイルは、①発射母体を運用する必要がないことによるコスト上の利点があるため、開発計画への動機づけが大きく、②システムとしての安定性が大きく、弾薬を多数貯蔵できるため多数の目標を狙うことができるという優位点がある。その一方で、当然のこととして配備数が少ないと打撃力や抑止力には限界がある。

これに対して海洋・空中発射型ミサイルは、地上発射型ミサイルに比べて搭載数に限界があり、多数の発射母体を投入しない限り、打撃力は地上発射型ミサイルより相対的に見て低い。③地上発射型ミサイルを固定基地に配備した場合、相手から明白な目標となるが、移動式システムにしたり、堅牢な構造物で防護し、ミサイル防衛システムを運用して防護すれば脆弱性を補うことができるなどの特色を有する。[22]

米国のＩＮＦ射程ミサイルの配備計画

簡単な地理的問題として、ポストＩＮＦ打撃システムは米本土に配備しても意味がない。よって米国がポストＩＮＦ打撃システムを開発・配備した場合、配備される場所は国外となる。その場合の判断基準は、まず脅威認識であり、さらに抑止と対応の機能の効率性、配備にともなう諸問題（配備地の政治的・安全保障的要因、配備基地や運用上の要件を含む）への対応および軍備管理交渉との関係をどのように総合的に判断するかにかかっている。

一般的に配備の候補地域は、脅威認識と運用上の要件からみて、インド太平洋地域、中東湾岸地域、欧州地域になるが、現時点で米国のポストＩＮＦ打撃システムは存在しないため、具体的な計画を検討する段階にない。

米国がインド太平洋地域におけるミサイル配備計画を策定する時に考慮すべき要素として、①配備候補地の持つ政治的要因や部隊運用上の要因のほかに、②中ロおよび北朝鮮のミサイルのいずれにも対応できるか、③ミサイル防衛手段の有効性、④海洋・空中発射型システムとの組み合わせ、⑤宇宙・サイバーシステムとの運用上の連携、⑥同盟国との共同運用性、⑦地域内に配備する早期警戒レーダーや指揮統制・通信機能などが挙げられる。

特に固定式の地上発射型中距離ミサイルは相手側の攻撃目標となりやすく、海洋・空中発射型ミサイルよりも一般的にはコストは低いものの、ミサイルを防護するミサイル防衛システムも含めると必ずしもコストが低いとはいえない。

また地上発射型ミサイルをインド太平洋地域に配備する場合、ミサイル配備に適する米軍基地が多く存在するわけではない。さらに配備ミサイルの生き残り性や政治的な困難性を考慮すれば、地上発射型中距離ミサイルを移動式システムとして複数地に展開することが望ましい。

ただし、海洋発射・空中発射型の中距離ミサイルと地上発射型中距離ミサイルのいずれを主体的に活用するか、あるいはどちらを補完・補備用として使用するかは、敵の攻撃からの生き残り性や、攻撃のオプションを多様に選択して比較優位を確保できるかどうかを考慮し、脅威を含む戦域の状態や戦力運用上の目的によって柔軟に選択すべきものである。

中国に対抗するためのミサイル配備

ポストINF打撃システムの配備は、主として欧州正面におけるロシアやイランからのミサイルの脅威に対し、米国や同盟国および駐留米軍の抑止と対応を強化させることが目的である。インド太平洋地域では、同盟国の安全および同地域で活動する米軍、同盟国軍、特に第一列島線ならびに第二列島線内で活動する米軍に対する中国の攻撃に対処し、抑止力を確保することを目的としている。さらにポストＩＮＦ打撃システムの配備は台湾の安全のために活動する米軍にとって極めて重要な役割を果たす。こうした態勢を維持することができれば、ロシアや北朝鮮の脅威にも有効に対応できよう。

米国がインド太平洋地域において中国およびロシア、北朝鮮などの保有する中距離ミサイルに対応するためにポストＩＮＦ打撃システムを配備できれば、米国の抑止態勢はより安定するため、米国はインド太平洋地域に配備する計画を確実に進めるであろう。[23] 冷戦期における米国のグローバル戦略の重点は欧州正面であったが、冷戦後は明らかにインド太平洋地域にシフトしている。[24]

インド太平洋地域には、中国や北朝鮮の弾道ミサイル・極超音速グライド兵器だけでなく、ロシアのバスチオン地対艦ミサイルが択捉島、バル地対艦ミサイルが国後島に配備されている。さらにロシア太平洋艦隊は、２０１６年から１７年に松輪島とパラムシル島に地対艦ミサイルの「バスチオン」「バル」「イスカンデル」を部隊配備する可能性についてロシア国防省の関連機関が現地調査した旨を公表している。極東が欧州と同じような戦略環境になるかどうかも慎重に見極める必要がある。[25]

問題は、ポストＩＮＦ打撃システムを、どこに、どのように配備するかであり、２０１９年８月、エスパー国防長官は米国にＩＮＦの配備計画はなく、当面、欧州方面およびインド太平洋軍方面で必要な抑止能力の構築を行なうと言いつつも、ＩＮＦをアジアに配備したいが、時期については想定以上に時間がかかるし、初期運用能力を備えたミサイルを実際に配備できるようになるまでは数年を要するとも発言している。(26)

米国にとっての脅威認識を重視すれば、地上発射型ミサイルの配備地域として考えられるのは、結局のところアジア地域では、①米国領土のグアム、②同盟国（日・韓・ASEAN諸国）の米軍基地であろう。台湾に配備することは中国との関係で賢明ではなく、オーストラリアはやや距離があるために運用上の難しさがある。

報告書が示す米国のミサイル配備計画

将来、米国がインド太平洋戦域にミサイルをどのように配備・運用しようとしているかを見る上で参考となる二つの報告書がある。

一つは、2020年3月に公表されたデビット・バーガー海兵隊司令官の報告書『フォースデザイン2030』である。同報告書は米国にとって今や最大脅威はテロではなく、中国・ロシアという競争国家であり、海兵隊は今後10年計画で兵力再編を行なうことにより、中国・ロシアに勝利するための道筋を明らかにしたものである。この中で中国に対して、①海兵隊は沿岸部における陸上作戦活動を重視して海軍との統合を目指す、②海兵隊の比較的小規模部隊を中国のミサイル射程内にある離島・沿岸部に上陸させてEAB（遠征前進基地）を構築し、対艦攻撃・対空攻撃・無人機の運用によって中国軍の作戦行動を妨害する、③グレーゾーン事態に対処できるように海兵隊を南西諸島方面や南シナ海に沿岸防衛巡航ミサイル（ＣＤＣＭ）、迎撃ミサイル、センサー、哨戒艇などを装備して分散配備する。前方展開任務で戦車部隊を運用する陸上戦闘は陸軍に任せる、④こうした任務を遂行するためにミサイル・ロケット部隊を7個から21個中隊に増強する、といった方向を示している。

このようにミサイル戦力を強化した海兵隊をインド太平洋地域において中国沿岸部や日本の南西方面で活用するという構想が実現すると、ミサイル・ロケットを装備した在沖縄海兵隊の重要性はますます高まると予想される。

もう一つは、２０２０年4月5日に公表されたデービットソン・インド太平洋軍司令官の議会報告書『REGAIN THE ADVANTAGE』である。この「優位の奪回」という報告書は、議会に今後6年間に総額２００億ドルの予算を要請し、それによりインド太平洋軍が、①第一列島線の内側における優位を確保するために精密攻撃能力、将来は長射程能力を有する統合戦力を配備する、②第二列島線（グアム）に統合防空ミサイル戦力を配備して米国領土の前方防衛拠点とする、③ミクロネシア・東南アジアを含めて域内に広く前方展開戦力を分散配備して戦力の生存性を確保するとともに中国をゆっくりと包み込むという戦略を進める、というものである。

特に第一列島線の外側から海軍はトマホークミサイル、空軍はスタンドオフミサイル、陸軍はＡＴＣＭＳ（Army Tactical Missile Systems）、海兵隊はＨＩＭＡＲＳ（High Mobility Artillery Rocket

System）ミサイルを装備し、将来、米国が中・長距離精密攻撃ミサイルを装備して西太平洋におけるA2／AD能力を強化して外洋に進出する中国に対処する戦略である。

この二つの報告書のとおりに予算が充当され、部隊編成と装備品取得が進むかどうかはわからないが、いずれも従来と比べて、より長射程のミサイル戦力を重視して外洋から攻撃できる能力を配備して優位を確保するという戦略体制の構築を図ろうとする計画が明らかになったといえる。

欧州、中東・湾岸地域へのミサイル配備の狙い

インド太平洋地域以外で米国が新たに開発するポストINF打撃システムを配備しうる地域として重要なのは欧州であろう。

すでにNATO諸国はイランとロシアの弾道ミサイル配備に対抗するため、欧州弾道ミサイルシステムの展開・運用に取り組んでいる。ロシアが新しいポストINF打撃システムを東欧付近に配備したり、イランの核開発が進捗したりすると欧州正面のミサイルの脅威は高まり、ミサイル防衛システムだけで対応できるかという問題が生起する。

欧州におけるロシアとNATOの勢力拡大が進むなかで、ロシアの新たなポストINF打撃システム配備に対し、米国が欧州にポストINF打撃システムを配備することがNATO諸国にとって、どれほど抑止機能を強化するかは十分検証されるべきである。現実問題として、欧州の安全保障環境は

ＮＡＴＯの東方拡大にともない冷戦期と比べて全く異なる状況となり、将来、地上発射型中距離ミサイルをＮＡＴＯ諸国に配備することは政治的にみても困難な面がある。[27]

２０１９年10月のＮＡＴＯ年次総会でストルテンベルグ事務総長は「欧州において新たなロシアのミサイルに対応しなければならないが、ロシアの対応と同様の対応はしない。ＮＡＴＯは欧州に地上発射型中距離ミサイルを配備しない。新たな軍拡競争は望まない。引き続きロシアとの建設的な対話の用意はできており、ＮＡＴＯは効果的な軍備管理、軍備削減および不拡散にコミットしている」と強調している。

しかし、将来、ポストＩＮＦ打撃システム配備をめぐり米ロ関係が悪化すれば欧州がその影響を受けるリスクはあり、この面での考慮が必要となろう。現時点ではＮＡＴＯ諸国は集団防衛体制の下で対応策を決定して行動するとして、各国が独自の対応をとるようにはなっていない。欧州には冷戦期に行なわれたデカップリングの議論もなく、ストルテンベルグ事務総長の発言のように米国の地上発射型中距離ミサイルを配備する考えもない。

ＩＮＦ射程ミサイルの軍備管理の構想と問題点

新たなポストＩＮＦ打撃システムについての軍備管理枠組みの具体的な構想はまだできていないと思われる。しかし、今後、構想を作るにあたり考慮すべき要点は、①新たな軍備管理交渉は新ＳＴＡ

RT条約に基づく戦略的安定性といかなる相関関係になるか、②多国間の枠組みによるものか、あるいは米中ロの少数国による枠組みが目的達成にとって効果的か、③規制をかける対象をどうするのか、地上・海洋・空中発射型をすべて含むのか、特に極超音速グライド兵器をどう位置づけるのか、ミサイル防衛システムといかに関連づけるのか、④軍備管理合意により、保有するミサイルシステムに上限を設定するべきか、一定率を削減するべきか、あるいは削減や縮小ではなく、行動規範的な規制を求めるのか、また、それによりいかなる抑止と対応の機能を確保できるのか、⑤通常兵器と核兵器との機能をどの程度、区別し得るか、戦略兵器・戦術兵器の定義をどうするか、⑥交渉の参加国、対象、目的、範囲、程度、規制内容などを検討する際、地域性と戦略的安定性をどのように確保できるか、⑦中国を交渉の席に着かせるための方策は何か、⑧効果的な検証制度をどうするかなどであろう。

現時点で、ポストINF打撃システムについて新たな軍備管理交渉を始めるための具体的な動きはないが、米国は新たな軍備管理交渉を始めるのであれば、規制対象兵器システムの定義や対象を明確にして、それによって米国をはじめとする同盟諸国の抑止と対応の機能を強化できるような枠組みを追求するべきである。

また米国としては米ロのみならず、中国を含めた軍備管理の枠組みができなければ交渉を進める考えには至らないであろう。新たな核軍備管理交渉には中国を入れるべきだという考え方は米国内には強く、2019年5月、ポンペオ国務長官は「トランプ大統領は伝統的な米ロのフレームワークを超えた国家を取り込み、より広範な兵器システムも含んだ幅広い軍備管理について考察するよう国家安全保障担当者に指示している。可能であれば中国を巻き込むことが重要である」と発言している。

多国間交渉と中国の非対称的ミサイルの脅威

しかし、中国を交渉に加えることは容易ではない。中国外交部報道官は「中国はすでに何度も明言しているが、我々はいわゆる『中米ロ三か国軍縮交渉』に参加するつもりはない。この立場は非常に明確であり、ロシアを含む国際社会から幅広く理解されている。米側は、核軍縮問題において絶えず中国を持ち出してとやかく述べ、これを口実にして核軍縮に対する責任から逃れ、責任を転嫁している。中国はこれに対して断固反対する」と述べている。

さらに、河野外務大臣（当時）は2019年7月30日、国連における記者会見で「このINFについては、軍縮に大きな役割を果たしてきた非常に重要な条約だと考えておりますので、日本として、米ロ両国がその精神をこれからも引き継いでいっていただきたいと思っておりますし、米ロのみならず、中国・英国・フランスといった安保理常任理事国が、真摯に今後の対応をしっかり議論していただきたいと思っております」と述べた。これに対し中国外務省は、INF条約について、これはロ米間で締結された二国間条約だと指摘した。華春瑩中国報道官は、多国間条約になった場合、それは一連の複雑な政治的問題、軍事的および法的問題に影響を与えるとし、河野外相の提案について「中国側は同意できない」と述べた。また華報道官は、米国の一方的なＩＮＦ条約からの離脱に関連した中国側の懸念と意見の相違を表明し、河野外相に「ＩＮＦ条約から離脱しないよう米国を説得すること」を提案した。(28)

このように現時点で中国は軍備管理（ＩＮＦだけでなく、戦略兵器システム、非戦略兵器システムを含めて）について交渉の意図はなさそうである。(29) そうなると、ポストＩＮＦ打撃システムに関する軍備管理は実現不可能となり、軍備競争だけが進む世界が広がるという恐れがある。これは何としても回避しなければならない。(30)

一方、中国にすれば、軍備管理交渉によって中国の中距離ミサイルを削減する動機は現時点では見いだせないかもしれない。冷戦期にＩＮＦ条約についてソ連が交渉に応じてＳＳ‐20を撤廃しようとした動きはＮＡＴＯの二重決定とソ連の財政負担である。そうなると、周辺国が各種のミサイルを中国周辺に配備し、それが中国にとって圧力と負担になるような客観的状況が生じなければ中国が軍備管理交渉には応じないかも知れない。

すなわち中国が多国間交渉に応じるような状況をつくり、軍備管理交渉の動機をつくることがポストＩＮＦ打撃システムの交渉を始めるための条件になるであろう。当面は中国の非対称的ミサイル脅威に対応できる抑止と対応の体制を確立する努力を進める必要があるということになる。

ポストINF打撃システム配備と日本の安全保障

ポストINF交渉に対する日本の原則

日本の対応としては、ポストINF打撃システムを含む拡大抑止と安全保障上の対応措置について米国と緊密な協議を通じて日米同盟を強化するとともに日本の安全を維持するための方策について考慮するなかで、ポストINF打撃システムのミサイル配備についての考え方を確定することが重要である。[31]

特に中国はA2／AD戦略と先進技術を駆使して西太平洋への進出を確実に進めるであろう。日本の周辺海空域を中心に米中間の戦略的競合関係がさらに激しくなることは明白である。このような戦略環境の中で、中国のミサイル脅威に有効な対応をとることができなければ、日本の国家・国民の安全を将来にわたって維持・確保することができない。しかも、そのためには米国の防衛態勢に依存するのみで同盟国としての努力を行なわないのでは、これからの日米同盟は維持できない。

まず中国の脅威や威嚇に確固とした対応をとるためには中国のインド太平洋における戦略目標を十分に見極めて、自らの防衛努力の方向を明確に決めるとともに、多くの価値観を共有する諸国家と共同して対応することが求められる。

そのためにも米国のみならず、NATO諸国やオーストラリア・インドおよびASEAN諸国とポストINF時代の脅威認識に関する協議をしておく必要がある。さらに米国に対して日本は、①中国を加えた米中ロのグローバルな軍備管理交渉を開始し、外交的イニシアチブをとるよう勧め、日本はこうした米国の外交的イニシアチブを支援・協力する。②当面、中国が軍備管理交渉への参加を受け入れない場合でも米ロ間でポストINF打撃システムを含む軍備管理条約交渉を進められるように日本はバランスのとれた防衛力整備計画を進める。③米国としてポストINF打撃システム配備のオプションをとる際には、同盟国日本と十分な協議をするよう米国に求める。[32]

また米国がアジアに通常弾頭搭載のポストINF打撃システムを海洋・空中発射型だけでなく地上発射型を配備しなければならない理由を日本政府は国民に明確に説明することが求められる。米国がポストINF打撃システムを日本に配備する場合には米ロ・中間で弾道ミサイル・巡航ミサイル問題が深刻化することは避けらず、日本は日米同盟の抑止機能をいかにして強化するかという観点に立って、国内にもロ・中両国にも対応する必要がある。

日本としては、①ポストINF打撃システム配備が日本の安全保障にとってどの程度、死活的に重要か、中国のミサイル脅威にどのように対応できるか。また北朝鮮やロシアのミサイル脅威にも対応できるか、②その場合、地上発射型中距離ミサイルと海洋・空中発射型中距離ミサイルをどのように総合運用するべきか、③地上発射型中距離ミサイルを日本のいかなる場所（現在の在日米基地には配備できる適地がない場合の対応を含めて）に配備するべきか、④安保条約・日米地位協定上の問題は生じないのか、⑤日本の防衛体制にいかなる影響を与えるか等々の観点に立って対応を検討すべきである。

日本の安全保障政策とその選択肢

この問題を解決する方策を模索する場合、現時点で三つの考え方がある。

第一は、日本がポストＩＮＦ打撃システムを取得して自国の領土に配備し、中距離ミサイルに関する国内の政治環境を整えてから、その後、米国が中距離ミサイルを日本に配備するというやり方である。

第二は、米国が日本に中距離ミサイルを配備してから日本が中距離ミサイルを取得・配備するというやり方である。あるいは状況が許せば、日米同時に計画を進めるという方法もある。

第三は、日本はポストＩＮＦ打撃システムを保有・配備しないし、米国の配備も拒否するというやり方である。

どのような選択をするかは中国のミサイル脅威をどのように受け止めるか、日本の安全保障政策、防衛政策に合致するか、日米同盟の共同運用性と同盟の役割分担をどう考えるか、日本の国内政治的要因と障害、地上発射型ミサイルの有用性と中国との軍備管理手段としての効果等々を考慮する必要がある。

つまり日本の安全保障にとって、どれを選択するのが正しいか、どの選択が政治的にみて実現可能性が高いかが重要であり、それを判断しながら日米協議によって決断すべきであろう。

当然のこととして、米国が北東アジアに配備された中距離ミサイルに対応するため、日本にポストINF打撃システムの配備を打診してきた場合、日本は通常弾頭搭載の地上発射型中距離ミサイルを配備することについて政治・安全保障上の問題を克服することが必要となる。また中国のみならず、ロシアからも強い反対があることが予想され、こうした問題に対してどのように対応するかも求められる。

さらに日本が国家の安全保障政策と日米同盟の役割分担や日米共同運用性を高めるという観点から、米国による配備に先んじて巡航ミサイルを取得するという判断を行なうことがあるのかという問題もある。(33)

日本が巡航ミサイルを取得・配備することについては、①巡航ミサイルの取得は日本の防衛戦略に合致するか、②合致する場合でも、地上発射型巡航ミサイルでなければならないのか、海洋・空中発射型巡航ミサイルの方が有効ではないか、③国内政治的な困難を克服できるか、④もしできなかったら米国の配備をも難しくするリスクがあるが、この欠点を補う手段はあるのか、といったことを考慮する必要がある。

地上発射型巡航ミサイルの取得は、ミサイルの射程によっては専守防衛を旨とする防衛戦略や敵基地攻撃論との関係において政治的に認められない、あるいは有効でないという政策判断が行なわれることはあり得るが、この場合、同案は選択肢とならない。つまり日本の安全保障・防衛政策に合致し、有効であると政策判断された場合のみ、その他の障害を克服して、その実現に向けて努力するということになる。この場合の障害の中で最も困難な要因は国内政治的な問題である。

もっとも日本が取得を予定している航空機搭載用スタンドオフミサイル（射程約900キロメートル）は島嶼防衛や対艦攻撃のためであり、これは自衛隊が装備する兵器システムより、相手側が保有する兵器システムの射程が長ければ部隊の安全が守れないので、それを防ぐために導入するものである。これはいわゆる敵基地を攻撃する能力ではなく、相手側の兵器システムの射程が長いと部隊の安全が確保できないため、必要最低限の射程を有する手段を備えるというものである。周辺国の兵器システムの進歩に対応するための国家としての当然の措置である。

日本が保有すべきミサイル防衛システム

すでに指摘したように、米国は新たな海兵隊構想を明らかにしている[34]。今後は海軍と機能を統合しながら、中国沿岸部を含め、第一列島線の内側に対して攻撃できるようにＥＡＢ（遠征前進基地）を構築してミサイル戦力を強化するであろう。そのミサイルも当初はＨＩＭＡＲＳミサイルのような短距離ミサイルであっても、将来は中・長距離ミサイルになる可能性がある。米国がＩＮＦ条約で禁止されていた射程の巡航ミサイルや弾道ミサイルの発射テストをすでに２０１９年８月以降に行なっているのは、地上に配備されている中国の弾道ミサイルに対して有効に機能させるためと推定される。

こうした米国のインド太平洋戦略の一環として、地上発射型巡航ミサイルを日本に配備することを要請してきた場合、日本としては、米国の戦略判断に関する説明を十分に受けつつ、慎重に政策判断を行なうべきである。

その際、日本としては米国のミサイル配備が、日本の安全保障にとって有益になるとともに、日米安保体制の強化に貢献できるよう、①複数の基地に配備する、②ミサイルシステムを移動式とする、③配備地域を複数のインド太平洋地域とする、④ミサイルシステムの防護措置を図るとともに、ミサイル防衛システムによって防御するようにする、などの要件を満たすよう要請するべきである。それがミサイルシステムの生き残り性や目標選定の柔軟性を高めて、結果として抑止力を強化することにつながるであろう。

すなわち、長射程の巡航ミサイル・弾道ミサイルなどのポストＩＮＦ打撃システムを日本が取得・配備することに関して、それを可能にするためには日本の安全保障政策・防衛戦略と日米間における役割・任務分担の見直しが必要であるが、現状下では困難である。

一方、米国が地上発射型通常弾頭巡航ミサイルを日本に配備しようとして要請してきた場合は、日本として安全保障政策・防衛戦略と日米安保体制の観点からみて有効であり、国内政治的に許容される場合に限り、一定の条件下でこれを許容する場合があると思われる。

このどちらの選択もとれず、しかも周辺地域からのミサイルの脅威に対応するためには、①極超音速グライド兵器など新しいミサイル技術の派生技術を応用してポストＩＮＦ打撃システムの開発を図る、②弾道ミサイル防衛を含む総合ミサイル防空態勢やメガ・コンステレーションなどの宇宙早期警戒システムの開発強化を図ることにより日米共同運用体制を強化する、③特に在日米軍の作戦機能の抗堪性や生き残り性を維持確保するための日米協力を強化する、④新たな軍備管理枠組みを構築するための日米協力を強力に推進し、そのために価値観を共有する諸国家との協力と連携を図ることが重要である。

また、ポストＩＮＦ打撃システムだけでなく、イージス・アショアのＳＭ-３ブロックⅡＡの配備、ＡＩ・ビッグデータ・先進デジタルシステムなど新しい兵器体系に対する技術的対応など、日米共同運用体制の下で運用できる自国の防衛システムについて十分な整備を行ない、抑止機能を向上する必要に迫られる。

このような諸問題を総合的に推進するためには防衛計画の大綱という制度をやめて国家安全保障戦略に基づき、国家防衛戦略と国家宇宙戦略を策定することを検討すべきである。また日米両国の役割・任務の分担について従来の枠組みを再検討することも必要となる。

いずれにしてもポストＩＮＦ打撃システム配備問題は、日米両国の安全保障政策のみならず、北東アジアの安全保障環境にとっても重大な影響を与える問題になるであろう。

（1）David J. Trachternberg, "Statement of Honorable David J. Trachtenberg, Deputy Under Secretary of Defense for Policy, On the State of Arms Control with Russia before the Senate Foreign Relations Committee," (May 15, 2019) https://www.foreign.senate.gov/imo/media/doc/051519_Trachtenberg_Testimony.pdf

（2）Glenn H. Snyder, "The Security Dilemma in Alliance Politics," *World Politics*, Vol. 36, No.4 (July, 1984), pp.491-492.

（3）ストローブ・タルボット（加藤紘一、桂誠、茂田宏訳）『米ソ核軍縮交渉：成功への歩み』（サイマル出版会、１９９０年）１７３〜１９３頁。

（4）小川伸一『核：軍備管理・軍縮のゆくえ』（芦書房、１９９６年）１１３〜１２７頁。

（5）瀬川高央『米ソ核軍縮交渉と日本外交』（北海道大学出版会、２０１６年）34〜１２２頁。

（6）Department of State, "INF Myth Busters: Pushing Back on Russian Propaganda Regarding the INF Treaty," Fact Sheet, Bureau of Arms Control, Verification and Compliance, (July 30, 2019) https://www.state.gov/inf-myth-busters-pushing-back-on-russian-propaganda-regarding-the-inf-treaty.

（7）Department of State, "Adherence to and Compliance with Arms Control, Nonproliferation and Disarmament Agreement and Commitments," (July 2014) https://2009-2017.state.gov/documents/organization/230108.pdf.

（8）新垣拓「ＩＮＦ条約と米国の安全保障（前編）：ロシアの条約違反問題と米国の対応」『ＮＩＤＳコメンタリー』第95号（２０１９年3月15日）、新垣拓「ＩＮＦ条約と米国の安全保障（後編）：ロシアの条約違反と米国の対応」『ＮＩＤＳコメンタリー』第97号（２０１９年3月20日）、Amy F. Woolf, "Russian Compliance with the Intermediate Range Nuclear Forces(INF) Treaty：Background and the Issues for Congress," *CRS Report*, R43832, (August 2, 2019).

（9）Amy F. Woolf, "U.S. Withdrawal from the INF Treaty: What's Next?" CRS Report, IF11051 , (January 2, 2020), p.2.

（10）Department of State, Press Statement, "Trump Administration INF Treaty Integrated Strategy," (December 8, 2017)

https://www.state.gov/trump-administration-inf-treaty-integrated-strategy/.

（１１）小川伸一「中国の核戦力増強と北東アジアの安全保障及び核軍縮」『平成20年度外務省委託研究報告書：核軍縮を巡る新たな動向』（日本国際問題研究所軍縮・不拡散センター、２００９年３月）68～80頁。

（１２）Hans M. Kristensen and Matt Korda, “Chinese Nuclear Forces 2019,” Bulletin of Atomic Scientists, Vol. 75, Issue 4, (June 28, 2019).

（１３）Thomas Shugart “Has China been practicing preemptive missile strikes against US bases?,”War on the Rocks, (February 6, 2017) https://warontherocks.com/2017/02/has-china-been-practicing-preemptive-missile-strikes-against-u-s-bases/.

（１４）Harry B. Harris, “Statement of Admiral Harry B. Harris, Jr., U.S. Navy Commander, U.S. Pacific Command, before the House Armed Services Committee on U.S. Pacific Command Posture,”(April, 26, 2017) https://docs.house.gov/meetings/AS/AS00/20170426/105870/HHRG-115-AS00-Wstate-HarrisH-20170426.PDF.

（１５）Missile Defense Project, "Missiles of China," *Missile Threat*, Center for Strategic and International Studies, (June 14, 2018, last modified January 13, 2020) https://missilethreat.csis.org/country/china/.

（１６）Jesse Johnson, “Will Japan help plug U.S.-China missile gap?,” The Japan Times, (August 25, 2019).

（１７）U.S. Joint Chief of staff, ”Nuclear Operations,” Joint Publication 3-72, (Joint Chiefs of Staff, June 11, 2019); Office of Secretary of Defense, “Nuclear Posture Review,” (February, 2018).

（１８）Michael G. Mullen, “Admiral Michael G. Mullen, USN (ret.), Former Chairman, Joint Chiefs of Staff, Written Statement for House Foreign Affairs Committee Hearing on the New START Treaty, (December 5, 2019); Amy F. Woolf, “The New START Treaty: Central Limits and Key Provisions,” *CRS Report*, R41219 (November 27, 2019).

（１９）「露新ＳＴＡＲＴは失効」『産経新聞』（２０２０年２月28日）

（２０）Andrea L. Thompson, “Under Secretary Thompson’s Statement for the Record Testimony Before the Senate Committee on Foreign Relations ‘The Future of Arms Control Post-Intermediate-Range Nuclear Forces Treaty’,” (May 15, 2019) https://www.foreign.senate.gov/imo/media/doc/051519_Thompson_Testimony.pdf; Amy F. Woolf, “Russia’s Nuclear Weapons：Doctrine, Forces and Modernization,” *CRS Report*, R45861, (January 2, 2020

（２１）Trachtenberg, “Statement on the State of Arms Control with Russia before the Senate Foreign Relations Committee,” (May 15, 2019).

（２２）高橋杉雄「『ポストＩＮＦ条約時代』のアジア軍備管理」『外交』第57号（２０１９年９〜10月）46〜51頁。
（２３）アンドリュー・Ｓ・エリクソン「中国ミサイル戦力の脅威」『フォーリン・アフェアーズ・リポート』２０１９、第10号（２０１９年10月）71頁。
（２４）名越健郎「ＩＮＦ条約失効後の新戦略環境」『海外事情』第68巻第２号（２０２０年３月）、72〜84頁。
（２５）ロシアは２０１６年および２０１７年にかけて松輪島の現地調査を実施した模様であり、読売新聞は、ロシア紙イズベスチヤ（２０１７年11月29日）によるとロシア軍が松輪島に基地を建設し、地対艦ミサイルを配備する計画を進めていることを報じた。「露、千島に対艦ミサイル」（『読売新聞』（２０１７年12月１日）。
（２６）Mark T. Esper, "Secretary of Defense Esper Media Engagement En Route to Sydney, Australia," (August 2, 2019) https://www.defense.gov/Newsroom/Transcripts/Transcript/Article/1925072/secretary-of-defense-esper-media-engagement-en-route-to-sydney-australia/; Joe Gould, "With INF Treaty dead. Esper seeks to new missiles in the Pacific. Is Capitol Hill on board?," *Defense News*, (August 7, 2019).
（２７）Amy F. Woolf, "U.S. Withdrawal from the INF Treaty: What's Next?"
（２８）華春瑩（Hua Chunying）報道官のＩＮＦに関する発言。「中国、河野外相提案に反対＝ＩＮＦ全廃条約失効」『時事通信』（２０１９年７月30日）による。
（２９）戸﨑洋史「ＩＮＦ条約後の核軍縮管理—中国をいかに取り込むか」『国際問題研究所戦略コメント』第９号（２０１９年３月20日）https://www2.jiia.or.jp/RESR/column_page.php?id=330.
（３０）湯浅一郎「懸念される米露の核軍拡競争の再燃」『平和軍縮時評』（２０１９年５月31日）http://www.peace-forum.com/p-da/190531.html
（３１）村野将「ＩＮＦ条約破棄で中国に対抗」は可能か？日本への様々な影響：中距離核戦力全廃条約の経緯とその問題、アジア太平洋地域への影響は？（前編）」WEDGE Infinity（２０１８年10月18日）https://wedge.ismedia.jp/articles/-/14297. 村野将「ＩＮＦ条約破棄で中国に対抗」は可能か？日本への様々な影響：中距離核戦力全廃条約の経緯とその問題、アジア太平洋地域への影響は？（後編）」WEDGE Infinity（２０１８年10月24日）https://wedge.ismedia.jp/articles/-/14328.
（３２）森本敏「ＩＮＦ条約の失効と日本の安全保障」『政経往来』第71巻第７号（２０１９年８月９日）、９〜10頁。
（３３）Center for Strategic and International Studies, "Transcript: The Asia Chessboard Podcast, 'The Post-INF Chess

board';" (January 8, 2019) https://csis-website-prod.s3.amazonaws.com/s3fs-public/publication/200206_INF.pdf.

(34) Department of Defense, "Indo-Pacific Strategy Report: Preparedness, Partnerships and Promoting Networked Region," (June 1, 2019) https://media.defense.gov/2019/Jul/01/2002152311/-1/-1/1/DEPARTMENT-OF-DEFENSE-INDO-PACIFIC-STRATEGY-REPORT-2019.PDF.

第2章　ポストINF時代の抑止戦略

（高橋杉雄）

「ポストINF条約時代」の到来

抑止論は、米ソの全面核戦争による人類滅亡が現実的な脅威であった冷戦期に、「いかに核戦争による人類滅亡を防ぐか」という切迫した危機感を持ちながら発展してきた論理体系である。INF条約が1987年に成立する過程で重要な論点となった、エスカレーションラダーにおける戦域核の役割や、米欧のデカップリングの問題はいずれも抑止論と強く関係していた。ただ皮肉なことに、INF条約後に冷戦終結のプロセスが起動し、最終的にそのほんの数年後に冷戦が終結したことによって、抑止論への関心は大きく低下した。さらに、2001年の9・11テロ事件を契機として国際テロが重視されるようになったこともあり、「核の忘却」ともいわれるような時期がやってきた。(1)

しかしながら、中国の急速な経済発展を背景とした軍事力の近代化や東シナ海、南シナ海における高圧的な行動、さらに2014年のロシアのクリミア併合に続く米ロ対立によって、米中ロの関係は変化し、米国は2017年に策定した『国家安全保障戦略』において、大国間競争が復活したとの国際情勢認識を示した。

このように国際情勢が緊張していくなか、ロシアがINF条約に違反する射程距離の地上発射型巡航ミサイルを開発・配備していたことを理由に、米国は2019年2月にINF条約の破棄を通告し、同年8月にINF条約は効力を停止した。それにともない、米ロ両国は、これまでINF条約によって禁止されてきた、射程500〜5500キロメートルの地上発射型ミサイルの研究開発および配備をすることができるようになった。

ただ、これらのポストINF打撃システムは、結局のところ特定の射程距離と発射形態を持った兵器システムでしかない。したがってINF条約の失効それ自体によって、抑止に関する理論的枠組みとしての抑止論が変化させられることはない。しかしながら、戦略的・地理的条件を踏まえて形成されるそれぞれの国の具体的な抑止戦略には大きな影響を与えうることもまた明らかである。そうした観点から、本章ではポストINF条約時代の抑止戦略をめぐる具体的な論点を示していく。

「INF条約時代」における抑止戦略の展開

「INF条約時代」における抑止概念の変化

冷戦の終結により、人類は核戦争による滅亡の恐怖から解放された。同時に米国が想定する戦争は、超大国とのグローバルな戦争ではなく、1991年の湾岸戦争のような地域紛争へと変化することとなった。米国にとってのこうした地域紛争の相手は、地域における現状を打破しようとする国家(「ならず者国家」と通称された)である。そして米国は、これらの相手に対して、米ソ冷戦時のように相互核抑止体制による安定を構築しようとするのではなく、軍事介入を確実に成功させるための圧倒的な優位を追求した。

その方向性を明確に示したのが、ブッシュ政権において策定された2002年版『核態勢見直し(NPR)』である。この2002年版NPRは、核抑止を支えた「核の三本柱」(ICBM、SLBM、戦略爆撃機からなる)だけでなく、「核および非核の打撃戦力」「ミサイル防衛能力」「核兵器産業インフラ」からなる「新たな三本柱」による「戦略抑止」という概念を提示した。

これを敷衍(ふえん)すると、冷戦後の世界においては、戦略核戦力のみによって抑止を成り立たせることはできず、ハイテク通常戦力やミサイル防衛戦力も含めて抑止力を考える必要があり、そうなると「核抑止」という言葉は適切ではなくなるので「戦略抑止」という概念が提示されたといえる。つまり「核対核」という図式で抑止を捉えるのではなく、抑止力全体の中での核兵器の役割が相対化されたのである。

精密誘導兵器の発展と拡散：「精密誘導兵器レジーム」の出現

軍事戦略の観点から見て、INF条約時代の大きな変化は、精密誘導兵器が大きく発展し、しかもそれが拡散したことである。精密誘導兵器は、ベトナム戦争時代に米国が開発した「スマート爆弾」を嚆矢とし、湾岸戦争で初めて本格的に使用され、その後コソボ空爆、アフガニスタン戦争、イラク戦争においても大規模に使用され、その威力を世界に示した。これは、社会全体を大きく変えた情報革命の軍事的側面というべきものであり、「軍事における革命（RMA）」あるいは「トランスフォーメーション」と呼ばれ、米国が先導するかたちで軍事作戦の様相を大きく変えた。

しかし同時に、これをいつまでも米国が独占できるわけではないことも、また、一部の専門家は早くから認識していた。たとえば、9・11テロ事件の直後の2001年9月30日に公表された2001年版『4年次国防見直し（QDR）』の第5章「21世紀に向けた米軍の変革」では、弾道ミサイルや巡航ミサイルの飽和攻撃による米軍のアクセスの拒否ないし遅延、発達した防空システムによるステルス機以外の侵入の阻止、宇宙配備の能力・超水平線レーダー、ステルス化された無人機による米軍の監視とターゲッティング、対艦巡航ミサイル、先進型ディーゼル潜水艦、先進型機雷による米海軍と両用部隊の沿岸域への接近の阻止、長射程の移動式弾道ミサイル、地上配備レーザーによる宇宙アセットへの攻撃などが将来の脅威になると記されている。(2)

ここから明らかなように、21世紀初めの段階ですでに、当時は米国が独占していた高度技術がいずれは拡散し、将来の脅威となると認識されていた。具体的には、地域紛争への米国の軍事介入を阻止しようとする国が、A2/AD(接近阻止/領域拒否)能力の強化を追求し、精密誘導兵器をその柱に据えていくと予測されたのである。米国の専門家はそれを「精密誘導兵器レジーム」の出現と呼んだ。(3)

冷戦終結後の米国の軍事作戦の標準的な流れは、まず兵力を前線に展開させ、それから戦闘行動を起こす二段階からなっていた。しかしながら「精密誘導兵器レジーム」が出現すると、そもそも兵力を前線に展開させることが困難になってしまう。湾岸戦争でもイラク戦争でも、米国は地上兵力をサウジアラビアなどに展開させたが、兵力の展開それ自体は、イラクからの攻撃を受けることなく安全に実施することができた。しかしながら、「精密誘導兵器レジーム」が出現した後では、兵力を展開させるプロセスで精密誘導兵器による攻撃を受けてしまう可能性が高い。つまり「戦場に行く道程自体がすでに戦争」というかたちになってしまうこととなる。冷戦後の米軍はそうした戦争を経験しておらず、基本的な作戦構想や装備の在り方のレベルから見直す必要があると考えられた。

そしてその懸念は、中国の急速な軍事力近代化によって現実化した。中国は、湾岸戦争、1995~96年の台湾海峡危機、コソボ空爆を経て、「ハイテク条件下の局地戦」「情報化条件下の局地戦」「情報化戦争」「智能化戦争」といったキーワードで概念を発達させながら、軍事力の近代化と軍事技術のイノベーションを進め、2001年版QDRが予測した能力に加え、対艦弾道ミサイルや強力な宇宙・サイバー作戦能力を併せ持つ強固なA2/AD能力を備えるようになった。その中核にある打撃兵器が、ポストINF打撃システム、すなわち射程500~5500キロメートル程度の地上発射型弾道・巡航ミサイルである。そしてその結果、冷戦終結後、米国が享受してきた一方的な軍事的優位が、西太平洋や南シナ海のような一部の地域においてはもはや動揺していると見なされるようになってきたのである。(4)

「大国間競争の復活」と「INF時代」の終焉

INF条約の成立過程においては、NATOの二重決定などさまざまな要素が作用したが、実際には最も重要な要因となったのは、ソ連の大戦略レベルでの変化であった。ゴルバチョフ政権の発足による、当時「新思考外交」と呼ばれた欧米との協調的な外交政策の追求である。そしてINF条約の命脈を絶ったのも、同じく大戦略レベルにおける米ロ関係の変化であった。

冷戦後の米ロ関係は、特に1990年代末から、NATOの東方拡大や米国のBMD(弾道ミサイル防衛）をめぐって緊張をはらみながら展開してきたが、２０１４年のロシアによるクリミア併合とウクライナ危機によって決定的に悪化した。それと並行して、ロシアのＩＮＦ条約非遵守問題が浮上し、ＩＮＦ条約そのものの是非についての疑問が米国内で浮上し、最終的にＩＮＦ条約は葬られることになる。

またこの時期は、米国の核抑止戦略上、重要な転機でもあった。冷戦期とはやや性格を異にするが、限定核戦争論が再浮上してきたのである。[5] その背景には二つの国際安全保障上の要因があった。

第一は、核拡散の進行によって、米国が関与する地域紛争において相手側が核兵器を使用する可能性が懸念されるようになったことである。これにともない、冷戦的な全面核戦争とは異なる、限定的な環境における核戦争に備える必要があるとの認識が高まった。

第二は、ロシアに関連する。ロシアが「ディエスカレーションのためのエスカレーション」という手段での限定的な小型核兵器の使用を考えていると認識されるようになったため、小型核を組み込んだ核エスカレーションの考え方を再構築する必要があるとの認識が高まったことである。[6]

こうしたことから、２０１８年版ＮＰＲでは、ＳＬＢＭであるトライデントＤ５の一部の低出力化と、ロシアのＩＮＦ条約非遵守が続く場合の核搭載潜水艦発射巡航ミサイルの再開発が盛り込まれることとなった。

このように、ＩＮＦ条約は失効したのは、大戦略レベルの変化としての大国間の競争の復活と、軍事戦略レベルの変化としての限定核戦争論の再興の時期であった。いうまでもなく、冷戦が終結してから2019年までの間、INF条約の締結国であった米ロにとって、射程500~5500キロメートルの地上発射型ミサイルを抑止戦略に組み込むことはできなかった。INF条約が失効したいま、それらのポストINF打撃システムをどのように軍事戦略に組み込んでいくかが、米ロ両国の軍事戦略上の重要な論点になることになる。この点について次節で考察する。

今後の抑止戦略におけるポストINF打撃システム

ポストINF打撃システムの軍事的な特徴

米国であれ、ロシアであれ、その抑止力はそれぞれが保有するすべての軍事力によって構成される。ポストINF打撃システムは、単に射程500~5500キロメートルの地上型発射ミサイルであり、米ロそれぞれの巨大な軍事力から見れば、ごく一部にすぎないものである。よって、ポストINF時代における抑止戦略の変化を考えることは、実際にはそのごく一部からもたらされる効果を分析することでもある。

その前に、まず地上発射型ミサイルと、空中・海洋発射型ミサイルそれぞれの比較優位を整理しておきたい。地上発射型ミサイルは、固定式の発射装置ないしトレーラーのような移動式発射機（TE

L と通称される）から発射される。一方、空中発射型ミサイルは航空機、海洋発射型ミサイルは艦艇のようなプラットフォームから発射される。そのため、空中・海洋発射型ミサイルは、ミサイルを積んだプラットフォームごと長距離を移動できるから、運用上の柔軟性、たとえば発射地点を選択する自由度が大きい。特に潜水艦発射であれば、潜航することによって目標の近傍からでも発射が可能となる。地上発射型ミサイルであってもＴＥＬであれば移動はできるが、航空機や艦艇のように数千キロを自力で移動することはできない。

一方、空中・海洋発射型ミサイルは、プラットフォームである航空機や艦艇自体が撃破されてしまうとミサイルも同時に破壊されてしまう。一方、固定式発射装置はサイロのような設備で防護能力を高めることができるし、ＴＥＬは地形などを活用して巧妙に移動することで攻撃を回避することができる。

また、運用コストの観点から見ても、地上発射型ミサイルが優位になる状況もありうる。２０１７年に米国がシリアの飛行場に対して行なった巡航ミサイル攻撃は2隻のイージス艦から59発のトマホークを発射したものであった。(7) このことから、1隻がそれぞれ約30発のトマホークを搭載していると推測できるが、逆にいえば、30発のトマホークのために、搭載兵器と併せて約１９００億ドル（２０２１会計年度要求）(8) もの価格のイージス艦と、それを運用する人員を必要とすることでもある。

それを考えると、地上発射型ミサイルは固定式発射装置を用いた場合には、はるかに小さい費用で、同様の効果を得ることができるといえる。ただし、固定式発射装置は、サイロなどによって防護力を高めない限り、相手の攻撃に対して脆弱になる問題がある。この問題は移動式のTELを用いれば解消するが、その場合は、運用コストが増大する。

地上発射型ミサイルのもう一つの優位な点は、設計上の柔軟性の高さである。空中発射型ミサイルは航空機のペイロード、海洋発射型ミサイルは発射装置のサイズといった設計上の制約を受ける。ところが地上発射型ミサイルの場合、そういった制約がよりゆるやかになることから、より大型にすることができる。そのため、より高速で、より射程が長く、よりペイロードが大きいミサイルを開発することができる。

ポストINF打撃システムをめぐる論点の整理

要約すれば、抑止とは、現状に対する武力による挑戦が生起した場合には、抑止側が武力によって対応すると挑戦側に認識させることによって、現状打破の試みそのものを阻止しようとするものである。それを可能とする抑止力は、特定の兵器システムに依存するのではなく、その国の軍事力全体によって形成される。一方、ポストINF打撃システムは、要約すれば射程500~5500キロメートルの地上発射型ミサイルでしかなく、挑戦側の現状への挑戦のための手段と、抑止側の現状維持のための手段に、新たに加わるにすぎない。

よって、米ロがポストＩＮＦ打撃システムを開発・配備すること自体が、抑止論の理論的枠組みそのものを変化させることはない。ただし、実際に抑止論に基づいた抑止戦略を実行していく上では、少なくとも次の二点において影響が生じると考えられる。

第一は、抑止の信憑性（クレディビリティ）に関連する問題である。抑止の信憑性とは、現状打破の試みに対し、抑止側は実際に武力によって対応するであろうことを挑戦側に正しく認識させることによって保たれる。そして、抑止の信憑性を高めるための一つの要素として、抑止側の対応が「罪に適した罰」であること、すなわち挑戦に対して比例的に対応することができることがあるとされている。[9]

ポストＩＮＦ時代の文脈で言えば、射程５００～５５００キロメートルの地上発射型ミサイルの開発・配備によって、比例的な反撃ができる新たな能力が手に入るとするならば、抑止の信憑性が高まるといえる。ただし、すでに空中・海洋発射型ミサイルによってそうした能力を得ている場合は、ポストＩＮＦ打撃システムがもたらす効果は限定的なものとなる。

第二は、戦略的安定性に関連する問題である。日本に限らず、しばしば誤解されることだが、戦略的安定性とは、安定的な戦略環境全体を指す言葉ではない。これは抑止論において特定の意味を持って用いられる用語であり、現在においては、具体的には「軍備競争における安定性」と「危機における安定性」からなるとされることが多い。[10]

「軍備競争における安定性」は、平素における関係性を表す概念であり、相互の兵力構成や軍事技術の動向が軍拡競争を促さないような状況にあることを指す。もう一つの「危機における安定性」とは、一般的にいう相互抑止の状態に近い。どちらかが第一撃を加えたとしても[11]、もう一方の残存兵力による反撃で、双方ともに大きな損害を受けることが明らかな時、「危機における安定性」が高いとされる。こうした状況では、双方ともに第一撃を行なうインセンティブを持たないため、状況が緊張しても危機管理が相対的に容易になると考えられ、安定性が高いと見なされるのである。

逆に、第一撃を行なった側が決定的な優位を享受できるような状況では、互いに「先に攻撃を仕掛けなければ負ける」と強く感じることとなる。その場合には「安全保障のジレンマ」が発生しやすく、双方ともに第一撃のインセンティブを強く持つので、必然的に危機管理が困難になる。

これをポストＩＮＦ時代に当てはめれば、現状でいずれかの国が有している第一撃のアドバンテージを新たに米ロが整備するであろうポストＩＮＦ打撃システムによって相殺できるとすれば、ポストＩＮＦ打撃システムは戦略的安定性を高める効果があると考えられる。逆にポストＩＮＦ打撃システムによっていずれかの国が第一撃のアドバンテージを有するようになれば、戦略的安定性が損なわれることとなる。

この戦略的安定性との関連で指摘しておくべき重要な点は、ポストＩＮＦ打撃システムはおそらく互いのミサイルを主要なターゲットとはしない（あるいは、できない）であろうことである。現在すでに中国が配備しているポストＩＮＦ打撃システムは、基本的に移動式システムである。ロシアがＩ

NF条約に違反して開発したとされるSSC‐8も同様に移動式システムである。1991年の湾岸戦争で証明されたように、移動式システムを攻撃するのは極めて困難である。[12] その後、約30年の軍事技術の進歩を考慮に入れたとしても、絶対的な航空優勢の獲得ができない限り、相手国領土に分散配備された移動式システムを撃破するのは事実上不可能である。そう考えると、ポストINF打撃システムのターゲットは相手の移動式ミサイルではなく、より攻撃が容易と考えられる固定施設になる公算が高い。つまり、ポストINF打撃システムによって、相手のポストINF打撃システムそのものを直接的に無力化することはできないのである。

さらに、分析を行なう上で重要な二つの事項を確認しておく。

第一は、少なくとも米国が開発・配備するポストINF打撃システムは基本的に通常弾頭ミサイルであり、核ミサイルではないことである。米国にとっては、低出力核は潜水艦発射巡航ミサイルと低出力型トライデントD5に搭載される予定であるから、地上配備のポストINF打撃システムを核搭載可能にする必要はない。ただし、ロシアのSSC‐8は核弾頭も搭載できる可能性が高いと考えられており、低出力核を搭載して「ディエスカレーションのためのエスカレーション」戦略の一翼を担う可能性はある。

もう一つは、ポストINF打撃システムが地上発射型システムである以上、配備が想定される地域の地理的環境によってその影響は変わってくることである。たとえばヨーロッパや中ロ国境のように、陸地中心の地理的環境であれば、ポストＩＮＦ打撃システム配備がもたらす影響の大きさは明らかであろう。他方、アジア太平洋地域のように、海洋中心の地理的環境においては、ポストＩＮＦ打撃システムの役割は海上配備システムの補完や代替ということになる。

ポストＩＮＦ時代の戦略環境と抑止戦略

ポストＩＮＦ時代のヨーロッパ

本節では、これまでに整理した論点を踏まえ、具体的に戦略環境や抑止戦略にどのような影響が生じるかについて検討する。まず、そもそものＩＮＦ条約の焦点であったヨーロッパである。ヨーロッパの地理的特徴を簡単に要約すると、基本的に陸地が中心であり海洋はその周縁にあることと、ＮＡＴＯ欧州諸国とロシアはいずれもが大陸に位置しており、地理的環境が対称的であることが指摘できる。よって、米ロ双方にとって、海洋発射型の中距離ミサイルの役割は限定的なものとならざるを得ない。そもそものことが、ＩＮＦ条約を地上発射型ミサイルに限定できた理由でもあったともいえる。

そう考えると、ポストＩＮＦ打撃システム、すなわち射程５００～５５００キロメートルの地上発射型ミサイルは大きな役割を果たしうるものと考えられよう。また、すでにロシアはＳＳＣ‐８の配備を開始しているとみられ、米国・NATOにとっては、SSC－8にどう対抗していくかが重要な課題となる。ただし、路上移動式であるSSC－8を捕捉・撃破することは困難であるから、米国が今後ポストINF打撃システムを開発・配備したとしても、それはSSC－8に直接的に対抗するものとはならない公算が大きい。

INF条約時代から、NATOはイランの核開発に対抗してBMD配備を進めようとしていた。それに対してロシアは、ヨーロッパのBMDがロシアの核抑止力を損なう可能性があるとして強く反発していた。その点を踏まえると、ロシアがSSC－8を開発した理由の一つに、巡航ミサイルによる米国のBMDへの対抗が含まれている可能性は否定できない（第5章参照）。そう考えると、SSC－8への対抗の上でまず必要なことは、SSC－8同様の対地攻撃型ミサイルを開発・配備することではなく、現在配備を進めているBMDのIAMD（統合航空ミサイル防衛）化を進め、巡航ミサイル対処機能を強化していくことであろう。

ただヨーロッパにおいて留意しなければならないのは、NATO内部においても、西欧諸国と東欧諸国の間で、戦略条件や脅威認識が異なることである。ロシアと直接国境を接している東欧諸国は、ロシアに対する脅威感が強く、また物理的にも一定の条件の下で、ロシアが通常戦力バランスで優位に立つ可能性があると考えられている。一方、ロシアとの間に東欧諸国を挟む西欧諸国は、ロシアに対する脅威感が相対的に低い。このことは、米国とヨーロッパ諸国の間での伝統的な「デカップリング」だけでなく、西欧諸国と東欧諸国との関係を加えた「二重のデカップリング」が発生する可能性があることを示している。具体的には、東欧諸国が米国のポストＩＮＦ打撃システムの開発・配備を希望するのに対し、西欧諸国がそれに対して消極的な態度をとることで、ＮＡＴＯ全体としての意思決定が困難になる可能性は否定できない。

もう一つ考慮しておくべき点は、東欧諸国にポストＩＮＦ打撃システムを配備するようなことがあれば、おそらくモスクワを射程に収めるであろうことである。逆にロシアが配備するポストＩＮＦ打撃システムは米国本土を攻撃することはできない。これは、まさに冷戦期の戦域核戦力がソ連にもたらした問題と同様のものであるから、ポストＩＮＦ打撃システムの東欧配備が、ＩＮＦ条約交渉当時のＮＡＴＯ二重決定に匹敵する決定的な圧力となりうることを意味している。同時に、ロシアが強硬な反応を示す可能性も考慮しなければならず、これを実行する場合には慎重に効果とリスクとを比較考量することが必要となる。

ただし、米国のポストＩＮＦ打撃システムの東欧配備が真剣に検討されるほどに状況が緊張しているならば、改めてＩＮＦ条約の価値が再認識されるようになる可能性もある。特にロシアから見れば、モスクワへの脅威が増大することになり、ＩＮＦ条約時代に比べ、全体としての状況が悪化することになってしまう。こうした状況まで至れば、軍備管理が必要との認識が再び醸成されてくる可能性もあろう。

以上の分析をまとめると、ヨーロッパにおいて米国・NATOに必要なのは、ポストINF打撃システムというより、SSC‐8に対抗するための巡航ミサイル防衛能力の強化であるということになる。ポストINF打撃システムの役割があるとすれば、ロシアの安全保障環境がむしろ悪化することを認識させ、軍備管理の必要性についての共通認識を再び形成していくためのレバレッジとしての役割ということになろう。

ポストINF時代のアジア太平洋地域

アジア太平洋地域におけるポストINF打撃システムの影響は、理論的には米ロ、中ロ、米中の三つの組み合わせにおいて発生しうる。ただし、ヨーロッパにおいて米ロ対立の原因となっているNATOの東方拡大に相当するような対立点がアジア太平洋地域の米ロ関係には存在しないから、米ロ関係については分析しない。また、ロシアのSSC‐8の開発・配備の背景には、中国に対する潜在的な脅威感も含まれている可能性もあるが、現在のところ中ロ対立が顕在化する兆候は観察されないことから、中ロ関係についても本稿には含めないこととし、米中関係に焦点を当てて分析する。

アジア太平洋地域の地理的特徴として、ヨーロッパにおける米・NATOとロシアの関係と異なり、米中間には顕著な非対称性があることが指摘できる。中国が大陸にあって戦略的縦深を享受している一方で、米国の軍事プレゼンスは、日本列島と、そこから遠く離れた離島であるグアムによって支えられており、著しく縦深性を欠いている。能力的に見ても、米国の打撃力は地上基地からの航空機と空母艦載機に加え、水上艦艇・潜水艦からの巡航ミサイルが担っているのに対し、中国の打撃力は地上発射の弾道・巡航ミサイル、すなわちポストＩＮＦ打撃システムを中心としているというような非対称性が観察できる。

この両者を比較評価する上で重要な点は、米軍の打撃力の大きな柱である陸上配備型の戦術航空機が使用可能な航空基地の数が限られていることと、それが日本列島から沖縄列島線に連なり、戦略的縦深性を欠いていることである。そのため、中国の巡航・弾道ミサイルによる攻撃に対する脆弱性が極めて大きく、中国側のミサイルによる第一撃によってかなりの作戦能力を失ってしまう可能性が高い。一方、中国の航空基地は広大な中国大陸に分散されており、巡航ミサイルを中心とする現状の戦力で米国が反撃したとしてもそれらの作戦能力を大きく低下させることは難しい（詳細は後述）。

すなわち現状において、中国は米国に対する第一撃のアドバンテージを有していると評価できる。これは、状況が緊張した危機時において、中国側に第一撃を行なうインセンティブが生まれることを意味しており、戦略的安定性の中での危機の安定性が不足している状況であると考えられる。よって、米国および米国の同盟国に課せられた戦略的課題は、現在中国が有している第一撃のアドバンテージをいかに相殺して、通常戦力における相互抑止体制を構築していくかということである。ポストＩＮＦ打撃システムに期待される役割は、まさにその点にある。

現在のところ、アジア太平洋地域における米国の戦域打撃能力の中心は海洋発射ないし空中発射の巡航ミサイルである。海洋発射型巡航ミサイルはいわゆるトマホークだが、前述したとおり、イージス艦1隻あたり30発のトマホークを搭載していると推測され、巡航ミサイル発射型に改装されたオハイオ級ミサイル原潜は154発の潜水艦発射型トマホークを搭載している。ほかにもバージニア級などの攻撃型原潜からもトマホークの発射は可能である。また空中発射の巡航ミサイルJASSM-ERは、B-1B爆撃機なら24発搭載可能である[13]。

アジア太平洋地域においてポストINF打撃システムを配備するならば、これらの海洋・空中発射型巡航ミサイルでは達成できない任務を遂行できるとか、あるいは運用コストを大きく削減できるなど、何らかの付加価値を持つものでなければ意味がない。ここではまず、ポストINF打撃システムの中で、先行して開発が進められているトマホークの地上発射型について検討する。

地上発射型トマホークの具体的な配備については、イージス・アショア同様に地上にマーク41垂直発射装置を置く方法と、改めてTEL（移動式発射機）を開発して路上移動式として運用する方法とがある。前者の垂直発射装置の場合、固定式であるから中国側の戦域打撃システムに対して脆弱性が高くなってしまう。マーク41は元来艦載用であるから、米国のミニットマンⅢICBMのような防護されたサイロ（ミサイルを収納するために地中に設置された円筒状の施設。鉄筋コンクリートで頑丈に造られる）のような設備で直接防御力を高めることはできない。よって、非脆弱性を高めるには、濃密なミサイル防衛網によって防護する必要があるが、これは当然必要なコストを高めることになる。その場合、こうしたコストを正当化するような、ほかでは代替不可能な役割を見い出す必要があろう。

一方、非脆弱性を高めるために路上移動式とした場合には、数量の確保が困難となる。たとえば１９９９年のコソボ紛争では、海洋発射型トマホーク約２００発、空中発射型巡航ミサイル約１００発が発射され、２００３年のイラク戦争では海洋発射型トマホーク約８００発、空中発射型巡航ミサイル約１５０発が発射されている。[14] 既存の海洋・空中発射型巡航ミサイルでもこれだけの数を発射しているとすれば、地上発射型ミサイルでそれを補完しようとすれば最低でも数百発単位のミサイルが必要となるが、それだけの数のミサイルを地上から運用するのは困難である。

たとえばＩＮＦ条約以前に開発されていた地上配備型トマホーク「グリフォン」は移動式であり、1両のＴＥＬあたり4発のグリフォンが搭載可能であった。同様のＴＥＬを再び開発・配備したとすると、イージス艦1隻に搭載されているとみられる30発のトマホークを発射するためには8両のＴＥＬが必要とされる。仮にイージス艦10隻分を考えるとすると75両のＴＥＬが必要となる。さらにＳＳＧＮ（巡航ミサイル原子力潜水艦）1隻から発射可能な１５４発をＴＥＬから発射するには39両、2隻分となると78両のＴＥＬが必要となる。つまりイージス艦10隻とＳＳＧＮ2隻を代替するには実に１５０両余りのＴＥＬを配備しなければならないことになる（なお、イラク戦争の際に投入されたトマホーク搭載艦は35隻である）。

政治的問題を抜きにしても、アジア太平洋地域の地理的環境を考慮すれば、150両ものTELを配備・運用するのは事実上不可能である。さらに、トマホークの射程距離を考えれば、有効に運用するためには沖縄を含む日本南部、フィリピン、台湾に配備しなければならないが、それだけの数のTELを配備し、運用するのに必要な政治的コストは膨大なものとなる。ただこれは艦艇と同様の同時発射能力を備える場合の試算であり、再装塡を繰り返しながら発射する場合には、TELの所要数そのものは少なくすることはできる。

何よりも陸上配備型トマホークを海洋環境であるアジア太平洋地域で運用する問題点は運用上の硬直性である。アジア太平洋地域であれば、海洋発射型のミサイルは事実上どこからでも発射が可能である。さらに潜水艦であれば中国のA2／AD脅威下でも運用でき、中国本土に近づいての発射さえ可能であり、運用上の柔軟性がさらに高い。

しかしながら、陸上配備型は、言うまでもなく陸地に配備しなければならないため、配備地点が限定されてしまう。しかもアジア太平洋地域の地勢を考慮すれば、海洋発射型ミサイルよりも遠くから発射しなければならないということもありうる。この点が、大陸であるヨーロッパとの大きな違いとなる。

こうした状況を考えると、ポストINF打撃システムのうち、地上発射型巡航ミサイルの役割は極めて限定的であると結論せざるを得ない。巡航ミサイルである以上、攻撃しうるターゲットや期待できる効果は海洋発射・空中発射型と同一であるため付加価値がほとんどない一方で、海洋発射・空中発射型に匹敵する物量を運用するための政治的・経済的コストが膨大なものとなると予想されるからである。

次の論点は、巡航ミサイルではないポストＩＮＦ打撃システム、すなわち弾道ミサイルないし極超音速グライド兵器は有効なオプションになりうるかということになる。これらが巡航ミサイルでは実行できず、しかもそれが戦略的に見て重要な任務を実行できるなら、開発・配備を進める価値がある。具体的に考えられるのが、弾道ミサイルや極超音速グライド兵器の落下速度の速さによる貫徹力を活かした飛行場や地下施設などのハードターゲットに対する攻撃、亜音速で飛行する巡航ミサイルとは比較にならない高速で目標に到達する特性を活かして、タイミングを見計らって指揮統制施設などを狙い撃ちで攻撃する「長距離狙撃」構想[15]、あるいは相手にＢＭＤ（弾道ミサイル防衛）システムの開発を余儀なくさせ、中国側の資源配分をより防御的なものにシフトさせる「コスト賦課」効果である。はっきりいえることは、巡航ミサイル以外にオプションを広げて考えた時、ポストＩＮＦ打撃システムは、ヨーロッパよりもアジア太平洋地域においてより複雑な効果をもたらす可能性が高いということである。この点について次節で分析を進める。

ポストＩＮＦ条約時代の抑止戦略の課題

「セオリー・オブ・ビクトリー」とポストＩＮＦ打撃システム

アジア太平洋地域におけるポストＩＮＦ打撃システムの役割を検討する上で重要になる概念が「セオリー・オブ・ビクトリー」である。「セオリー・オブ・ビクトリー」とは、最近米国で注目されている概念で、抑止が破れて戦争になってしまった場合に、どのように戦って戦争の目的を達成するかという「戦い方」を表す概念である。[16] 日本語の語感としては、「勝利の方程式」というようなイメージに近い。

クラウゼヴィッツ流に言えば、戦争とは政治の延長であり、あらゆる軍事行動は政治目標の達成のために行なわれなければならない。だとすれば、「戦い方」は政治的目標の達成に結びつかなければ意味がないことになる。つまり「セオリー・オブ・ビクトリー」とは、個々の作戦や戦闘の優劣のためのものではなく、政治的目標を達成するためにどのように作戦や戦闘を組み合わせていくかを示す指針といえる。

ポストＩＮＦ打撃システムもその例外ではない。ハードウェアとしての優劣を議論するのではなく、米国の「セオリー・オブ・ビクトリー」とはどのようなものなのか、その中でポストＩＮＦ打撃システムが果たしうる役割はあるのか、またあるとすればそれはどのようなものかを考えることが、戦略的に意味のあるポストＩＮＦ打撃システムの開発・配備を行なう前提として必要となる。

これをアジア太平洋地域における米中に当てはめてみる。中国の政治的目標は台湾統一であろうから、人民解放軍が武力統一に備えた態勢や計画を準備しておく必要があるのは自明であろう。そうだとすると、台湾統一を実現することために行なうべき軍事作戦の指針が、中国の「セオリー・オブ・ビクトリー」である。それは具体的には、弾道ミサイル・巡航ミサイルによる第一撃によって米国の前方展開航空基地を撃破し、また対艦弾道ミサイルによって米空母を無力化し、航空優勢を獲得する。この航空優勢をベースに海上においても優勢を確立する。この全プロセスにおいて宇宙・サイバー能力による支援を受けつつ、最終的には上陸部隊が台湾海峡を押し渡り、台湾における地上戦に勝利する、というものであると推測される[17]。

前述のとおり、米国の前方展開基地群を射程に収めているポストＩＮＦ打撃システムにより、中国は「第一撃のアドバンテージ」を有している。しかし、第一撃で米軍の前方展開基地を撃破することそれ自体は目的ではない。第一撃に続いて海空における優位を獲得し、上陸作戦を成功させない限り、中国は政治的目標を達成することはできないのである。逆に言えば、米国は、中国の「第一撃のアドバンテージ」そのものを無力化することができなくとも、海空における優位の獲得、あるいは最終的に上陸作戦を阻止することができれば、中国が現在有している「第一撃のアドバンテージ」はあくまで紛争の初期段階における戦術的な優勢をもたらすにとどまり、政治的目標の達成を阻止できることになる。すなわち米国の「セオリー・オブ・ビクトリー」にとって重要なのは、これらの航空作戦、海上作戦、そして上陸作戦を阻止することである。ポストＩＮＦ打撃システムの役割は、こうした全体の作戦構想の文脈の中で位置づけられなければならない。

しかしながら、第6章で詳細に論じているように、米国の「セオリー・オブ・ビクトリー」は現段階では明確になっておらず、それ自体が変数となってしまっている。このことが、ポストＩＮＦ打撃システムをめぐる議論が停滞していることの一つの原因となっている。次に、これまでの分析を踏まえ、米国の「セオリー・オブ・ビクトリー」の方向性と、そこにおけるポストＩＮＦ打撃システムの役割について検討する。

米国の「セオリー・オブ・ビクトリー」

繰り返すが、「セオリー・オブ・ビクトリー」とは、抑止が破れて実際に戦争が発生した時、どのように戦ってどのように勝つかを示す指針である。万が一にも抑止が破れたとしても、十分勝利する準備ができているならば、そのこと自体が抑止力の下支えとなる。

前述のように、中国の「セオリー・オブ・ビクトリー」は比較的明確に推測することができる。現在中国が保有している能力を踏まえて考えるならば、まず地上発射型弾道・巡航ミサイルや対艦弾道ミサイルによって米国の航空戦力に打撃を与え、引き続き航空機による航空優勢を確立し、海上戦力によって台湾海峡近傍の海域を制圧、引き続いて上陸部隊が台湾海峡を押し渡るというものであると考えられる。

そうであれば、前線の航空基地が撃破され、また空母も近づけない状況で、中国の航空優勢確立の阻止、海域制圧の阻止、あるいは上陸作戦の阻止をいかにして行なうかが、米国の「セオリー・オブ・ビクトリー」における優先事項となる。このどれを目指すかによって、ポストＩＮＦ打撃システムのあり方は大きく変わる。

まず航空優勢確立の阻止から見てみよう。中国は、おそらくレーダーサイトのようなソフトターゲットに対して巡航ミサイル、滑走路やバンカー（コンクリート製の防護された格納庫）のようなハードターゲットに対して弾道ミサイルを用いて第一撃を加えると予測される。弾道ミサイルは極めて高々度から落下してくるために地上到達時の速度が大きく、徹甲弾頭を用いることによって分厚いコンクリートをも破壊することができるからである。

米国の前方展開基地群が無力化されてしまった場合、米国としては、中国大陸の航空基地群を無力化しなければ中国が航空優勢を確立するのを阻止することはできない。現在の米国の戦域打撃能力の中心は海洋・空中発射型の巡航ミサイルだが、巡航ミサイルは、亜音速で飛行するためにハードターゲットに対する貫徹力が弱く、滑走路やバンカーを破壊することが難しい。実際、２０１７年に米国が行なったシリアの航空基地攻撃において、59発もの巡航ミサイルで攻撃された航空基地は数日後には作戦能力を取り戻していた。航空基地そのものが破壊されないならば、中国は機体を機動的に分散退避させることによって、巡航ミサイル攻撃による損害を局限できる可能性が高い。

そう考えると、現在の米国の打撃力では、中国の第一撃を受けた後で、航空優勢確立を阻止するのは至難であると考えざるを得ない。これに対抗するには、巡航ミサイルに核弾頭を搭載して核攻撃を行なうか、地上発射型の弾道ミサイルないし極超音速グライド兵器のように、滑走路やバンカーそのものを破壊できる打撃システムを導入することが不可欠であろう。実際に核兵器を使用することが極めて困難であることを考えれば、通常弾頭を装備したポストＩＮＦ打撃システムの果たせる役割は極めて大きい。

第二に、海域制圧の阻止である。このために必要なのは、対艦ミサイルによって中国艦艇を撃破することである。米国のイージス艦のような、多目標同時処理が可能なフェーズドアレイレーダーを積んだ防空能力の高い艦艇を対艦ミサイルによって攻撃する際には、艦艇側の防空能力を飽和させるために多数のミサイルを同時発射するのが鉄則である。中国も現在ではフェーズドアレイレーダー搭載の防空艦を配備しているから、米国側も多数のミサイルで飽和攻撃を行なう必要がある。

なお、ＩＮＦ条約はターゲットにかかわらず、射程５００～５５００キロメートルの地上発射型ミサイルを規制対象としていたから、対艦ミサイルであっても当該射程の対地発射型ミサイルを開発・

配備することは禁止されていた。そのため、現在の米国の対艦ミサイルは基本的に海洋発射型ないし空中発射型である。よって、この目的でポストＩＮＦ打撃システムを開発・配備するとすれば、それらの既存の対艦ミサイルと連携して飽和攻撃を実行するためということになろう。前線の航空基地は中国の第一撃で無力化される公算が高いから、空母艦載機および水上艦艇（潜水艦は海中にいるという性格上、時間を正確に同期させる必要のある対艦ミサイル飽和攻撃を行なうプラットフォームには適していない）、あるいは日本のような対艦攻撃能力を有する艦艇・航空機を配備している同盟国と連携することとなる。これは、既存の海洋・空中発射型の対地攻撃型巡航ミサイルでは実行できない任務である。ただし、これらの任務には相当の数量が必要となるため、非脆弱性の確保と物量の配備をどのように両立させるかは課題となる。

第三に、上陸作戦の阻止である。上陸作戦の阻止には具体的には二つの方法がある。一つは、上陸船団そのものを攻撃することであり、これは第二の海域制圧の阻止と同様の能力で実行できる。もう一つは、上陸部隊の装備や補給物資の集積地を攻撃し、上陸後の陸上戦闘能力を減殺させることである。この場合、ターゲットは特に強固に防護されていないから、既存の海洋・空中発射型巡航ミサイルの大量投入によって実行可能である。つまり、この任務を重視するのであれば、特にポストＩＮＦ打撃システムを開発・配備する必要は基本的にない。

また、もう一つ考えられるのが、全般的な作戦指揮を困難にするために、司令部などの指揮統制施設を攻撃することである。有事の際にこうした施設の所在を特定するのはおそらく容易ではないから、通信傍受などによって場所が判明したら迅速に攻撃しなければならない。また地下施設であることも十分に想定される。そうなると、これも既存の巡航ミサイルでは攻撃が不可能で、飛翔速度が速く、迅速な攻撃が可能で、また落下速度が速く、地下に対しても一定の貫徹力を持つ弾道ミサイルないし極超音速グライド兵器による攻撃が必要となる。これが、ランド研究所が提唱している「長距離狙撃(18)」であり、この場合は、それほど多くの数量は必要とされないので、非脆弱性の確保は相対的に容易であろう。

ここまで見てきたとおり、開発・配備すべきポストINF打撃システムは、「セオリー・オブ・ビクトリー」の中でどのような役割を期待するかによって大きく異なってくるし、場合によっては不要なこともあり得る。いずれにしても、物量が必要な任務は既存の海洋・空中発射型巡航ミサイルによって実行されることになるから、ポストINF打撃システムは、既存のミサイルでは実行できない任務のために開発・配備されるのでなければ意味のある付加価値をもたらさない。それを考えると、具体的な開発・配備を考える前に、「セオリー・オブ・ビクトリー」を確立することが、ポストINF条約時代における抑止戦略には不可欠なのである。

そして最も重要な点は、ポストINF打撃システムにおいて、米国は中国に対して決定的に立ち後れていることである。中国はこの種の地上発射型打撃システムの開発・配備・運用を20年以上かけて進めてきた。米国はＩＮＦ条約のためにそれが不可能であったから、単純に物量にしても、運用構想にしても、大きく後れてしまっているのである。そのギャップを考えれば、「セオリー・オブ・ビクトリー」を早期に確立し、優先順位を絞り込んでポストＩＮＦ打撃システムの開発・配備を進めなければならない。

さらに米国は、中国のみならずロシアとの関係も抱えている。たとえば中国とロシアとで異なる「セオリー・オブ・ビクトリー」を組み上げ、アジアとヨーロッパの二つの戦域で異なるポストＩＮＦ打撃システムを必要とするようなことになれば、片方の戦域でしか有効性を持たないシステムを二種類開発・配備しなければならなくなり、中国への立ち後れを挽回することはさらに難しくなってしまう。そう考えると、まずは「セオリー・オブ・ビクトリー」のレベルで、両方の戦域で共通性の高いものを作り上げた上で、双方に互換性の高いポストＩＮＦ打撃システムに優先順位をつけ、中国やロシアとのギャップを埋めていくことが必要になる。

避けなければならないのは、「セオリー・オブ・ビクトリー」が未成熟なまま、軍種間政治の結果として生まれた妥協や単なる予算上の考慮から選択されたハードウェアを開発していくことである。たとえば、最も安価かつ容易に開発できるポストＩＮＦ打撃システムはトマホークの地上配備型を陸上に設置した垂直発射装置に配備するものであるが、前述したように、そうしたシステムはミサイル防衛システムによる防護が不可欠である上、既存の海洋・空中発射型システムにほとんど付加価値をもたらさない。

トマホークを地上に配備するとすれば、対地攻撃ミサイルとしてではなく、対艦攻撃モードで運用し、地上発射型対艦ミサイルとして海洋・空中発射型対艦ミサイルと連携するかたちの方が有効であろう。こうした「セオリー・オブ・ビクトリー」に基づく具体的な運用構想を考えてから、必要なポストINF打撃システムを絞り込んで、リソースを投入していかなければ、米国の抑止力には大きな欠落が生じる危険がある。

戦略的安定性を強化するための軍備管理

INF条約は米国とロシアが当事国であったから、ポストINF条約の時代における戦略上の変化を直接的にもたらすとすれば、それは米国とロシアによるものである。なかでもポストINF条約時代の国際安全保障において最も重要な変数となっているのは、INF条約の時代に米ロが持つことができなかったミサイルを多数整備してきた中国と対峙しなければならない米国である。INF条約の終焉は、米国に地上発射型ミサイルの開発の「機会の窓」を開いたが、米国はすでに中国に対して20年以上後れをとってしまっている現実を直視しなければならない。

特にポストINF打撃システムは、それが路上移動式である限り、互いのミサイルをターゲットにはできない。そのため、中国の持つ地上発射型弾道・巡航ミサイルに対し、同等のシステムを整備しようとするだけでは中国の第一撃の優位を相殺することはできない。ＩＮＦ条約の終焉によって開かれた「機会の窓」を、抑止戦略において有効に活用していくためには、適切な「セオリー・オブ・ビクトリー」を組み上げ、中国が現在有している「第一撃のアドバンテージ」をうまく相殺できる能力を有するポストＩＮＦ打撃システムに優先して資源を投入していく必要がある。

次に問われることは、このようにして開発・配備されていくポストＩＮＦ打撃システムが軍拡競争を引き起こすかどうかであろう。この点について一つ指摘しておくべきことは、先にポストＩＮＦ打撃システムを開発したのは、中国をはじめとするＩＮＦ条約の「外」にいた国々だということである。そのため、米ロがポストＩＮＦ打撃システムを開発・配備するのは、単に後れを取り戻すためのもので、軍拡競争と見なすべきではない。また、米国が開発しようとしているのは通常弾頭ミサイルであり、いかなる意味においても核軍拡競争にはつながらない。

現在、米国が行なおうとしている、あるいは着手すべきことは、中国が現在有している「第一撃のアドバンテージ」を相殺して、通常戦力のレベルでの相互抑止体制を再構築することである。実際には、これが新たな軍拡競争につながることがあるとすれば、中国が相互抑止による戦略的安定を受け入れるのではなく一方的な優位を指向し、米国の動きに対抗して中国がさらに優位を追求しようとする場合である。

このプロセスをマネジメントするためには軍備管理が必要となろう。ただこの軍備管理は、冷戦終結後から最近まで続いてきた「軍縮のための軍備管理」ではない。相互抑止に基づく戦略的安定性を強化するための「安定のための軍備管理」なのである。

（1）高橋杉雄、秋山信将編『核の忘却の終わり：核兵器復権の時代』（勁草書房、２０１９年）。

（2）Department of Defense "Quadrennial Defense Review Report," (September 30, 2001), p.31 https://archive.defense.gov/pubs/qdr2001.pdf.

（3）Thomas G. Mahnken, "Weapons: The Growth & Spread of the Precision-Strike Regime," *Daedalus*, Volume 140, Issue 3, (Summer 2011), pp.45-57.

（4）Elbridge A. Colby and A. Wess Mitchell, "The Age of Great-Power Competition: How the Trump Administration Refashioned American Strategy," *Foreign Affairs*, Vol. 99, No.1 (January/February 2020).

（5）Jeffrey Larsen and Kerry Karchner, eds., *On Limited Nuclear War in the 21st Century* (Stanford University Press, 2014); Elbridge Colby, "If You Want Peace, Prepare for Nuclear War: A Strategy for the New Great-Power Rivalry," *Foreign Affairs*, Vol. 97, No.6 (November/December 2018); Vince A. Manzo and John K. Warden, "After Nuclear Use, What?," *Survival*, Vol.60, No.3 (June-July 2018), pp.133-160.

（6）この点についてのロシアにおける議論の詳細については、小泉悠「ロシア：ロシア版『エスカレーション抑止』戦略を巡って」高橋、秋山編『「核の忘却」の終わり』45～72頁を参照。

（7）Jim Garamone, Trump Orders Missile Attack in Retaliation for Syrian Chemical Strikes," *DoD News* (April 6, 2017) https://www.defense.gov/Explore/News/Article/Article/1144601/trump-orders-missile-attack-in-retaliation-for-syrian-chemical-strikes/.

（8）Department of Defense, "Fiscal Year (FY) 2021 Budget Estimates, Navy, Justification Book Volume 1 of 1: Shipbuilding and Conversion," (February 2020) https://www.secnav.navy.mil/fmc/fmb/Documents/21pres/SCN_Book.pdf.

（9）William F. Kaufmann, "Requirements for Deterrence," *Henry A. Kissinger papers*, part II (Princeton University, November

15, 1954) http://findit.library.yale.edu/catalog/digcoll:560733.

（10）戦略的安定性の詳細については、高橋杉雄、秋山信将「『核の復権』の現実」高橋、秋山編『「核の忘却」の終わり』10～12頁を参照。

（11）「第一撃」とは、英語の「ファースト・ストライク」の日本語訳である。日本語でいう「先制攻撃」の語感に近いが、「先制攻撃」が攻撃手段を問わず最初に行なわれる攻撃を指すのに対し、抑止論で「第一撃」という場合には核兵器ないしミサイルを用いた最初の攻撃を意味するので、厳密に言えば意味が異なる。

（12）Department of Defense, *Gulf War Air Power Survey*, Volume I, Part II（Washington, D.C.: Government Printing Office, 1993) p. 244; Ibid., Volume II, Part I, p. 188-189; Ibid., Volume II, Part II, pp. 331-336.

（13）U.S. Air Force, "Fact Sheets: B-1B Lancer," (December 16, 2015) https://www.af.mil/About-Us/Fact-Sheets/Display/Article/104500/b-1b-lancer/.

（14）Anthony S. Cordesman, "The Lessons and Non-Lessons of the Air and Missile Campaign in Kosovo," (Center of International and Strategic Studies: Washington DC, August 2000), p.824 https://www.csis.org/analysis/lessons-and-non-lessons-air-and-missile-campaign-kosovo; Anthony S. Cordesman, *The Iraq War: Strategy, Tactics, and Military Lessons*, (Center of International and Strategic Studies: Washington, DC, 2003), p.291, 294.

（15）「長距離狙撃」構想を提唱しているのはランド研究所のジェイコブ・ハイムである。Jacob L. Heim, "Missiles for Asia?: The Need for Operational Analysis of U.S. Theater Ballistic Missiles in the Pacific," (RAND Corporation, 2016) https://www.rand.org/pubs/research_reports/RR945.html.

（16）Brad Roberts, *The Case for U.S. Nuclear Weapons in the 21st Century* (Stanford University Press, 2015).

（17）Ian Easton, *The Chinese Invasion Threat: Taiwan's Defense and American Strategy in Asia* (Amazon Digital Services, 2017).

（18）Jacob L. Heim, "Missiles for Asia?"

第3章　ポストＩＮＦ時代の軍備管理

（戸崎洋史）

中距離ミサイル問題と日本の課題

冷戦末期の１９８７年12月に締結されたＩＮＦ（中距離核戦力）条約は、米国およびソ連（ソ連崩壊後も実質的には米国とロシア）による二国間の核軍備管理条約であるにもかかわらず、日本にとって特別な意味を持つ条約である。１９８０年代に米ソの条約交渉が進行するなか、中曽根康弘首相によるレーガン大統領への進言によって、最終的に米ソが保有する射程５００〜５５００キロメートルの地上発射型中距離ミサイルを現地査察を含む厳格な検証措置の下で全廃するという、核軍備管理の歴史上、画期的な条約が実現したからである。現在に至るまで、日本が核兵器の削減に関する条約の確立に実質的に関与したのは、ＩＮＦ条約をおいてほかにない。

そうした「特別」な条約であるにもかかわらず、ＩＮＦ条約の終焉に際しての日本の対応は――とりわけＮＡＴＯ（北大西洋条約機構）が、問題はロシアの条約違反だとして米国の脱退に明確な支持を表明したことに比べると――必ずしも明快なものではなかった。２０１９年２月２日の米国による正式なＩＮＦ条約脱退通告に対して、菅義偉官房長官は同月４日の記者会見で、ＩＮＦ条約は「軍備管理、軍縮において歴史的役割を果たしてきたことから、今後、同条約が終了せざるをえない状況は望ましくないが、米国が同条約の義務を停止する旨を発表するに至った問題意識は理解している」と述べた。同年８月２日に米国の脱退が発効し、条約が失効した際には、菅官房長官は同様の論点を繰り返すとともに、条約非締約国が中距離ミサイルを開発・配備している状況を考える必要があり、透明性の向上を含め、東アジアにおける軍備管理のあり方を議論する必要があると発言した。

こうした日本の対応は、核軍備管理と国家安全保障の間の微妙なバランスを反映していた。「唯一の戦争被爆国として、核兵器のない世界の実現に向け国際社会の取組をリードしていく責務」（外務省ホームページ）があると自認する日本が、しかも２０１０年の米ロによる新ＳＴＡＲＴ（新戦略兵器削減条約）締結以降は核軍備管理が停滞する状況で、核軍備管理条約からの脱退という核兵器廃絶とは真逆の行動に対して、同盟国とはいえども明確な支持を表明することはできなかった。他方で、条約脱退を批判しないとの対応は、米国への配慮によるものでは必ずしもない。２０１０年代になり、日本を取り巻く安全保障環境の不安定化が一段と高まり、これに中国や北朝鮮の地上発射型中距離ミサイルが強く関係するなかで、米国との同盟関係を引き続き強化して対応する必要性を認識しているからである。

本書で論じられるように、大国間競争を展開する米中ロ、ならびに地政学的競争に関与する各地域の主要国は、抑止・対処能力として地上発射型中距離ミサイルの重要性を再認識してきた。なかでも日本が位置する北東アジアは、現下の「力の移行（power transition）」における大国間／地政学的競争の主たる舞台であり、そこに核兵器および各種のミサイル戦力が不可分の構成要素として関係するという、安全保障環境の最も厳しい地域である。

地域安全保障に直結する地上発射型中距離ミサイル問題に焦点を当てれば、中国および北朝鮮は世界最高レベルの数的・質的能力を保有し、地域諸国に大きな脅威を与えてきた。韓国も、北朝鮮に対抗すべく地上発射型中距離ミサイル戦力を拡充してきた。地域でそうした能力を保有していないのは日米だけだが、三つの大国が角逐し、日本、韓国および北朝鮮も絡んで地域安全保障環境の複雑化・不安定化が高まるなか、米国はポストＩＮＦ打撃システムとして地上発射型中距離ミサイルの保有とアジア太平洋地域への配備に関心を強めている。冷戦期の日本によるＩＮＦ条約交渉への関与は、ソ連によるＳＳ‐20中距離弾道ミサイル（ＩＲＢＭ）の極東配備が日本に重大な脅威をもたらすとの強い危機感によるものであった。それから30年以上を経て、日本は当時を超える厳しい核・ミサイルの脅威にさらされているこうした安全保障環境下にある日本は、独自の、また日米同盟の下での抑止・対処能力の強化が喫緊の課題となっており、ポストＩＮＦ打撃システムがその選択肢の一つとなりうるか、ＩＮＦ条約終焉後の情勢を踏まえつつ精細な検討が求められている。同時に、そうした北東アジアに位置しているからこそ、日本は、核・ミサイルが地域安全保障に及ぼすネガティブな影響を抑制し緩和すべく、抑止・対抗能力の強化と同様の優先度で、ＩＮＦ条約後の軍備管理を検討し、推進に向けて取り組む必要がある。

本章では、第一に、核軍備管理をめぐる２０１０年代の動向、ならびにそこでの地上発射型中距離ミサイル問題をめぐる冷戦後の議論を概観する。第二に、核軍備管理の「新しい枠組み」について主要な論点と課題を整理するとともに、ポストＩＮＦ打撃システムをはじめとした今後の核軍備管理に関して日本が検討すべき課題――とりわけ中国をいかに参与させるか――について考える。第三に、「新しい枠組み」に向けた核軍備管理の取り組みについて考察する。

核軍備管理の停滞と中距離ミサイル問題

核軍備管理をめぐる２０１０年代の動向

ＩＮＦ条約の失効は、過去、現在および未来という三つの時間軸にわたり、核軍備管理を大きく揺るがした。第一に、米ソ二国間の、しかも地上発射型中距離ミサイルという特定の運搬手段に限定されるものの、歴史上初めて現地査察を含む厳格な検証措置の下で核戦力の削減を義務付けた、いわば核軍備管理条約の象徴的存在の一つが終焉することとなった（過去）。第二に、そうした条約の終焉は、力の移行が顕在化し、国際的・地域的な安全保障環境の不安定化が増すなかでの、米ロ／米中による大国間競争ならびに北東アジアや欧州などにおける地政学的競争の深刻さを改めて示した。それはまた、軍備管理がまさに役割を果たすべき状況での失効でもあった（現在）。第三に、オバマ大統領が２００９年４月のプラハ演説で「核兵器のない世界での平和と安全保障を追求するという米国の約束を、明確にかつ確信をもって表明」[1]し、核軍縮の機運が急騰してから10年あまりでＩＮＦ条約――核廃絶の理想を持ったレーガン大統領とゴルバチョフ書記長が「核戦争に勝者はなく、決して戦ってはいけない」（１９８５年）との共通の認識の下で締結した――が終焉を迎えたことは、核軍備管理の将来に暗い影を投げかけた（未来）。

オバマ政権はロシアのＩＮＦ条約違反を２０１４年に初めて公式に指摘[2]した後、対抗措置の選択肢の一つとして条約からの脱退を示唆していたが、これを実際に推し進めたのは２０１７年に発足したトランプ政権であった。ＩＮＦ条約を含め米ロ核軍備管理条約には、条約違反に対する制裁措置の規定はない。そもそも大規模な核戦力を保持する両国が他方に遵守を強制すべく強力な制裁措置を講じることとは、緊張の極度の悪化、軍事衝突、さらには核戦争の勃発を招きかねない。そのなかで米ロ（ソ）にとって、他方の重大な条約違反への残された現実的な対抗措置は、条約から脱退し、制限・

禁止された核戦力の取得などで抑止バランスを回復することであった。この観点からは、米国によるＩＮＦ条約脱退は、そうした対抗措置の行使であったといえる。

しかしながら、米国の脱退は、ボルトン大統領補佐官（国家安全保障問題担当）に代表されるような、自国が核軍備管理条約に拘束されることを忌避する政府高官が、ロシアの不遵守問題を好機と捉えて推し進めた結果であったとの見方も根強い。ロシアの不遵守に、米国がＩＮＦ条約から脱退して対応する戦略的必要性は乏しく、むしろ条約に留まったままロシアに遵守の回復を要求するべきだとの主張も少なくなかった。[3]

他方、プラハ演説以降の10年間に、核軍備管理を取り巻くシステムレベルの構造変化が顕在化し、これがＩＮＦ条約をめぐる動向にも影響を与えていたことは無視できない。[1]

プラハ演説から1年後の２０１０年4月8日、米ロは配備戦略核弾頭数をそれぞれ１５５０発の規模に削減する新ＳＴＡＲＴ条約に署名した。その直後の4~5月に開催されたＮＰＴ（核兵器不拡散条約）運用検討会議でも、ＮＰＴの三本柱である核軍縮、核不拡散および原子力平和利用について64項目の「行動計画」を盛り込んだ最終文書がコンセンサスで採択された。しかしながら、「核兵器のない世界」の機運はその後、ほどなく急落する。

２０１１年2月の新ＳＴＡＲＴ発効後、米国はロシアに戦略・非戦略核兵器の一層の削減を呼びかけ、２０１３年には米ロの配備戦略核弾頭数を最大でさらに三分の一削減すること、ならびに戦術核兵器の大胆な削減を模索すべく取り組むことを提案した。[5] しかしながら、ロシアはこれに応じず、BMD（弾道ミサイル防衛）や通常戦力など米国が対ロ優位を誇り、また戦略的安定に影響を与える要因をまずは考慮すべきだと論じた。さらにロシアは、ほかの核保有国が核・ミサイル能力を拡大しており、核兵器の一層の削減を多国間の課題として検討すべきだとも発言した。[6]

米ロ核軍備管理のみならず、2010年のNPT運用検討会議で合意された核軍備管理・軍縮に関する行動計画も、ほとんどが前進しなかった。逆に中国、インド、パキスタンの核保有数は年10発程度のペースで増加していると見積もられ、北朝鮮の核兵器能力も着実に進展している。また核保有国はいずれも核戦力の近代化を進め、なかでもロシア、中国、インド、パキスタンおよび北朝鮮は、核兵器を搭載可能な運搬手段を積極的に開発・配備してきた。核兵器の世界的な総数は、7万発を数えた冷戦期のピーク時から、2020年初頭時点で1万4000発あまりまで削減されてきたものの、むしろ質的な軍拡競争ともいえる状況が続いている。

こうした核軍備管理の停滞と核戦力の質的向上の背景には、力の移行にともなう国際的・地域的な安全保障環境の流動化・不安定化がある。ソ連崩壊により冷戦の二極構造が名実ともに終焉すると、米国は唯一の超大国として単極構造を主導した。しかしながら、その力が2000年代半ばを境に相対的に低下し、台頭する中国やロシアは米国主導の国際・地域秩序に対する現状変更を企図した行動を繰り返していく。2010年代中盤になると、米中ロによる大国間競争と、大国が接する地域での域内諸国も巻き込んだ地政学的競争が顕在化していった。

大国間／地政学的競争に関与する大国・主要国は、国家安全保障において核抑止力が持つ軍事的・政治的価値を再認識し、同時に核軍備管理の推進には極めて慎重になっていった。軍備管理は概して、保有する軍事力の数的・質的側面、あるいはその使用の態様などへの規制を通じて、成立時点での力のバランスを固定化するという、現状維持志向の強い施策である。システムレベルにおける力のバランスをめぐり激しい競争が展開される力の移行期には、軍事的にも政治的に大きな力を提供するユニットレベルの核兵器に関して、軍備管理を通じてバランスを固定化する誘因は低下する。

ＩＮＦ条約をめぐる動向も、国際システムの地殻変動に多分に影響を受けていた。２０１４年にウクライナに侵攻し、クリミアを併合したロシアが、勢力圏の回復を企図してバルト三国など旧ソ連圏諸国へのさらなる挑発行為を繰り返す可能性が指摘され、そこではＩＮＦ条約に違反してロシアが製造・配備した９Ｍ７２９地上発射型巡航ミサイル（ＧＬＣＭ）が、通常戦力にかかるＮＡＴＯの対ロ優勢を相殺し、その対応に大きな制約を課すことが懸念された。

中国も、米国との力の格差を急速に縮めるなかで、領域や海洋権益、さらにはアジア太平洋地域の勢力圏などをめぐり、既存の国際・地域秩序に挑戦する姿勢を強めている。米議会の米中経済安全保障調査委員会が２０１８年2月に公表した報告書によれば、中国は２０００発を超えるミサイルを保有し、その95パーセントがＩＮＦ条約下では禁止対象となる地上発射型中距離ミサイル（このうち射程1000キロメートル以上のミサイルは400～600基程度）だとされる。[7] そのほとんどは核・通常両用で、DF－21・MRBMは日本を、またDF－26・IRBMはグアムをそれぞれ射程に収め、これらの派生型は対艦攻撃能力を持つとみられている。中国は、米国に対する接近阻止・領域拒否（A2／AD）戦略の確立を目指しており、中距離ミサイルはその根幹も担う。

米国がこれまで、地上発射型中距離ミサイル（を含む非戦略核・ミサイル戦力）にかかる中ロとの不均衡を看過し得た一因には、その軍事力が両国に対して優位にあり、不均衡を相殺し得たことが挙げられる。しかしながら、米国は、その力が相対化するなかで、大国間／地政学的競争において地上発射型中距離ミサイルが自国にもたらしうる脅威を従前以上に深刻に捉え、ロシアによるINF条約の遵守ならびにNPT上の5核兵器国の中で唯一核兵器を削減していない中国による実質的な核軍備管理措置の実施を強く求めていく。ただ、米国の要求を中ロが受け入れる公算はもとより低かった。軍備管理からのアプローチが奏功しないなか、米国はポストINF打撃システムの再取得も視野に入れて、INF条約からの脱退を決断するに至ったのであった。

焦点としての中距離ミサイル問題

INF条約で禁止された地上発射型中距離ミサイルは、米ロ（ソ）間において、軍事的有用性と戦略的安定（特に危機における安定）の境界線上にある運搬手段である。主として報復戦力と位置付けられる戦略核戦力とは異なり、地上発射型中距離ミサイルは命中精度の相対的な高さなどともあいまって、敵対国の軍事力、指揮統制システム、あるいは意思決定中枢などへの効果的な対兵力打撃能力としても使用される可能性があり、そうした軍事的有用性ゆえに、戦略的安定を脅かす可能性が高いとも認識されてきた。また、地上発射型中距離ミサイルは（少なくとも使用時には）敵対国の近傍に配備されるため、脆弱性の高さから、敵の攻撃で破壊される前に使用したいという誘因、あるいは核兵器使用の権限を事前に付与された現場指揮官が指導者の意図せざるタイミングで使用する可能性も高まりうる。

そうした視点で見れば、ＩＮＦ条約の成立は、米ソが地上発射型中距離ミサイルの軍事的有用性よりも戦略的安定性を重視した結果であったといえる。また、地上発射型中距離ミサイルの軍事的有用性の高さゆえに、米ソは最終的に、その全廃と厳格な検証措置を規定するというエポックメイキングな条約の策定が必要だとの合意に至ったのであった。これに対して、ＩＮＦ条約の失効は、地上発射型中距離ミサイルの軍事的有用性が米ロ、さらにいえばその保有国に重視された結果であった。

米ロがＩＮＦ条約に拘束される間、軍事的有用性が高い兵器システムとして、地上発射型中距離ミサイルを保有・強化する国は増加した。その保有国は北東アジア、南アジアおよび中東といった安全保障環境が不安定な地域に位置し、一部の保有国は複数の地域にまたがってその役割を重視している。たとえば中国の地上発射型中距離ミサイルは、北東アジアにおける米国・同盟国への抑止・対処を主眼とするが、インドやロシアなども射程に収める。インドの地上発射型中距離ミサイルは、ライバル視する中国、ならびに領土紛争を抱えるパキスタンに対する能力であり、パキスタンもインドに対抗すべく多様な地上発射型ミサイル戦力の拡充に努めている。中東では、イスラエル、イランおよびサウジアラビアをはじめ、少なからぬ国が地域の複雑なライバル関係の中で地上発射型中距離ミサイルを取得し、これに北朝鮮や中国が輸出や技術協力などで関与してきた。

こうした状況に、米ロは懸念を強めていく。ロシアがＩＮＦ条約に違反して保有・配備する９Ｍ７２９はＮＡＴＯへの対抗を主眼としたものだと考えられるが、ロシアはそれ以前から自国周辺における地上発射型中距離ミサイルの拡散・増強を安全保障上の潜在的な脅威と認識していた。これに対して米国は、北東アジアや中東における潜在的・顕在的な敵対国の地上発射型中距離ミサイルが、地域紛争における効果的な対米抑止力になる可能性を憂慮した。

この間、ミサイルに関する軍備管理も試みられてきた。しかしながら、米ロ核軍備管理条約以外に、ミサイルの保有を制限あるいは禁止する軍備管理条約は成立していない。弾道ミサイル拡散問題に対しては、１９８７年にミサイル技術管理レジーム（ＭＴＣＲ）が日米など先進７か国（Ｇ７）により発足し、現在は34のパートナー国が法的拘束力のないガイドラインに基づいて、核兵器を含む大量破壊兵器（ＷＭＤ）を搭載可能なミサイルおよび関連汎用品・技術の輸出管理を実施してきた。しかしながら、その後もミサイルの拡散・強化が続き、さらなる措置の必要性が論じられた。２００１

年のMTCR総会における議論を踏まえ、翌年にMTCRパートナー国以外の国も参加してミサイル拡散防止に関する規範についての普遍化のプロセスが行なわれ、2001年11月にオランダのハーグで93か国の参加を得て「弾道ミサイルの拡散に立ち向かうためのハーグ行動規範（HCOC）」が採択された。

HCOCは、弾道ミサイル不拡散に関する初の国際的な政治合意だが、法的拘束力はない。原則、一般的措置、信頼醸成措置（CBM）および組織的事項で構成され、このうち原則には、WMDを運搬可能な弾道ミサイルの拡散を防止すること、宇宙ロケット（SLV）計画が弾道ミサイル計画を隠蔽するために利用されるべきではないこと、ならびに弾道ミサイル計画やSLV計画に関する透明性措置が必要であることなどが挙げられた。またCBMには、（弾道ミサイル活動を正当化するものではないと留保しつつ）弾道ミサイルやSLVの事前発射通報、政策に関する年次報告、発射場への国際的オブザーバーの自発的招待などが記載された。参加国は2020年3月時点で143か国にまで増加したが、中国、北朝鮮ならびに多くの中東諸国などがHCOCに参加せず、弾道ミサイルの拡散・強化の流れを抑制するには至っていない。

2007年になると、自国周辺でのミサイル拡散に懸念を強めたロシアが、米国にINF条約の見直しを提起し、同年10月にはプーチン大統領がINF条約の多国間化を提案した。同月の国連総会第一委員会では、米ロが共同で、地上発射型中距離ミサイルを他国も廃棄するよう求めた[8]。しかしながら、保有国は一顧だにしなかった。

米ソ（また程度の差はあれロシア）は、ＩＮＦ条約の下で両国以外の国が地上発射型中距離ミサイルを保有する状況でも、最終的にはそれらの国々を凌駕する核・通常戦力で対応できると考えていた。これは、二極・均衡型の伝統的な二国間核軍備管理が成立・維持し得た最も重要な与件の一つであったが、ＩＮＦ条約が両国のみを拘束する間に他国が地上発射型中距離ミサイルの取得・増強を続け、その非対称性を看過し得るだけの軍事的優位も揺らぐなか、米ロは地上発射型中距離ミサイルの軍事的有用性を再認識していく。しかしながら、ＩＮＦ条約は極めて厳格な条約であり、両国にとっての地上発射型中距離ミサイルにかかる新たな価値を吸収できる余地がなく、ロシアは条約への違反を、また米国は条約からの脱退を選択する一因となった。

無論このことは、ＩＮＦ条約をめぐる米ロの行動に十分な正当性を与えるものではない。地上発射型中距離ミサイルに対するロシアの最大の関心は、冷戦後に旧ソ連圏へと拡大するＮＡＴＯの通常戦力の対ロ優勢を相殺することにあり、失敗が容易に予見されたＩＮＦ条約多国間化のロシアによる提案は、その失敗を理由に脱退を正当化する一手とも疑われた。実際に、ロシアはその提案の直後に、地上発射型中距離ミサイルの開発に着手したとの分析もある。

これに対して、米国はＩＮＦ条約脱退の意思を表明して以降、後述のように核軍備管理の「新しい枠組み」への移行が必要であると繰り返し主張しているが、米ロに加えて中国の参加が不可欠だということなど以外に具体的な構想を示しているわけではない。(9) 「新しい枠組み」への移行が必要だとしても、米国によるINF条約脱退は必要だったか、条約を維持したまま次のステップに向かう方が現実的ではなかったか、あるいは米国が核軍備管理の拘束から逃れたいがために中国問題を口実に挙げたにすぎないのではないかといった批判もみられた。

それでも、二極・均衡型の伝統的な核軍備管理の枠組みが、米ロにとって十分な役割を果たし得なくなりつつあることも事実であった。そして、このことを国際社会に明示したのが、多極・非対称性の顕著な地上発射型中距離ミサイル問題であった。

「新しい枠組み」の課題と日本

「新しい枠組み」の論点

国際システムの変動、あるいは大国・主要国などが保有する軍事力の動向を考えれば、それらを反映した核軍備管理の「新しい枠組み」について検討すべき時期にきているといえる。しかしながら、いかなる枠組みを構築し、その下でどのような軍備管理条約・措置を講じるべきかについての議論は緒に就いたばかりであり、「新しい枠組み」の方向性に関する意見の収斂が大国や主要国の間にあるわけでもない。

また地上発射型中距離ミサイル問題に関しては、その安全保障上の有用性を少なからぬ大国・主要国が認識し、種類・規模ともに多様な能力を取得・保有するという多極・非対称な状況が、その軍備管理条約・措置の構築を難しくしている。他方で、そうした問題だからこそ、軍備管理の合意に向けたブレイクスルーは、地上発射型中距離ミサイル問題だけでなく、核問題全般に関する軍備管理の前進をもたらす可能性を有している。

「新しい枠組み」をめぐっては多くの論点があるが、ここでは対象国、目的および対象となる兵器システムについて、「多極・非対称」という二重の複雑性を念頭に置きつつ考えてみたい。

対象国とその安全保障利益の調整

前述のように、米国はトランプ政権発足以降、米中ロ3か国による核軍備管理を提案している。たとえば2018年10月にINF条約脱退の意図を表明した後、この条約に替わる新たな枠組みを中ロと構築すべく協議したいとの意向を示し、同年12月にはトランプ大統領もツイッターに「習近平と私がいつか、プーチンと一緒に、制御不能になっている軍拡競争を終了するための意味ある協議を開始するであろうと確信している」と書き込んだ。

また米国は、INF条約脱退後の2019年10月には国連総会第一委員会で、「ロシアと中国が交渉のテーブルに着き、核のリスクを高めるのではなく前向きに削減するような、軍備管理の新しい時代」を模索していると発言するなど、(10) 核軍備管理プロセスへの中国の参加を繰り返し求めた。2020年2月末には、トランプ大統領が「中ロを国際的な軍備管理の枠組みに取り込み、コストの高い軍拡競争を回避する」機会とすべく、5核兵器国と軍備管理を議論するサミットの開催に前向きであるとも報じられた。(11)

これに対して中国は、最大の核戦力を保有する国が大幅な削減を検証可能かつ不可逆的で法的拘束力のあるかたちで行なうことが、ほかの核兵器国が核軍縮の多国間交渉に参加する必要条件だという従来からの主張を繰り返した。(12) INF条約問題に関しても、中国外務省の耿爽・副報道局長は米国の脱退通告を受けて、「INF条約の多国間化には、政治、軍事、法律などの複雑な問題が関係し、多くの国が懸念を抱いている。中国は条約の多国間化に反対する」(13) と明言した。

2019年2月のミュンヘン安全保障会議でも、メルケル独首相が中国にINF条約への参加を求めたのに対して、楊潔篪・国務委員は「中国はミサイル能力を厳格に防衛の必要性に従って開発しており、誰に対しても脅威を及ぼしていない。このため、INF条約の多国間化には反対する」と発言した。(14) 同年5月には、米ロに比べて中国は核兵器の量が少なく「安全保障に必要な最低水準を維持して」おり、「中国はいかなる3か国間の核軍縮協定協議にも参加しない」とも主張した。(15) 中国はその後も、米ロとの核軍備管理協議に参加する意思はないことを繰り返し言明した。

ロシアは、2000年代には多分に中国も意識しつつINF条約の多国間化を提案していたが、2

010年代末にはそのトーンを変化させた。2019年10月の国連総会第一委員会における演説では「将来の核兵器削減協定は多国間化すべきだ」と述べつつ、同時に「戦略的安定に影響を与える幅広い要因に対処すべきである」とし、そうした「要因」として、米国によるミサイル防衛の世界的な無制限の展開、精密非核戦略攻撃兵器の開発、宇宙空間への攻撃兵器の配備可能性、国際的な核軍備管理協定の破壊などを挙げた。

またロシアのラブロフ外相は2020年2月、米国の米中ロ核軍備管理提案に対して、「中国が突然その考えを変えるのであれば、多国間協議に参加することを嬉しく思う。しかしながら、我々は中国を説得するようなことはしない」(16)とも発言した。ロシアにとっても、核バランスの対中優位の維持や地上発射型中距離ミサイルの管理という観点からは、中国による軍備管理協議への参加が望ましいものの、少なくとも現時点ではそれ以上に、対米バランシングのための中ロ戦略関係を重視していることがうかがえる。(17)

これら3か国の主張から示唆されるのは、多極の大国間関係における戦略バランスの複雑さである。それぞれ約6000発の核兵器を保有する米ロに対して、中国の核戦力は300発程度と見積もられ、戦略核弾頭数も米ロが各1550発を配備するのに対して、中国の保有数は100発程度と大きな格差がある。(18) しかしながら、中国による個別誘導複数弾頭(MIRV)化大陸間弾道ミサイル(ICBM)や新型SLBMの配備状況によっては、中国の核弾頭数が急速に増加する可能性がある。

また、前述のように地上発射型中距離ミサイルについては、中国が米ロを凌駕している。米中ロは、極超音速グライド兵器（HGV）やBMDといった戦略的含意を持つ兵器システムの推進にも積極的で、その進捗状況にも非対称性が少なくない。これら3カ国が保有あるいは開発する核・非核のさまざまな能力について、対象を限定すれば実際の戦略バランスとの乖離が生じ、逆に拡大すれば軍備管理の成立に必要な戦略バランスにかかる計算が複雑化するといったジレンマが生じる。核戦力の数的側面だけでなく質的側面を3カ国間の戦略バランスにおいていかに勘案するかも難問である。

さらに米国の国力に中国が猛追しつつある一方、ロシアは両国の後塵を拝しており、核と国力のバランスにねじれが生じていること、あるいは3か国による合従連衡によって核や力のバランスが一変しかねないことにも留意する必要がある。こうした複雑な状況で、米中ロによる核軍備管理が容易に進展するとは期待し難い。

さらに大国間競争と並行して地政学的競争が進行する安全保障環境では、米中ロは自国のみが軍備管理に拘束される間にほかの主要国が核・ミサイル能力を拡充し、戦略バランスにかかる優位が損なわれることを懸念して、それらの国々による軍備管理の実施を求めることも考えられ、複雑性は格段に高まる。たとえば欧州地域では、英国およびフランスによる核軍備管理へ参加、あるいは欧州NATO諸国への米国による戦術核兵器やポストINF打撃システム、さらにはBMD配備に関する軍備管理の実施をロシアが求める可能性がある。

中国も、北東アジアで米国と同盟関係にある日本や韓国、あるいは南アジアで対抗関係にあるインドに対して、ミサイルやBMDに関する軍備管理措置を課すよう主張することが考えられよう。

北朝鮮問題については、核・ミサイルの保有を禁止する国連安保理決議の遵守を要求することが原則だが、北朝鮮がこれに応じない状況の中で、日米韓が北朝鮮に対する抑止力の強化を図り、これを中国が自国に対しても活用されうると捉えて（あるいはそれを口実に）、日米韓に対する抑止力のさらなる強化を試みるとの、いわゆる安全保障のトリレンマをもたらし得る。南アジアや中東の核・ミサイル問題も無視できない。

こうして、「新しい枠組み」の下では、大国のみならず主要国もなんらかのかたちで軍備管理への関与を求められることになると考えられる。各国にとっての潜在的・顕在的な敵対国が一つ欠けるだけでも、核・ミサイルに関する軍備管理に参加する誘因は大きく低下する。しかも複数の地域問題に関係する国は、ある地域では安全保障利益に資する措置でも、その実施がほかの地域での安全保障利益を損なう可能性がある場合、前者においても合意できないという問題が生じうる。大国間、地域、国際社会といったそれぞれのアリーナで最適な軍備管理の目的、対象に含める兵器システム、ならびに具体的措置を検討しつつ、それらに関係する国々の間でそれぞれの軍備管理措置を有機的に調整するという課題に従前以上に留意して、軍備管理の大きな枠組みを構想することが求められるのである。

冷戦期以後の核軍備管理の目的

核軍備管理の伝統的な枠組みは、冷戦期に米ソが激しく対立するなかでも二国間の戦略的安定を維持すべく、両国間の相互確証破壊（MAD）状況の制度化を主眼として構築された。1950年代から60年代にかけて考案された概念である「軍備管理」の代表的な定義は「戦争の可能性、戦争勃発時の範囲と暴力性、ならびに戦争の準備に要する政治的・経済的コストを低減するための、潜在的な敵国間でのあらゆる種類の軍事的協力[19]」だが、冷戦期の核軍備管理はまさに、敵対関係にある米ソ間の協力的措置として形成され、なかでも米ソ核軍備管理は、二国間の戦略的安定を主として戦略核戦力の数的均衡によって表したものであった。それは「純粋な積み上げによる戦力見積もりに基づいた戦力の数的勢力均衡はなく、両者の間で『均衡が存在すること』という相互認識とその状態を一定程度の範囲で安定的に管理することに対する了解によって成立する関係を制度化するという意味を持つ[20]」ものであった。

同時に米ソは、二国間の戦略的安定が第三国によって阻害されないよう、他国による核兵器取得・増強の防止を目的とした核軍備管理（不拡散を含む）を協力して推進した。そうした覇権的軍備管理が可能であったのは、冷戦期の両国が国力でも核戦力でも他を圧倒していたからである。さらに冷戦後の米ロは、敵対関係にはないとの前提の下、伝統的な核軍備管理による核超大国の地位および戦略的安定の相互承認を「触媒」とし、両国のそれぞれの異なる関心や利益を保全・実現すべく維持してきた。

これに対して、2010年代の国際システムおよび核をめぐる状況は、核軍備管理の目的の設定を難しくしている。たとえば大国間では、冷戦期のような敵対関係には至っていないが、システムレベルでの競争が顕在化するという状況で、いかなる戦略関係や抑止関係が指向されるのか、現時点では予見し難い。米中ロの戦略的安定をめぐる議論でも、それぞれの認識や方向性に相違が見られ、[21]政治的側面に重心をおく場合と、逆に冷戦期のように軍事的側面に焦点を当てる場合とでは、「新しい枠組み」の目的と、その下での具体的な核軍備管理措置も大きく異なる。

また力の移行期は、大国間の力・核のバランスが流動的な状況であることにも留意しなければならない。国際・地域秩序、勢力圏、あるいは利益配分などをめぐる競争が展開される状況では、自国が望むようなバランスが反映できるとの確信がなければ、関係する軍備管理措置への合意には躊躇する。さらに将来の国際システムやそこでの安全保障の動向に関する不透明性・不確実性が高いなかでは、ヘッジとして選択肢を保持しておきたいという誘因が強く働き、それだけ軍備管理への誘因は低下する。

そうした状況でも米中ロは、冷戦期の米ソと同様に、これら以外の国の核・ミサイル活動を統制するという目的であれば共有できるかもしれない。しかしながら、大国主導の、しばしば不平等性を内包する覇権的軍備管理を、主たる統制の対象となる主要国が容易に受諾するとは考えにくい。米中ロは主要国にそうした軍備管理を強制できるほどの圧倒的な力を有しているわけでもない。また核保有国・同盟国をはじめとして、２０１７年に策定され、核兵器の保有、実験、使用・威嚇などの禁止を定めた核兵器禁止条約（ＴＰＮＷ）への署名を拒否する国も少なくなく、禁止規範の側面から核・ミサイルの軍備管理を大国・主要国に受諾させるのも難しい。

そうであれば、主要国もカバーする「新しい枠組み」の構築には、大国だけでなく主要国の安全保障利益をも十分に勘案した協力的軍備管理を指向する必要がある。しかしながら、アクターが増えれば、それだけ「新しい枠組み」や、その下での具体的な軍備管理条約・措置の形成に必要な共通の目的に関する合意は難しくなる。

対象となる兵器システムをどのように規定するのか

軍備管理の対象となる兵器システムは、関係国間で収斂した軍備管理の目的の下で、その地理的・戦略的環境などともあいまって確定されていく。多極・非対称型の「新しい枠組み」では、ここにも二極・均衡型の軍備管理とは異なる難しさがある。

ＩＮＦ条約の主眼は米ソ間の戦略的安定の維持であり、特に欧州正面の戦域レベルでこれを脅かすと懸念された射程500〜5500キロメートルの地上発射型弾道／巡航ミサイルが条約で禁止対象に規定された。その射程距離の上限である「5500キロメートル」は、INF条約に先立って1979年に米ソが署名した第二次戦略兵器制限条約（SALTⅡ）において、ICBMを「米国本土の北東国境とソ連本土の北西国境を結ぶ最短距離である5500キロメートル以上の射程距離を持つ弾道ミサイル」と定義したことに由来した。

こうしたミサイルの区分や定義は、米ソ（ロ）間以外の国家間の状況に適合するわけではない。仮に本土間を飛翔可能であることを戦略ミサイルの要件とすれば、たとえば米中間では地上発射ミサイルの射程は1万キロメートル以上が必要となる。これに対して、隣接する中ロの場合は、多くの地上発射型中距離ミサイルが戦略的含意を持つ。他方の首都に対する攻撃能力という観点でも、中国北西部からモスクワまでが3000キロメートル強、逆にロシア極東部から北京までは1000キロメートル強であり、米ロ間とは異なる「戦略・非戦略」の定義が必要になる。印パ間、あるいは中東諸国間では、より短射程のミサイルでも「戦略兵器」の意味合いを持つことになる。

さらにいえば、同盟国内でも同じミサイルの戦略的含意は異なる。日本にとって中朝の、また欧州NATO諸国にとってロシアの地上発射型中距離ミサイルは、自国本土に到達可能だという意味で戦略的含意を持つが、同盟国である米国にとってはそうではない。多分に繰り返しになるが、INF条約が定めた「射程500〜5500キロメートルの地上発射型弾道・巡航ミサイルの禁止」は、冷戦期の米ソ戦略関係の文脈でのみ合意し得たのであり、いかなる能力を持つミサイルを対象とするかという一点だけでも、多国間の軍備管理で合意を目指すのは容易ではない。

また軍備管理の対象は、運搬手段の射程距離だけが決定要因ではない。同じ射程距離のミサイルでも、弾道ミサイルと巡航ミサイルでは軍事的な役割や戦略的含意は異なる。HGVなど新しい運搬手段も開発・配備されつつある。また、ミサイルには地上発射型だけでなく、潜水艦や水上艦艇からの海洋発射型ならびに航空戦力からの空中発射型もあり、これらを軍備管理の目的との関係で対象に含めるか否か、いかなるバランスで規制するかも、重要な検討課題となろう。

それらのミサイルが搭載する（できる）弾頭による区分も考えられる。さらに戦略的含意を持つ兵器には、攻撃的兵器だけでなくBMDのような防御的兵器、さらには宇宙空間やサイバー空間といった新領域での軍事能力も含まれうる。(22)

軍備管理の目的が同じでも、当事国間の関係や地理的・戦略的環境によって、対象に含めるべき兵器システムには少なからぬ相違が生じる。多極・非対称型の軍備管理では、指数関数的に複雑化する多様な組み合わせの中で、各国が受諾できる解を求めていかなければならない。

軍備管理交渉に消極的な中国

核軍備管理の「新しい枠組み」については、前述のような枠組み全体にかかる論点に加えて、これに関係する各国それぞれが検討すべき課題もある。日本も、これが国家安全保障に資する（あるいは少なくとも国家安全保障を損なわない）ものとすべく、その軍備管理政策や議論の方向性を検討していく必要がある。

日本は現在、中国および北朝鮮がそれぞれ保有する地上発射型中距離ミサイルの射程圏内にあり、それらの脅威を除去するような軍備管理が成立すれば、日本の安全保障は格段に強化される。しかしながら、中朝が近い将来においてそうした軍備管理を受諾する見込みは低い。このため日本は、脅威の源泉が存続する間、米国から供与される拡大抑止力を含め、日本の安全保障に必要な抑止・対処能力を適切に維持しつつ、同時に中国や北朝鮮の脅威を低減するような軍備管理の成立を目指さなければならない。

日本にとって、なかでもポストＩＮＦ条約時代における核軍備管理の最重要課題は、２０１７年の「国家安全保障戦略」で、その「対外姿勢、軍事動向等は、その軍事や安全保障政策に関する透明性の不足とあいまって、我が国を含む国際社会の懸念事項となって」いると指摘した中国を、いかに実質的な核軍備管理に参加させるかという問題である。日本はこれまでも、核戦力・政策に関する透明性措置をはじめとして、中国を強く意識してさまざまな核軍備管理措置を提案してきたが、中国が前向きに対応したことはない。ＩＮＦ条約問題においても、河野太郎外務大臣が、条約失効後に中国を含む国連安保理常任理事国５か国で新たな軍縮の枠組みを議論するよう促したのに対して、中国は「条約が多国間化されれば、複雑な政治的、軍事的および法的問題の全般に影響を与えるであろう。…中国側は同意しない」と反論した。[23]

中国が依然として実質的な核軍備管理の受諾に消極的な要因の一つとして、対米劣位の固定化を招くという懸念が挙げられる。中国・復旦大学アメリカ研究センター教授の沈丁立は、ＩＮＦ条約の多国間化に関する米国の提案は、中国などによる中距離ミサイル開発が東アジアにおける米国に対する挑戦であり、その強化を防止し、米国の地域覇権を維持しようとする意図によるものだと批判した上で、「軍備管理の影響を受けない世界の最強国として、米国はいかなる種類の軍縮に合意するのか。中・長距離ミサイルの制限はなされるのか。米国や他国はそうした問題に関して交渉を開始する用意があるか。これらは、米国が速やかに答えるべき重要な問題である」[24]と主張する。

別の専門家も、「中国を新ＩＮＦ条約に参加させたいのであれば、中国が最も重視する兵器の放棄に見合うような、米国が取りうる変化について議論する必要があるが、米国からはそのような兆しはない」と指摘している。[25] 少なくとも中国の国力が大きく低下しない限り、中国に核軍備管理への参加を強制することは難しいとすれば、中国にとっても参加を利益と認識しうるような措置や仕組みを考案することが必要となる。

無論そこでは、日米を含めほかの国々と同様に中国も、自国に課される以上に他国に制約を課し、自国に有利に働く軍備管理を構築したいと考えることに留意しなければならない。たとえば、日本のBMD能力に対して、中国の核・ミサイル能力に対する措置とはバランスがとれないほどに制限を講じるよう、中国が提案する可能性が考えられる。当然ながら日本としては受け入れ難い提案だが、これを中国が米中間の取引のパッケージの一つとして米国に提示し、米国も取引全体ではマイナスではない——さらには米国の利益に資する——と判断し、そうした軍備管理への合意に傾く可能性も皆無ではない。

また米中の相互脆弱性を米国が公式に認めること（米ソ間ではこれが核軍備管理の進展につながった）も、日本にとって機微な問題だとされてきた。高橋杉雄はこの点について、以下のように論じている。

仮に限定的であれ、米中の相互脆弱性を容認し、ある程度の戦略的安定性を維持していくことを米国が核戦略における政策目的に含めるとすれば、日本の安全保障上無視し得ない問題が生じる。米中および日中の政治的な関係が安定し、持続的な協力関係が構築されることなしに、ある程度の相互の脆弱性に基づく戦略的安定性が成立したとすれば、それは、核抑止論で言うスタビリティ・インスタビリティ・パラドックスを生起させる可能性があるからである。[26]

他方で、現実として米中間の相互脆弱性はすでに成立しており、米国がこれを認めることで、より予見可能な米中間の核関係の構築に向けて、中国の協力を引き出せる可能性があり、日米同盟にとってもプラスに働くという議論もある。(27)

核戦力を含む軍事力、さらには国力に対する中国の自信は、より対等に近い関係で米国との軍備管理交渉に臨めるとの認識を中国に与えるかもしれない。中国はすでに自負できる能力を保持するからこそ、そうした観点から核軍備管理にアプローチすべきであるとの主張も見られる。たとえば赵通(Tong Zhao)は、以下のように述べている。

米ロ二国間軍備管理に依存する時代は終わった。…中国は一線級の軍事力を持つ国となり、その急速に高まる戦力投射能力は国際的な圧力や抵抗に直面するであろう。中国は、長期的な安全保障利益の持続可能性をいかにして守るか、戦略的に考えるべき時であり、たんに軍事力を蓄積するよりも、協力的な軍備管理を追求する方がよいのではないか。国際規範・原則の形成を望む台頭国として、もはや他国の主導に追随することはできない。(28)

しかしながら、中国が国力への自信を高めれば、より攻勢的な外交・安全保障政策の推進や国際・地域秩序の修正を試みるかもしれない。その中国に対して、日本は軍備管理交渉を有利に展開する(あるいは不利な展開を回避する)ための効果的なカードを有しているわけでもない。その中で時折提案されるのが、北東アジア版「NATOの二重決定」である。1979年の「NATOの二重決定」は、SS‐20中距離弾道ミサイル(IRBM)を配備したソ連がINF条約交渉を受諾しなければ、米国も欧州にＩＮＦを配備するというもので、これに基づいて米国のパーシングⅡ・ＩＲＢＭおよび地上発射型巡航ミサイル（ＧＬＣＭ）が欧州に配備され、結果としてソ連によるＩＮＦ条約交渉受諾の契機となった。北東アジア版「ＮＡＴＯの二重決定」はこれに倣い、米国が日本を含めアジア太平洋地域にポストＩＮＦ打撃システムを配備すること、あるいは日本が独自にそうした攻撃能力を取得することで、中国にポストＩＮＦ打撃システムに関する軍備管理に参加するよう圧力をかけるというものである。

こうした提案が機能するためには、米国や日本によるポストＩＮＦ打撃システムの配備が、中国に極めて高い脅威をもたらす——だからこそ中国は軍備管理をも通じてこれを低減・除去したいと考える——ことが必要になろう。しかしながら、それだけの配備が予算面や国内政治の情勢などで可能となるかはわからない。

また陸続きの欧州と海で隔てられた北東アジアとでは、戦略環境の相違からＩＮＦ／ポストＩＮＦ打撃システムの持つインパクトも異なるであろう。ＩＮＦ条約後の世界でも地上発射型中距離ミサイルの分野では米国を凌駕できるとの自信を持つ中国は、米国や日本によるポストＩＮＦ打撃システムの取得・配備に、軍備管理への参加ではなくミサイル戦力の増強で応じる可能性が高いとも論じられ、[29] むしろ日本が「コスト賦課（cost imposing）」されるかもしれない。もちろん、そうしたことは日本への（あるいは日本による）ポストＩＮＦ打撃システムの配備が無意味だということではない。中国が軍備管理に応じない場合にも、それらは対中抑止・対処能力として一定の役割を果たし得よう。それでも、軍事的にも外交的にも軍備管理を促進する効果には限界がありうることを冷静に認識した上で、ポストINF打撃システムにかかる政策を展開していくことが必要である。

「新しい枠組み」に向けた軍備管理

戦略対話、リスク低減および透明性

多極・非対称性を与件とした核軍備管理の「新しい枠組み」を現時点で見通すことは容易ではない。国際的・地域的な力のバランスや安全保障環境が流動的であること、さらに多極・非対称な力および核の関係の中で均衡点を見出すには複雑な計算が必要であることを考えると、その確立に一定の時間を要することは不可避であろう。他方で、力の移行にともなう安全保障環境の不安定化がポストINF打撃システムを含め多様なミサイル戦力が実際に使用される可能性を高めつつあるという現実に、喫緊に対応しなければならない。そのために、「新しい枠組み」における軍備管理を構想する取り組みと並行して、「新しい枠組み」に向けた軍備管理を検討し、実施していくことが求められる。

第一に、米中ロ、NPT上の5核兵器国、地域諸国ならびに国際社会といったさまざまなレベルで多層的に核・ミサイル問題に関する戦略対話を重ね、安全保障戦略、脅威認識、ほかの関係国に対す

る安全保障上の懸念、核戦略、核・非核の抑止態勢、戦略的安定（攻撃・防御バランスや、核・非核の絡み合い（entanglement）などを含む）、懸念するリスクなどを議論することが求められる。

たとえば大国間においては、今後の国際システムならびに戦略的非核兵器の多様化がもたらしうる戦略関係の複雑化も踏まえた戦略的安定のあり方と、そこでの核軍備管理が果たすべき役割[30]に関する議論の深化が必要だと思われる。米国は２０１９年末に中ロに対して、「戦略的安全保障、核態勢およびドクトリン、ならびにそれぞれの安全保障態勢における核兵器の役割に関する二国間および最終的には三国間の協議において、国家および世界全体に真の安全保障上の成果をもたらすための措置を整備することを念頭に置いて、直接関与したい[31]」と呼びかけ、米ロ間ではその翌月に「戦略的安全保障対話（strategic security dialogues）」が開催された。中国は依然として参加に慎重な態度を崩していない。

他方、５核兵器国は２００９年以降毎年、主としてＮＰＴの一環で核兵器国会議を開催し、核軍備管理・不拡散問題に加えて核政策に関して意見交換を行なってきた。また米国が２０１８年に提唱した「核軍縮環境創設アプローチ（ＣＥＮＤ）」の下で、「環境創設作業部会（ＣＥＷＧ）」が２０１９年7月および11月に開催され、５核兵器国、ＮＰＴ外で核兵器を保有する国、ならびに日本など非核兵器国が参加し（7月の会議には42か国、11月の会議には31か国が参加）、核兵器への誘因を低減すべく安全保障環境を変えるための措置、不拡散努力を強化し、核軍縮における信頼を構築すべく導入できる制度やプロセス、ならびに核保有国間の戦争の可能性を低減するための措置が議題として取り上げられた。そうしたさまざまな戦略対話の機会を設定し、これに中国の参加を得ることは、中国が依然として米国との直接的な戦略対話に慎重であるからこそ、引き続き重要である。

現下の国際安全保障・軍備管理問題における焦点の一つが北東アジアにあるとすれば、ここでの日米中、あるいはロシアや韓国を含めた5か国による地域的な戦略対話も重要である。北東アジアでは、ポストＩＮＦ打撃システムだけでなく、戦略核戦力、海洋発射巡航ミサイル（ＳＬＣＭ）、ＢＭＤなど多様な兵器システムが地域内の抑止態勢を構成している。宇宙空間やサイバー空間における軍事行動の核抑止態勢への影響、あるいは拡大抑止が軍備管理に及ぼしうる含意といった問題も、関係諸国が関心を持つ重要なテーマであろう。それらを包摂した戦略対話は、地域レベルだけでなく、大国間／国際的な軍備管理への貴重な視座を与えるものともなりうる。

第二に、前述のような戦略対話における議論も踏まえつつ、大国・主要国は、ポストＩＮＦ打撃システムを含め核・ミサイルがもたらし得るリスクを低減する具体的な措置を講じていく必要がある。それは、敵対国間にも共通の利益があり、その実現のために協力できるという軍備管理の基本的な考え方に立ち戻る取り組みでもある。(32)

核・ミサイルがもたらすリスクには、たとえば誤解や誤認、事故や偶発的・不測の事態などによる意図せざる使用がある。冷戦期に米ソ間で締結された核戦争リスク低減協定（１９７１年）、海上事故防止協定（1972年）、核戦争防止協定（1973年）、核リスク低減センター設置協定（1987年）、ならびに二国間のホットライン設置（1963年）などといった措置は、現在の核リスク低減の試みにも参考になろう。

緊張状態、さらには紛争勃発から核兵器使用に至るエスカレーションの各段階で核・ミサイルの使用を抑制するためには、適切に機能する当事国間のコミュニケーション・チャネルを複数のレベル（首脳間、関係機関間など）で構築することが重要だとされる。[33] また兵器・運搬システムへの安全装置を組み込むなど事故による使用を防止する措置、ならびに未承認での使用を防止するなど適切な指揮・統制を維持するための措置なども重要である。サイバー攻撃は実行されれば瞬時に影響を及ぼすことから、これに対する特段のリスク管理も必要となる。

第三に、透明性の向上は、リスク低減とともに、その先のさらなる軍備管理推進の基盤にもなる。核・ミサイルに関する基本的な戦略やドクトリンに加えて、国家安全保障を損なわない適切なレベルで、保有する兵器システム、配備状況、運用政策などを関係国間で、あるいは国際社会に対して提示することは、予見可能性を高めると同時に、自国の能力や意図に対する誤解・誤認の可能性を低減することで、安全保障ジレンマを起因とする意図せざる軍拡競争や軍事行動のエスカレーションを回避・抑制することに寄与する。

NPT上の5核兵器国の中でも透明性が低いと指摘されてきた中国は、核戦略の概略——その核戦力は防御的で、核兵器の先行不使用、および非核兵器国には核兵器の使用・威嚇をしないとの消極的安全保証を宣言しているなど——に言及するのみであり、核・ミサイル能力や調達計画などに関する透明性を高めるよう求められてきた。ポストＩＮＦ打撃システム問題に関しては、中国を含む核兵器国だけでなくほかの保有国、あるいは取得を検討・計画する国が、その安全保障上の必要性、運用政策、保有するミサイルの能力（射程距離や搭載する弾頭など）や保有数、配備箇所、あるいは将来の調達計画や削減可能性などについて、国家安全保障とのバランスに留意しつつも、可能な限り多くの情報を、少なくとも関係国間で相互に提供することが求められる。

中国を含む未参加国がＨＣＯＣに参加し、前述のような信頼醸成措置を講じることも一つのステップになろう。関係諸国の能力の非対称性を踏まえ、双務的で同等だが、異なる施策を講じていく——たとえば中国は核・ミサイル、日本はＢＭＤに関する透明性措置をそれぞれ実施するなど——といったアプローチも提案されている。[34]

能力面での軍備管理の可能性

「新しい枠組み」の目的が定まらないなかで、核・ミサイル能力に制限、削減、廃棄などを課す軍備管理の将来の姿を現時点では予見し得ないが、中国のポストＩＮＦ打撃システムを対象に含めた軍備管理の可能性を中心に、いくつかの選択肢とその課題を検討してみたい。

まず、多国間条約の策定などによって中国にポストＩＮＦ打撃システムの全廃を義務付けることは、いかなる国が締約国になるとしても、国際的・地域的な安全保障環境や大国間／地政学的競争が劇的に好転しない限り、近い将来に実現するとは考えにくい。中国は、短射程のミサイルを台湾事態への抑止・対処能力として、またＤＦ‐21やＧＬＣＭといった日本を射程に収める中距離ミサイルも在日米軍基地などへの攻撃能力として、さらにポストＩＮＦ打撃システム全般については対米Ａ２／ＡＤ能力として重視している。中国の抑止態勢の根幹をなす運搬手段を放棄させるのに十分な対価は、今のところ見当たらない。

また、ポストＩＮＦ打撃システムに限定した削減措置が成立する見込みも高くはない。米ロは中国にとって有意な規模のポストＩＮＦ打撃システムを保有しておらず、中国から見れば一方的な削減を義務付けるものとなるからである。

一案となりうるのは、地上発射型だけでなく海洋発射型や空中発射型の核弾頭搭載可能な運搬手段を、射程距離の如何にかかわらず対象に含めて、米中ロによる削減あるいは上限設定などの数的規制のための措置を考案することである。米中ロによるそうした軍備管理に関しては、新ＳＴＡＲＴおよびＩＮＦ条約の対象に規定された運搬手段の発射基・機の総数について平等な上限を設定するというもの、[35]すべての戦略（核）運搬手段および中距離ミサイル（地上発射型だけでなく、海洋・空中発射型を含む）の総数を規制するというもの、短距離ミサイルを含めすべてのミサイルの総数を規制するとい

うもの、HGVなど新型運搬手段もこれら総数に含めるというものなど、さまざまな提案がなされている。(36)

これらの提案に共通するのは、対象となる兵器システムの総数を定め、その中で具体的な構成を各国がそれぞれの安全保障政策や抑止態勢にしたがって決定するという点である。こうした方法は新STARTでも採用されており、配備戦略核弾頭および配備・非配備戦略運搬手段の総数がそれぞれ規定された。戦略・非戦略をあわせた核弾頭数、運搬手段あるいはその発射基・機は、組み合わせによっては米中ロの間で総数の均衡を示すことが可能であり、そうした「均衡」を規定する軍備管理は、中国に参加の誘因をもたらす可能性がある。他方で、米ロが中国との「均衡」を受け入れるかはわからない。特にロシアにとっては、米国と戦略核戦力で比肩する唯一の核超大国という地位を失うことになる。

また、そうした軍備管理が成立するためには、陸海空それぞれのミサイルの能力および戦略的重要性にかかる相違や非対称性を適切に勘案した措置を規定できるか、あるいは数的均衡の合意自体に意味を見出すことができるかが課題となろう。配備地域が限定される地上発射型ミサイルとは異なり、海洋・空中発射型ミサイルは（少なくとも理論上は）世界的な展開が可能であり、特に地域レベルでこれらのバランスをいかに設定するかという課題も残りうる。

さらに米中ロがほかの保有国についても軍備管理措置への参加を求める場合、双方が合意できる数的規制のポイントを見出しうるか。たとえば数的規制が合意された時点での保有比を維持して削減するか、より多くの核・ミサイルを保有する国がより大きな割合で削減するか、一定の規模で保有数を均衡にするような削減を試みるか、一部の国については均衡の維持を目的とした増強も認めるか、規制の対象（核弾頭、運搬手段、あるいは発射基・機）をどのように定めるかなど、各国の安全保障利益に相異なる影響をもたらすさまざまな論点がある。

能力面での軍備管理が進展するまでには相応の時間を要すると思われるなかで、前述の戦略対話、リスク低減および透明性措置とともに重要なのは、核軍備管理の一層の悪化をもたらすような行動を抑制することであろう。まずは、２０２１年2月が期限の新ＳＴＡＲＴを米ロが延長することである。条約が延長されず、後継条約も策定されなければ、弾道弾迎撃ミサイル（ＡＢＭ）条約が締結された１９７２年以来初めて、核超大国間の軍備管理条約が不在となる。そうした状況は、米ロ間の核戦力に関する不透明性や不確実性を高めるだけでなく、中国（や他の核保有国など）が核軍備管理の「新しい枠組み」に参加する誘因を低下させかねない。本稿執筆時点では米国が条約延長に合意する意思があるかは定かではないが、新ＳＴＡＲＴの延長は米国が核軍備管理からの離脱ではなく、「新しい枠組み」の構築を真剣に追求していることを他国に示す証左にもなろう。逆に中国が、たとえば「新しい枠組み」に関する議論への参加、あるいは新ＳＴＡＲＴ期限延長後の核・ミサイル保有量の現状凍結を約束することは、条約延長を後押しするものとなろう。

無論、新ＳＴＡＲＴが延長されても、核軍備管理の「新しい枠組み」がスムーズに構築されていく保証はない。それでも、仮に条約で定められた最長の5年間延長できた場合、両国の戦略核戦力に対する法的規制を継続したなかで、延長後の期限である２０２６年2月を目途に、米中ロ（あるいは核兵器国間）で核軍備管理、抑止態勢あるいは戦略的安定にかかる議論を重ね、現在や将来の安全保障環境、ならびにそこでの大国／主要国の抑止関係に適合するような、「新しい枠組み」に向けた軍備管理を目指す余地が与えられる。仮に新ＳＴＡＲＴが失効する場合でも、最低限のダメージコントロールとして、米ロが条約で規定された戦略核戦力にかかる上限を維持するとの相互的措置を講じることが求められる。

核・ミサイル戦力に関する数的規制に先立って、配備態勢に関する軍備管理を講じることも一案である。日本の安全保障との関係では、たとえば中国の地上発射型中距離ミサイルについて、日本を射程に収めない場所に配備を限定すること、日本を射程に収める場所に配備されるミサイル／発射基・機の数に上限を設定すること、あるいは少なくとも核弾頭と通常弾頭を搭載するミサイルを（異なる基地に配備するなど）明確に分別し、日本を射程に収めるミサイルには核弾頭を搭載しないことなどといった施策が考えられる。

さらに、これらの措置に対する現地査察など検証措置を講じることが、信頼性、透明性および安定性の向上のために必要である。中国はこれまで、核・ミサイルの分野ではそうした検証措置を受諾しておらず、その受け入れは、より厳格な検証措置が必要となる核・ミサイルの凍結、削減さらには廃棄に向けた重要な一歩にもなろう。

最後に、「新しい枠組み」に向けた軍備管理に中国やロシアを参加させるためには、両国がこれまでも強く主張してきたBMDシステムへの軍備管理に関しても、少なくとも議論のテーマに含める必要があろう。日本についても、戦略的含意を持つ兵器システムとして、すでに保有するBMDシステムや、今後配備されるかもしれないポストINF打撃システムについて、非対称だが相互的な措置を講じることが求められる可能性は低くはない。妙案はなく、効果は限定的かもしれないが、必要かつ適切な抑止力を維持しつつ、これを日本にとって有益な軍備管理を構成していくためのカードとしていかにして活用していくかが課題である。

「新しい枠組み」の追求

力の移行にともなう国際システムの地殻変動は、NPTや米ロ軍備管理を含む既存の核軍備管理体制にも動揺をもたらしている。核軍備管理体制の再構成には、大国間／地政学的競争に関与する国々の国力、ならびに保有する兵器システム非対称性や、安全保障利益など関する大きな相違を包摂した核軍備管理の「新しい枠組み」の構築という難題への解を見出すことが不可欠だが、これには相応の時間を要するであろう。また、安全保障環境が大きく流動化する現時点で、安全保障、抑止態勢などの将来のあり方をも踏まえた核軍備管理の姿や、そこでの具体的措置を予見することは難しい。

しかしながら、1960年代より維持されてきた核秩序（nuclear order）――核問題の専門家である英セントアンドリュース大名誉教授のウォーカーによれば、「管理された抑止のシステム（a managed system of deterrence）」と「管理された自制のシステム（a managed system of abstinence）」という二つの相互補完的な協調システムによって構成されてきた[37]――が、後者の代表的な施策である軍備管理の側から侵食され、不安定化・弱体化していくことは、国際社会にとって安全保障利益を著しく脅かすものとなろう。

冷戦期の核軍備管理体制は、核兵器の登場から四半世紀を経て、米ソ全面核戦争への危機感が最高潮に達したキューバ危機の後にようやく構築が始まった。国際システムの変容にともなう核軍備管理体制の再構築にも相応の時間を要するかもしれない。その間、不安定な過渡期には核兵器使用のリスクも高まりかねない。そうしたリスクを抑え込みつつ、より安定性および予見可能性のある軍備管理の「新しい枠組み」を追求することは、日本が積極的に取り組むべき重要な政策課題だといえる。

（1）"Remarks by President Barack Obama in Prague As Delivered," White House, April 5, 2009, https://obamawhitehouse.archives.gov/the-press-office/remarks-president-barack-obama-prague-delivered.

（2）U.S. Department of State, *Adherence to and Compliance with Arms Control, Nonproliferation, and Disarmament Agreements and Commitments*, July 2014, pp. 8-10.

（３）たとえば、Steven E. Miller, “Ideology over Interest? Trump’s Costly INF Decision,” *Bulletin of the Atomic Scientists*, October 26, 2018, https://thebulletin.org/2018/10/ideology-over-interest-trumps-costly-inf-decision/などを参照。

（４）拙稿「核軍備管理の10年—対立／核関係の多極化および抑止体系の多様化の含意」日本軍縮学会編『軍縮・不拡散の諸相』信山社、２０１９年、第７章などを参照。

（５）“Remarks by President Obama at the Brandenburg Gate,” Berlin, June 19, 2013, http://www. whitehouse.gov/the-press-office/2013/06/19/remarks-president-obama-brandenburg-gate-berlin-germany.

（６）“Nuclear Arms Reduction Deals to Become Multilateral—Lavrov,” RIA Novosti, 22 June 2013, http://en.rian.ru/world/20130622/181811968/Nuclear-Arms-Reduction-Deals-to-Become-Multilateral--Lavrov .html; Kathleen Hennessey and Paul Richter, “Obama Seeks Further Cuts to U.S., Russia Nuclear Arsenals,” *Los Angeles Times*, June 19, 2013, http://articles.latimes.com/2013/jun/19/world/la-fg-obama-nukes-20130620

（７）Jacob Stokes, “China’s Missile Program and U.S. Withdrawal from the Intermediate-Range Nuclear Forces (INF) Treaty,” Staff Research Report, U.S.-China Economic and Security Review Commission, February 4, 2018, p. 3, https://www.uscc.gov/sites/default/files/Research/China%20and%20INF_0.pdf.

（８）United Nations, “Russian Federation, United States Call on States to Join Treaty Regime Rejecting Intermediate-Range, Shorter-Range Missiles, in First Committee Debate,” Press Release, October 25, 2007, https://www.un.org/press/en/2007/gadis3352.doc.htm.

（９）Christopher A. Ford, “U.S. Priorities for ‘Next-Generation Arms Control,” *Arms Control and International Security Papers*, U.S. Department of State, Vol. I, No. 1 (April 6, 2020) などを参照。

（１０）“Statement by the United States,” First Committee, UN General Assembly, October 10, 2019.

（１１）Steve Holland, “Trump Willing to Meet Leaders of Russia, China, Britain, France on Arms Control,” *Reuters*, February 29, 2020, https://www.reuters.com/article/us-usa-trump-russia-summit/trump-willing-to-meet-leaders-of-russia-china-britain-france-on-arms-control-idUSKCN20M3CJ.

（１２）NPT/CONF.2020/PC.III/WP40, April 26, 2019.

（１３）“Foreign Ministry Spokesperson Geng Shuang’s Remarks on the US Suspending INF Treaty Obligations and Beginning Withdrawal Process,” Ministry of Foreign Affairs of China, February 2, 2019, https://www.fmprc.gov.cn/mfa_eng/

xwfw_665399/s2510_665401/2535_665405/t1635268.shtml.

（１４）Robert Emmott, "China Rebuffs Germany's Call for U.S. Missile Deal with Russia," *Reuters*, February 17, 2019, https://www.reuters.com/article/us-germany-security-china/china-rebuffs-germanys-call-for-u-s-missile-deal-with-russia-idUSKCN1Q50NZ?il=0.

（１５）"Foreign Ministry Spokesperson Geng Shuang's Regular Press Conference," May 6, 2019, https://www. fmprc.gov.cn/mfa_eng/xwfw_665399/s2510_665401/2511_665403/t1661163.shtml.

（１６）"Foreign Minister Sergey Lavrov's Answers to Questions from Rossiyskaya Gazeta Editorial Office and Its Regional Partners During a Business Breakfast," Moscow, February 10, 2020, https://www.mid.ru/en/foreign_policy/news/-/asset_publisher/cKNonkJE02Bw/content/id/4029123.

（１７）Steven Pifer, "Russia's Shifting Views of Multilateral Nuclear Arms Control with China," Brookings Institution, February 19, 2020, https://www.brookings.edu/blog/order-from-chaos/2020/02/19/russias-shifting-views-of-multilateral-nuclear-arms-control-with-china/.

（１８）核兵器保有数に関しては、Stockholm International Peace Research Institute, *SIPRI Yearbook* 2019*: Armaments, Disarmament and International Security* (Oxford University Press, 2019), chapter 6 などを参照。

（１９）Thomas C. Schelling and Morton H. Halperin, *Strategy and Arms Control* (The Twentieth Century Fund, 1961), p. 2.

（２０）秋山信将「激化する戦略的競争下の核軍備管理―ポストＩＮＦ時代をどう構想すべきか」『外交』第59号（２０２０年１・２月）52頁。

（２１）多極世界における戦略的安定の複雑性については、Brad Roberts, "Strategic Stability under Obama and Trump," *Survival*, Vol. 59, No. 4 (August-September 2017), pp. 61-62を参照。戦略的安定に関しては、梅本哲也『米中戦略関係』千倉書房、２０１８年; Brad Roberts, *The Case for U.S. Nuclear Weapons in the* 21*st Century*,(Stanford University Press, 2016); Zenel Garcia, "Strategic Stability in the Twenty-First Century: The Challenge of the Second Nuclear Age and the Logic of Stability Interdependence," *Comparative Strategy*, Vol. 36, No. 4,(2017), pp. 354-365なども参照。

（２２）戦略的含意を持つ兵器・技術に関する核軍備管理への変化の含意については、Nina Tannenwald and James M. Acton, *Meeting the Challenges of the New Nuclear Age: Emerging Risks and Declining Norms in the Age of Technological Innovation and Changing Nuclear Doctrines* (Cambridge, MA: American Academy of Arts & Sciences, 2018)などを参照。

（２３） "China Does Not Support Creation of New Multilateral Deal Replacing INF Treaty," *Sputnik News*, July 30, 2019, https://sputniknews.com/world/201907301076404441-beijing-says-does-not-support-creation-of-new-multilateral-deal-replacing-inf-treaty/.

（２４） Shen Dingli, "What the Post-INF Treaty World will be Like," *China Daily*, February 21, 2019, http://global.chinadaily.com.cn/a/201902/21/WS5c6dea76a3106c65c34ea76e.html また、Jing-dong Yuan, "China and the Nuclear-Free World," Cristina Hansell and William C. Potter, eds., *Engaging China and Russia on Nuclear Disarmament* (Occasional Paper No. 15, James Martin Center for Nonproliferation Studies, April 2009), p. 28なども参照。

（２５） Gregory Kulacki, "Don't Scapegoat China for Killing the INF Treaty. Ask it to Join," Union of Concerned Scientists, February 6, 2019, https://allthingsnuclear.org/gkulacki/dont-scapegoat-china-for-killing-the-inf-treaty-ask-it-to-join.

（２６） 高橋杉雄「核兵器をめぐる諸問題と日本の安全保障―ＮＰＲ・新ＳＴＡＲＴ体制、『核兵器のない世界』、拡大抑止」『海外事情』第58巻第７・８号（２０１０年７・８月）47～49頁。

（２７） Vince Manzo, "Nuclear Arms Control without a Treaty: Risks and Options after New START," Center for Naval Analyses, March 2019, pp. 107-109.

（２８） Tong Zhao, "Why China Is Worried about the End of the INF Treaty," Carnegie Endowment for International Peace, November 7, 2018, https://carnegietsinghua.org/2018/11/07/why-china-is-worried-about-end-of-inf-treaty-pub-77669.

（２９） Tong Zhao, "Opportunities for Nuclear Arms Control Engagement with China," *Arms Control Today*, Vol. 50, No. 1 (January/February 2020), p. 10; Tong Zhao, "An Inquiry into the NPT and Nuclear Disarmament," Testimony, U.K. House of Lords, February 12, 2019, https://carnegietsinghua.org/2019/02/12/inquiry-into-npt-and-nuclear-disarmament-pub-78574. 北東アジア版「NATOの二重決定」に悲観的な見方としては、たとえば、Andrey Baklitskiy, "What the End of the INF Treaty Means for China," Carnegie Moscow Center, December 2, 2019, https://carnegie.ru/commentary/80462 なども参照。

（３０） ブルックスらは、そうした役割として、他国との関係を最重要視していることを示すこと、安定的な戦力構成を促進すること、ならびに他方や国際社会への透明性を示すことを挙げている。Linton Brooks, "Can the United States and Russia Reach a Joint Understanding of the Components, Prospects and Possibilities of Strategic Stability?" International Luxembourg Forum on Preventing Nuclear Catastrophe, ed., *Revitalizing Nuclear Arms Control and Non-Proliferation* (National Institute of Corporate Reform, 2017), p. 86.

(31) Christopher Ashley Ford, Assistant Secretary, Bureau of International Security and Nonproliferation, "The P5, the 'N5,' and the NPT Review Conference," Wilton Park Nonproliferation Conference, Wiston House, United Kingdom, December 16, 2019, https://www.state.gov/the-p5-the-n5-and-the-npt-review-conference/.

(32) James J. Wirtz, "The New Cooperative Security Paradigm," Jeffrey A. Larsen and James J. Wirtz, eds., *Arms Control and Cooperative Security* (Lynne Rienner Publishers, 2009), p. 239.

(33) 危機管理成功の要件はコミュニケーションの透明性だと論じたものとして、Stephen J. Cimbala, *The New Nuclear Disorder: Challenges to Deterrence and Strategy* (Ashgate, 2015), pp. 69-72などを参照。

(34) Lewis A. Dunn, "Exploring the Role of U.S.-China Mutual and Cooperative Strategic Restraint," Lewis A. Dunn, ed., *Building toward a Stable and Cooperative Long-Term U.S.-China Strategic Relationship* (Science Applications International Corporation, The Pacific Forum CSIS, and China Arms Control and Disarmament Association), December 2012, p. 75.

(35) Tong Zhao, "The Case for China's Participation in Trilateral Arms Control," Ulrich Kühn, ed., *Trilateral Arms Control? Perspectives from Washington, Moscow, and Beijing* (Institute for Peace Research and Security Policy, 2020), p. 80; Zhao, "Opportunities for Nuclear Arms Control Engagement with China," pp. 10-11.

(36) Edward Ifft, "Dealing with the INF Crisis," *European Leadership Network*, March 13, 2020, https://www.europeanleadershipnetwork.org/commentary/dealing-with-the-inf-crisis/; Michael T. Klare, "An 'Arms Race in Speed': Hypersonic Weapons and the Changing Calculus of Battle," *Arms Control Today*, Vol. 49, No. 5 (June 2019), pp. 12-13; NATO Deputy Secretary General Rose Gottemoeller, "NATO Nuclear Policy in a Post-INF World," University of Oslo, September 9, 2019, https://www.nato.int/cps/en/natohq/opinions_168602.htm などを参照。

第4章　NATO「二重決定」とINF条約

（合六　強）

INF条約の形成と評価

冷戦期の「成功」事例

ＩＮＦ条約は１９８７年12月８日、６年にわたる交渉の末、レーガン大統領とゴルバチョフ書記長の間で調印された。これにより地上発射型の中距離ミサイル（５００〜５５００キロメートル）および発射台の生産、保有、飛翔実験が禁止されることになり、両国は１９９１年５月末までにこれらのミサイルと関連資材を全廃した。そして２００１年にはすべての査察・検証が終了し、最終的な条約履行が確認された。

この条約は締結以来、長らく高い評価を受けてきた。まず冷戦期に、米ソが特定の核兵器システムの全廃を実現したことは、それまでの軍備管理・軍縮の歴史を振り返れば画期的だった。第二に、この条約には従来の協定にはなかった現地査察を含む広範かつ厳格な査察・検証体制が備わっており、その後の軍備管理枠組みにも影響を与えた。第三に、この条約は冷戦終結の呼び水となったことで歴史的な条約(「冷戦終結の象徴」)としても記憶されている。そして最後に、この条約は冷戦終結後も(とりわけ欧州において)安定的な戦略環境を支える重要な柱の一つと見なされてきたのである。

では、なぜそもそもこの条約が形成されることになったのか。その起源は、1979年12月のNATO(北大西洋条約機構)による「二重決定」に求められる。これは、ソ連が1970年代半ばに配備を開始した新型IRBM(中距離弾道ミサイル)SS-20に対するNATOの対抗措置であり、二つの路線からなっていた。

第一は、米国が新型IRBMパーシングⅡおよびGLCM(地上発射型巡航ミサイル)を西欧諸国に配備することで、TNF(戦域核戦力)[1]を近代化するという決定である。第二は、TNFを制限するための交渉を米国がソ連に呼びかけるという決定だった。そしてNATO諸国は、交渉の結果次第で、1983年末までにこれらの配備を進めるという立場をとった。実際1981年11月から始まった交渉が暗礁に乗り上げると、米国はこの決定に基づき1983年11月からミサイルを配備し始めた。これに対してソ連は反発し、交渉は一時中断を余儀なくされるが、1985年3月には再開し、

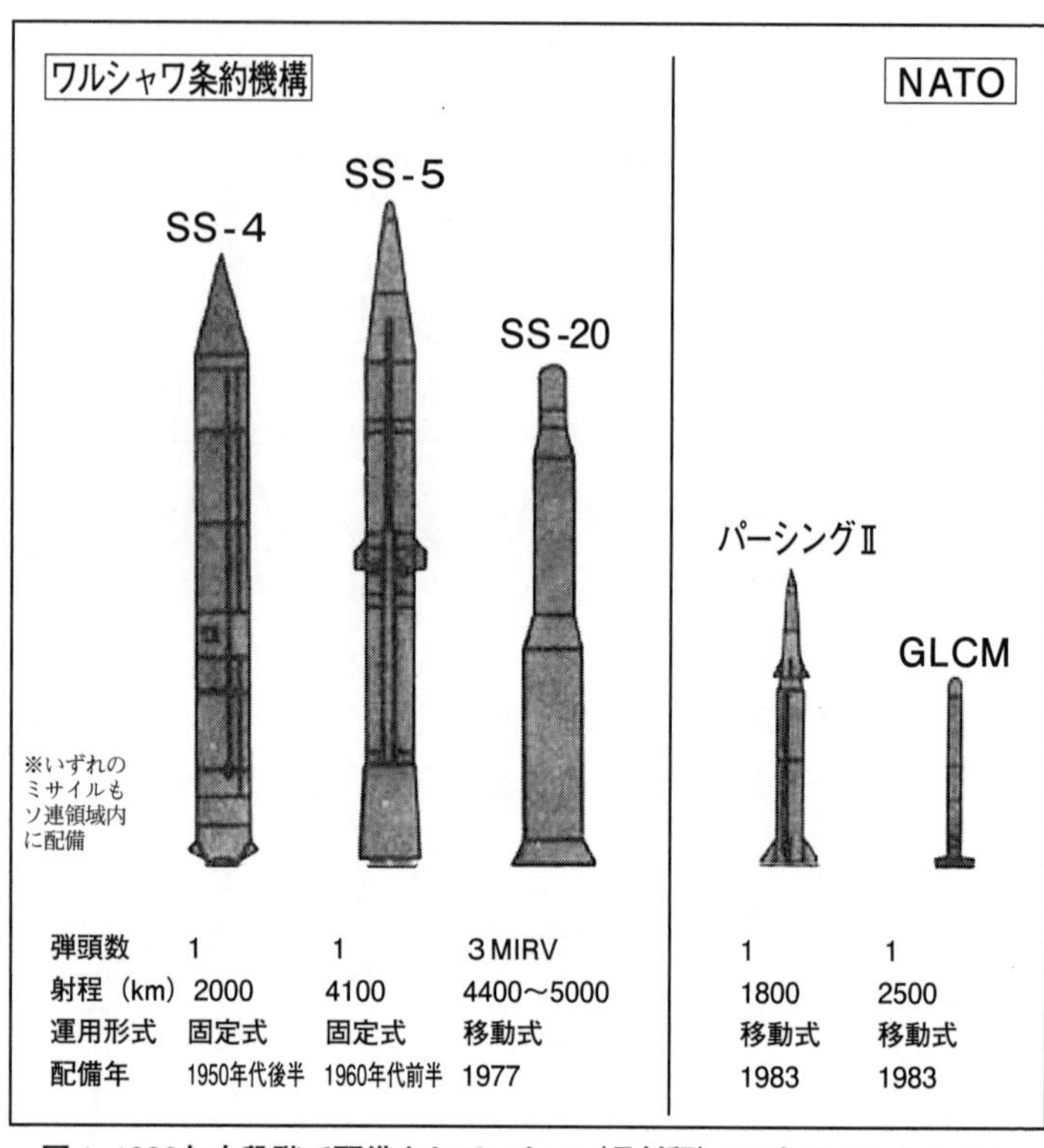

図1 1983年末段階で配備されていたLR（長射程）INFミサイルシステム

出典：NATO, "NATO Declassified: NATO and Warsaw Pact: Force Comparisons," https://www.nato.int/cps/en/natohq/declassified_138256.htm
※NATOで1980年代に作成され、機密解除後、NATOのホームページで公開されている図・データをもとに作図。

その後、紆余曲折を経て１９８７年12月にはＩＮＦ条約が結ばれたのである（図1参照）。

こうした「二重決定」およびＩＮＦ条約締結に至る過程は、冷戦期の「成功」事例として記憶されていることもあり、近年、ロシアによる同条約違反や、中国の中距離ミサイル増強をめぐる問題への対処を模索する上でしばしば言及されてきた。それゆえ今後、ポストＩＮＦ時代の抑止や軍備管理のあり方を考えていく上で、改めてその成立過程を振り返ることには意義があるだろう。そこで本章では、まず「二重決定」に至る背景を理解するため、それまでのNATO抑止態勢の形成過程を概説する。次に「二重決定」に至る過程を同盟の観点から分析し、続いてINF交渉の過程を米ソの視点から描く。そして最後にINF交渉で日本が果たそうとした役割について見ていくこととする。

NATO抑止態勢の形成と変容

1950年代：核依存への道

NATOの抑止態勢は、米国の核戦力に大きく依存するかたちで構築されていった。それは、冷戦期を通じてNATOは通常戦力面で、ソ連・WTO（ワルシャワ条約機構）に対して常に劣勢だと考えられていたからである。確かに1950年6月に朝鮮戦争が始まると、NATOでも通常戦力を増強する必要性が高まり、1952年2月には非常に野心的な「リスボン兵力目標」が掲げられた。しかし、早くも翌年には多くの同盟国にとってこの目標を達成することは、財政的、そして政治的に厳しいことが明らかとなった。

こうしたなか1953年に発足したアイゼンハワー政権は、比較的安価で効果的な兵器と目された核兵器を早期かつ大量に用いるという脅しによってあらゆる規模の攻撃を抑止しようとする「大量報復戦略」を打ち出し、1954年12月にはNATOでもこの戦略が採用された。[2] これ以降、欧州には短射程ミサイルや核砲弾など多種多様な戦術核が配備され、その数は1960年までに約3000発、1965年には約6000発、1971年のピーク時には7300発にまで膨れ上がった。[3] これらは通常戦力とともに、米国の戦略核による報復を発動するための「仕掛け線」としての役割が付与され、米国の防衛コミットメントの象徴という政治的意味を持つようになった。こうして米国の戦略核と西欧防衛の「カップリング（連結）」がNATO抑止態勢を支える根幹となったのである。

しかし1956年以降、ハンガリー動乱やスエズ危機などをめぐり同盟が一体性を欠くなか、西側に大きな衝撃を与えたのが、1957年8月のソ連によるICBM（大陸間弾道ミサイル）発射実験成功と10月の人工衛星スプートニクの打ち上げだった。そしてソ連は西欧諸国を狙えるIRBM（SS-4およびSS-5）を大量に配備していった。こうしたなか米欧の「デカップリング（離間）」問題が生じた。米国は自国民を犠牲にしてまで同盟国を守るだろうかとの疑念が生まれ、西欧の一部では独自の核開発を模索する動きまで見られたのである。他方、米国内ではソ連とのミサイル・ギャップ論争が生じるとともに、拡大抑止の信頼性に疑念を抱く同盟国（特に西ドイツ）に核が拡散するのではないかとの懸念が広まった。

アイゼンハワーはミサイル・ギャップ論には否定的だったが、その沈静化を図って1950年代半ばから進めていた弾道ミサイル開発計画の強化に乗り出した。また不安を抱く同盟国とは、以前から検討していたソ連本土を狙えるＩＲＢＭの前方配備や、有事の際に即座に用いる核爆弾や核弾頭を同盟国に備蓄するための制度について議論を加速させた。

その結果、まず英米間ではＩＲＢＭのソー（60基）を英国に配備することが合意された。これは英国管理下に置かれ、核使用については英米双方の合意（「二重鍵」方式）を必要とした。またスプートニク打ち上げ直後に開催された史上初のＮＡＴＯ首脳会議（１９５７年12月）では、ＮＡＴＯ核備蓄制度の創設およびＩＲＢＭの配備が合意された。前者については、平時には米国が核弾頭を、同盟諸国が運搬手段を管理し、有事には米国が核弾頭を同盟国の運搬手段に搭載して運用するという「核共有」制度になった。また後者については、二国間協定に基づき、米国の核弾頭を搭載するＩＲＢＭのジュピターがイタリア（30基）とトルコ（15基）に配備され、「二重鍵」のもとで運用されることになった。こうして欧州へのＴＮＦの本格的導入が始まったのである。

だがこうした戦力整備にもかかわらず、ミサイル・ギャップ論は収まらず、大量報復戦略にも、「限定核戦争論」を展開するキッシンジャーなど多くの専門家から批判が寄せられた。

１９６０年代：拡大抑止の信頼性低下と核拡散への懸念

１９６０年代に入るとミサイル・ギャップは存在せず、むしろ米国が優位であることが明らかになった。また米国で戦略核「三本柱」、すなわちICBM・SLBM（潜水艦発射型弾道ミサイル）・戦略爆撃機が出揃うと、ソ連の攻撃に脆弱なジュピターやソーは軍事的価値を失い、早くも1963年に撤去された。そしてその再保証措置の一環として、SLBMのポラリス16基を搭載した原子力潜水艦3隻が地中海に配備されることになった。(4)

1960年代を通してケネディ、ジョンソン両政権は、大量報復戦略にかわる「柔軟反応戦略」を唱導した。(5)「核の手詰まり」状況が生まれるなかで、ソ連が攻撃してきた際に米国は「自殺か降伏か」という苦渋の選択を迫られる可能性があった。これを回避するため、限定戦争から全面核戦争に至る各レベルの紛争に有効に対応できる通常戦力および核戦力を整備することで、ソ連の攻撃を抑止しようとする戦略が策定されたのである。

米国はこれをNATOでも採用することを求めたが、同盟国の反応は鈍かった。まずこの戦略ではエスカレーションを制御するために西側核戦力を一元的に統制する必要があったが、独自核を持ったばかりのフランスはこれを拒否した。また米国は通常戦力の増強を求めたが、同盟国はこれにともなう財政負担に躊躇し、さらに通常戦力を重視する米国の姿勢は拡大抑止の信頼性低下につながるのではないかと恐れた。最終的にこの戦略はNATOにおいて1967年12月に採択されることになるが、これが可能になったのは、米欧が歩み寄りをみせたことに加え、フランスが1966年にNATO統合軍事機構からの撤退を決定したことが大きかった。

またこの時期、同盟を揺るがしたのがMLF（多角的核戦力）構想をめぐる問題だった。[6] MLFは、同盟国が共同で所有する核戦力をNATO内に創設する「戦力共有方式」と呼ばれるものだった。アイゼンハワー政権末期に提示されて以降、時期により具体的な構想内容は変化するが、最終的にはポラリス8基を搭載した洋上艦艇25隻をNATOの下に置き、多国籍の乗員でこれを運用するという案が示された。米国は、核使用の権限を当面自国に集中させながら、実際の運用に同盟国を関与させることで、拡大抑止の信頼性向上と同盟内の核拡散防止を目指した。

だがMLFもまた同盟内で論争を引き起こした。西ドイツはその実現を目指したものの、フランスはこれに強く反対し、英国は消極的姿勢を示したうえで独自の構想を対案として出した。また各国内でもその参加をめぐり論争が見られた。これを受け米政権内でも見解の相違が生じた。MLFを熱心に追求したのは国務省だったが、ホワイトハウスや国防総省はこの構想に次第に冷めていった。特に国際的な不拡散体制の構築を目指すジョンソン政権にとって、ソ連が反対するMLFによって、NPT（核兵器不拡散条約）をめぐる米ソ交渉が行き詰まりをみせたことは問題だった。

この結果、MLFをめぐる議論は停滞し、代わりにマクナマラ米国防長官を中心に模索され、同盟国の支持を集めたのが、NATOの核政策立案や使用計画の策定に同盟国を関与させる「政策協議方式」だった。[7] そして最終的にMLF構想は放棄され、後者は1966年12月のNPG（核計画グループ）創設につながった。

NPGでは、米国から同盟国に対して戦略バランスなどに関する報告が行なわれ、柔軟反応戦略をめぐる各国の認識のズレを埋める作業が進められた。そして初期の成果として米英独を中心に策定されたのが、この戦略で曖昧になっていた戦術核をどういう条件下で、いかに用いるかという初期使用の基準に関する政治指針だった。西ドイツはNPGを通じて同盟の核政策に一定の影響力を及ぼしていることに満足するようになった。そして国内では激しい議論がみられたものの、1969年11月にはNPTに署名した。こうして拡大抑止の信頼性と同盟内での核拡散をめぐる問題はいったんの解決をみたのである。

1970年代：パリティの成立とその影響

1970年代に入る頃、戦略環境に大きな変化が訪れた。ソ連がキューバ危機での屈辱を晴らすべく核軍拡に邁進したことで、米ソ間には戦略核「パリティ（均衡）」が生まれつつあった。それにもかかわらず、米国内ではベトナム戦争の泥沼化によって孤立主義的な雰囲気がみられ、国防費や在外兵力の削減を求める声が高まっていた。

こうしたなか1969年に発足したニクソン政権は、対ソ・デタント外交を展開し、1972年5月にはSALTI（第一次戦略兵器制限条約）を締結した。これはICBMやSLBMの発射台に上限を課す「戦略攻撃兵器制限暫定協定」と、ABM（弾道弾迎撃ミサイル）の配備基地と配備数を制限する「ABM条約」からなっていた。だが暫定協定では期限が設けられ、MIRV（個別誘導複数弾頭）などへの制限も加えられなかったため、1972年11月から米ソは包括的な協定を目指してSALTⅡ（第二次戦略兵器制限交渉）を開始し、1974年11月にはその取り決めについて大枠で一致をみた（「ウラジオストク合意」）。このように米国は1970年代をとおして戦略核パリティを制度化し、戦略的安定性を追求したのである。

他方、ニクソンは、パリティが米国の拡大抑止にもたらす問題について、「戦力」と「運用」の両面から理解していた。

第一に「戦力」面への影響だが、まず問題になったのが米議会の在欧米軍削減要求である[8]。パリティによって通常戦力の重要性が相対的に高まったが、NATOはこの面で依然として劣勢だった。それにもかかわらず議会は在欧米軍の大規模削減を求め、同盟国では見捨てられる不安が高まった。これに対してニクソン政権は議会の要求を退け、兵力を現状規模で維持することを決定するとともに、同盟国には通常戦力の増強を求めた。在欧米軍を減らせば、戦略的にはソ連の攻撃を誘発するかもしれず、政治外交的にはデタントに前のめりになる西欧が中立化する恐れがあったからである。そして兵力を削減する際は一方的に行なわず、東側との交渉を通じて行なうとの方針が打ち出され、1973年からNATOとWTOの間ではMBFR（中欧相互兵力削減）交渉が始まった。交渉はすぐに停滞するが、ニクソン政権はこうした措置をとることで、同盟国に安心を供与するとともに、議会の要求をなんとか抑えた。

また、SALTではソ連のTNF（SS－4、SS－5、中距離爆撃機）が放置されたため、戦略パリティが生まれても、戦域レベルは不均衡なままだった。これに対して米国は1971年に、ポラリス原潜に代えて、命中精度の高いMIRV化されたSLBMポセイドン（150発の再突入体）を搭載した原潜をNATOに割り当て、1976年には250発の再突入体を追加する措置をとった。[9]

第二に、パリティは「運用」面にも暗い影を落としていた。米国はSALTを通じてMAD（相互確証破壊）状況を固定化したが、そもそもニクソンはMAD概念を嫌悪しており、この状況から抜け出す方策を模索した。ニクソンは大統領就任直後、柔軟反応戦略があるにもかかわらず、ソ連との間で危機が生じた際に、自らが持つ選択肢が核優位の時代につくられた大規模核攻撃という一択に限られていることを知って衝撃を受けた。ニクソンからすれば、「柔軟反応戦略なんてまやかし」で、「NATOへの核の傘など存在しないも同然」だった。[10]

そこで1974年1月、新たな運用政策として「シュレシンジャー・ドクトリン」が採用された。[11]ここではまず核の最大の目的は抑止にあるが、抑止が破れた際には、米国と同盟国にとって受け入れ可能なかたちで早期に紛争を終結することが確認された。そしてこれを実現するにはエスカレーションを制御する必要があり、そのためには幅広いオプションを用意して、核を柔軟かつ限定的に運用する必要性が説かれた。

この指針は戦域での限定核使用を強調していたため、「核の敷居」の低下や「デカップリング」に対する不安を惹起することが想定された。そこで米国は、柔軟性を得たことでむしろ抑止力は強化されると説明し、戦略核と西欧防衛が「カップリング」されていることを強調した。また、これが既存の政策からの「転換」ではなく「進化」であり、既存の柔軟反応戦略とも矛盾しないと述べ、1960年代の経験から戦略の変更に敏感な同盟国との論争も回避した。

こうしたなか1974年夏に誕生したフォード政権では、シュレシンジャー国防長官率いる国防総省を中心に、欧州に置かれていたTNFの近代化計画が練られた。[12]この時期、欧州には7000発を超える核が存在したが、多くは老朽化し脆弱だった。巡航ミサイル技術が進展し、ニクソン政権下でその開発が始まったこと、また運用面で限定的な核使用が組み込まれたことから、脆弱な核を大量に置き続けるのはリスクだった。そこでシュレシンジャーを継いだラムズフェルド国防長官は、1976年からNPGにおいて核弾頭や航空機の削減を含むTNFの近代化について同盟国との議論を開始した。

他方、国務省は、TNFの削減が同盟国の信頼を損ねることを危惧し、計画に消極的だった。実際西ドイツからは、米国が近代化という名の下で大量の核弾頭や運搬手段を一方的に撤去しようとしているのではないかという疑念とともに、「デカップリング」への不安が示された。このようにSS‐20が登場する前から、すでにNATOではTNFの近代化をめぐる議論は静かに始まっていたのである。

ソ連のＳＳ‐20配備と「グレーエリア問題」

配備決定の背景

１９７０年代前半は「デタントの時代」として記憶されるように、東西関係が大幅に改善した時期だった。それでもソ連の軍拡は止まらず、１９７６年には新型中距離核ミサイルＳＳ‐20の配備が始まった。

ＳＳ‐20の特徴は、まず固定燃料を搭載した移動式ミサイルだったため、即応性や残存性の面で優れていた。次に命中精度が飛躍的に向上し、さらにＭＩＲＶ化されていたため、弾頭数が大幅に増強された。

そしてＳＳ‐20の射程は５０００〜５５００キロメートルで、西欧全域や日本を射程に収める一方、アラスカを除く米本土には届かなかった（図２参照）。それゆえこれは西欧や日本にとって「戦略」的な意味を持ったが、米ソ間では「戦域」戦力だったため、既存のＳＡＬＴおよびＭＢＦＲ交渉では規制できなかった。こうしてＳＳ‐20は、戦略レベルでも通常レベルでもない「グレーエリア問題」として注目され、のちに「ユーロ・ミサイル危機」を引き起こすことになった。[13]

ソ連はどのような過程を経てＳＳ‐20の配備に踏み切ったのだろうか。当時の政策決定過程を分析

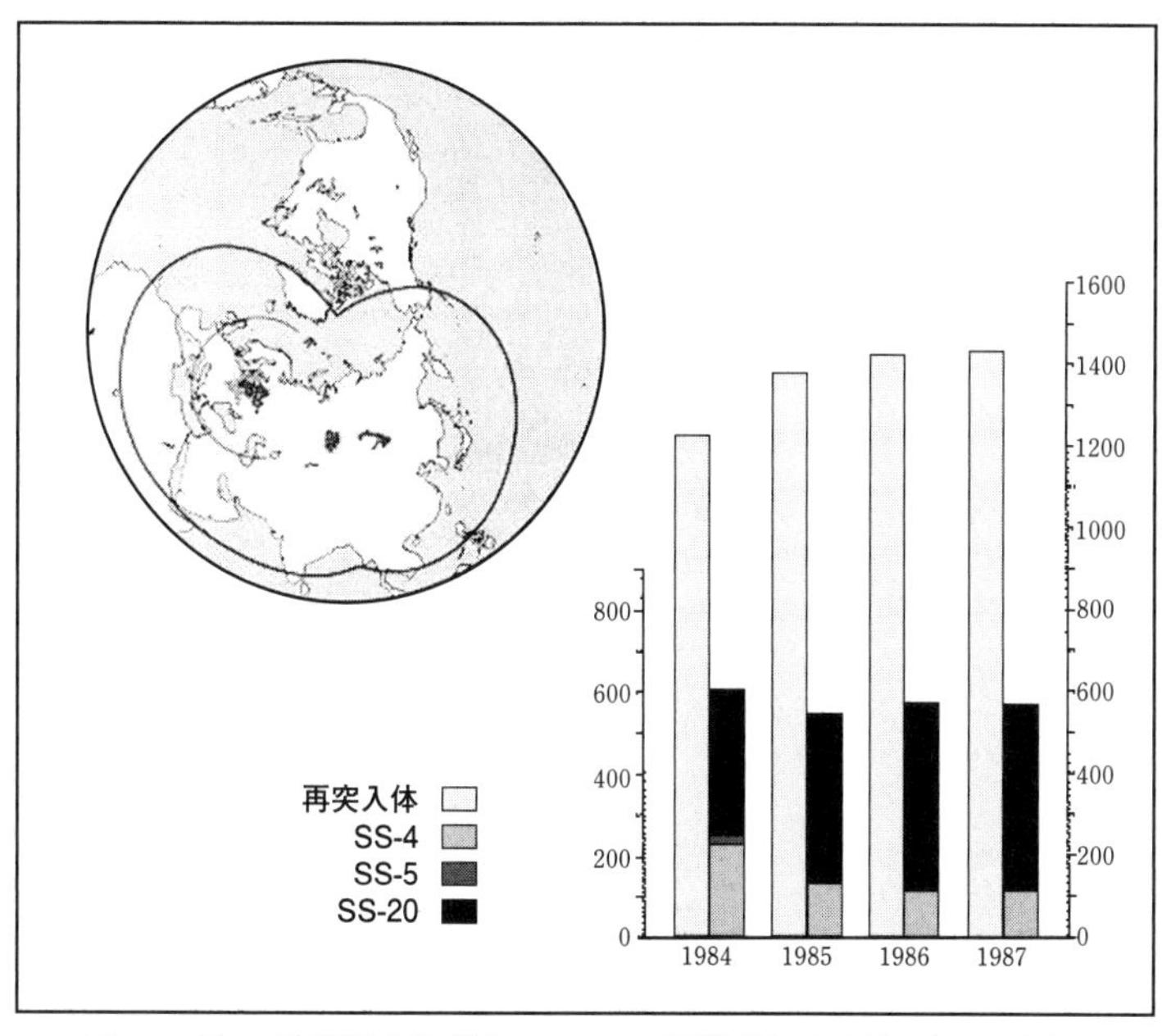

図2 ソ連の長射程中距離ミサイルの配備状況と射程（1987年）

出典：The Department of Defense (Defense Intelligence Agency), *Soviet Military Power 1987* (USGPO, 1987), https://fas.org/irp/dia/product/smp_87_ch2.htmをもとに作図。

した近年の研究をまとめると以下のようになる。[14] 第一に、この配備はソ連指導部の中でも限られたメンバーで決められた。第二に、政治局ではこれがもたらす政治的・戦略的な影響について十分な検討がなされなかった。そして第三に、ブレジネフ書記長の決定に大きな影響を及ぼしたのが、党中央委員会書記（軍需産業担当）を長く務め、1976年に国防相に就任したウスチノフだった。その経歴から明らかなように彼は軍産複合体との関係が深く、ゴルバチョフは回顧録で、この決定は「軍産複合体の圧力で実施された」と指摘している。[15]

ではなぜソ連はその配備を進めたの

か。これについても複数の要因が指摘されている。第一は軍事的要因で、発射に時間がかかり、命中精度で劣るSS－4やSS－5の近代化を軍部が望んでいたことである。第二はウスチノフが強調したとされる戦略的要因で、西側が柔軟反応戦略を採用するなかで、ソ連がSS－20を大量に配備して戦域レベルで優位に立ち、西側の核使用（エスカレーション）を思いとどまらせるという狙いがあった。

しかしこれらの要因では、なぜブレジネフがその配備を認めたのかについては十分に説明できない。そこで重要になるのが以下の国内要因であろう。ソ連はSALTで英仏の核戦力や米国のFBS（前方配備核システム）を規制しようとしたが、米国がこれを認めなかったため、ブレジネフは米国との合意を優先し、その制限を後回しにした。これに対して軍部や保守派など一部勢力から不満が噴出し、これを抑えるためにブレジネフは、彼らが求めるSS－20配備を承認したという説明である。

どの要因が政策決定過程でより重みを持ったかについては、今後の史料公開を期待するしかないが、いずれにせよSS－20はソ連が想像していた以上の反発を西側で引き起こしたのである。

SS－20をめぐる二つの評価

NPGではTNFの近代化をめぐる議論が始まっていたが、そこにSS－20をめぐる議論が加わった。SS－20はこれまでの脅威の性質を一変させるのか、そしてNATO抑止態勢にいかなる影響を及ぼすのか。こうした論点をめぐり同盟内では二つの議論が展開された。(16)

第一は、パリティ下においてSS‐20が配備されたことで、米国の拡大抑止の信頼性が低下するという評価で、主に米欧の戦略コミュニティ、米国防総省、そしてNATOや西ドイツでみられた。まず、そもそも不均衡だった戦域レベルに新たな戦力が加わったことで、そのバランスが大きく東側に傾くことが問題視された。そしてソ連が西欧を攻撃しても、米国は報復を恐れて戦略核の使用をためらうのではないかという「デカップリング」への不安も再浮上した。またソ連がこの状況を利用して、西欧諸国に対して政治的に恫喝してくることも危惧された。とりわけこの問題に敏感だったのが、東西対立の最前線に位置し、NPTへの参加によって安全保障面での対米依存がより高まっていた西ドイツである。西ドイツは戦域レベルを「ユーロ戦略バランス」と呼び、その不均衡を是正する手段として、TNFを対象とする軍備管理交渉や、巡航ミサイルなどの新型システムに期待を寄せた。

第二は、SS‐20は確かに軍事的脅威だが、米・NATOの抑止力に大きな影響はなく、「デカップリング」も生じないという評価である。これは米国務省やフォード・カーター両政権の中枢でみられた議論である。そもそもNATO抑止態勢は、通常戦力、戦域核戦力、戦略核戦力の「三本柱」からなっていた。そして戦域レベルの不均衡は1963年のIRBM撤去以来、常に存在しており、西欧はこれまでもソ連のIRBMの射程内にあった。それでも米欧を「カップリング」させる努力（SLBM原潜や核搭載航空機の前方配備）を通じて抑止力は担保されてきたし、MLF構想やNPGはこうした問題への措置でもあった。確かにSS‐20は移動式だったために捕捉が困難だったが、米国が確証破壊能力を保持し続けている以上、ソ連は耐え難い報復のリスクを犯してまで攻撃してくるとは考えにくかった。こうした観点からすれば、戦域バランスに焦点を当てることは、むしろ柔軟反応戦略の論理を弱め、「デカップリング」の印象を与える恐れがあった。なお、「ユーロ戦略バランス」という概念には、前記の理由に加え、自国の核戦力がそこに含まれることから英仏両国も反発していた。

こうしてSS‐20をめぐる評価が割れるなか、フォード政権下の米国は後者の立場から、柔軟反応戦略のもとNATO「三本柱」によって十分な抑止力が提供されており、戦域バランスのみに注目して議論することは危険だと同盟国に伝えた。また、西ドイツが関心を示す巡航ミサイルや軍備管理交渉も必要なしとの立場を示した。こうした米国の姿勢は、次節でみるように1977年にカーター政権が誕生した後もすぐには変わらなかった。

カーター政権の消極的姿勢

カーター政権では1977年8月に国防戦略の基本方針が定められたが、ここではまず戦略核レベルでは引き続きソ連とのパリティを維持することが確認された。また柔軟反応戦略を継続し、NATO「三本柱」に基づいて欧州での抑止・防衛を追求していくことも合意された。[17]

カーター政権にとってNATO政策の喫緊の課題は、「グレーエリア問題」ではなく、通常戦力の近代化だった。1960年代以降、WTOが通常戦力の質的向上を図り、攻撃的態勢をみせるなか、NATOの通常戦力には多くの欠陥がみられた。そこで同年5月のNATO首脳会議では米国主導のもと、1980年代に向けてNATO抑止・防衛態勢を強化するための「長期防衛計画」を練っていくことが決まった。そして翌週のNATO防衛計画委員会では、通常戦力増強のための9つのタスクフォースが作られ、加盟国の国防費も実質年3パーセントずつ増やしていくことになった。

他方、カーター政権はSALTを通じて、1970年代半ばから退潮していたデタントの再活性化を図った。(18) だが米国の交渉姿勢に同盟国は不安を感じざるを得なかった。特に1974年のウラジオストク合意以来、争点になっていた巡航ミサイルの規制を取引材料としてソ連に差し出すことを恐れていた。巡航ミサイルはSS-20への対抗措置として一部で期待されていたが、カーター政権はこのミサイルの問題点を挙げ、その期待値を下げようとしていたからである。実際、米ソは1981年末を期限とする議定書を作成し、射程600キロメートル以上のGLCMおよびSLCM（海洋発射型巡航ミサイル）の配備を3年間禁止することにした。議定書は期限付きで、さらに飛翔実験が認められたことは同盟国にとって安心材料となったが、問題は、米国がソ連との妥結を急ぐあまり同盟国の利益を犠牲にしているように映ったことだった。

こうしたなか1977年10月、西ドイツのシュミット首相は、のちに「二重決定」の起源として記憶されることになるロンドン演説を行なった。(19) シュミットはSALTを支持しつつも、パリティが成立するなかで、欧州の戦域・通常レベルの不均衡がより深刻な意味を持つようになったと警告し、すべてのレベルで均衡を維持すべきだと訴えた。そして柔軟反応戦略下で抑止を機能させるためには、西側が大規模軍拡を行なうか、WTOとともに軍事力を削減し低いレベルで均衡を保つかという選択しかなく、彼は後者を優先すべきだと述べた。パリティ下における戦域不均衡の解釈をめぐる議論は水面下で続いていたが、米国の「核の傘」を公に問題にしたこの演説がきっかけで、「グレーエリア問題」は広く注目されることになった。

だがカーター政権は前政権と同じく、NATO「三本柱」によって抑止可能と判断しており、「カップリング」を強調することでその懸念を払拭しようとした。ただし問題への関心が高まるにつれ、米国としてもこれを放置することはできなくなった。そこで1977年10月にはNPG内に、米国防次官補が議長を務める「HLG（ハイレベルグループ）」が新設された。HLGでは、各国代表がSS‐20への対応やTNFの近代化について自由に意見交換を行ない、各国政府に向けた勧告を準備していった。

「二重決定」をめぐる同盟政治

中性子爆弾問題をめぐる失敗

米国で「グレーエリア問題」に関する包括的検討が始まるには、1978年半ばまで待たねばならなかった。政権の関心が相対的に低かったことに加え、1977年6月に同盟を揺るがす問題が突如発生したからである。それは、中性子爆弾と一般的に呼ばれるERW（放射線強化弾頭）の製造・配備をめぐる問題だった[20]。

ERWは、短距離ミサイルに搭載して戦場で用いることを想定した戦術核の一種である。これは放射線の中でも透過力の強い中性子線を放出するため、殺傷能力が高い一方、従来の核兵器に比べて核爆発による爆風、熱線、放射性降下物が抑えられていたため、民間人や建造物への巻き添え被害を減らすことができた。それゆえWTOの戦車部隊に対抗する上で有効な兵器だと考えられた。また低出力ゆえに従来の核よりも使いやすいと敵に認識させることで、通常戦争に対する抑止が強化されるという期待もあった。ERWの開発やその効果をめぐる議論は1970年代初めからNATOでも秘密裏に行なわれており、1976年にはこうした能力をNATO諸国が保有する意義が認められていた。

だが、1977年6月に『ワシントン・ポスト』紙が、エネルギー研究開発庁の予算にERWの製造資金が密かに含まれていることを報じ、続いて西欧のメディアもこの問題を取り上げると、この兵器に対する世論の関心が一気に高まった。メディアがERWを「建造物を温存し、人のみを殺傷する兵器」と表現したことで、非人道的なイメージが広まり、西欧諸国では反核運動が広がった。特に配備が想定された西ドイツでは、ブラント前首相の側近で、与党の重鎮だったバールが反対論を展開したこともあり、激しい反発がみられた。そしてソ連はこの状況を利用し、「西側世論の恐怖心を煽ることで、米国に配備を断念させようとしたのである。

カーター大統領はこの予算について事前に知らされていなかったが、7月には製造資金の承認を議会に呼びかけた。他方、各国で反発が生じるなか、カーターが製造を承認する上で気にかけたのが、世論と同盟国の対応だった。9月に米国は配備受け入れに対する立場を表明するよう同盟国に求めたが、各国とも国民の理解を得るには時間を要するとしてその要請に慎重な立場をとった。これを受けてカーターも、同盟国の支持がないなかで製造は開始できないとして決定を先延ばしにした。

その後、11月に米国では三つの方針が固められた。第一に、米国はERWの製造を進めるということ、第二に、その条件として同盟国から配備への支持表明を得るということだった。そして第三に、すでに問題になっていたSS-20をソ連が配備しなければ、米国もERWを配備しないという方針が立てられた。この段階でカーター政権内にはすでにのちの「二重決定」にみられる発想が生まれていたのである。

米国はこの方針をもとに同盟国との協議を再開し、配備への同意を取り付けようとした。しかし、鍵となる西ドイツは、配備にともなう政治的コストを同盟全体で共有するため、欧州大陸のほかの同盟国にも配備することを求めた。そこでオランダやベルギーが候補となったが、反核運動が盛り上がりをみせるなか、不安定な政権運営を余儀なくされていた両国政府にとってこれを受け入れることは難しかった。

1978年に入り、事態打開に向けてさまざまなレベルで米欧協議が行なわれた。その結果、米国が製造の決定を発表するとともに、ソ連にSS‐20との取引を呼びかけ、その後、同盟国が米国の立場を支持していることをNATOが発表するというシナリオでなんとか合意をみた。これにより3月半ばにはこのシナリオを行動に移す手はずも整えられた。

しかし、ここで待ったをかけたのがカーター大統領だった。カーターは、ERWへの反発が依然として強く、同盟国からの積極的な支持がないなかで製造を進めることはできないと判断した。米国だけが非難されるのを恐れたのである。大統領の側近たちは、配備を同盟国に要請しながら突然政策を転換すれば、米国や大統領に対する信頼が著しく損なわれることになると警告し、大統領に繰り返し再考を促した。しかしカーターの決断は覆らず、4月には製造計画の延期（事実上の中止）が発表された。

配備に躊躇していたオランダなどの同盟国はカーターの発表に安堵したが、問題はその一方的な政策転換により、米国の行動が不確かで一貫性がないという認識が強まったことだった。同盟国、特に西ドイツのシュミットからすれば、米国の方針にあわせて国内を説得してきたにもかかわらず、米国によって梯子を外されるかたちとなった。この結果、米欧関係（特に米独関係）は悪化し、欧州におけるカーター、そして米国の指導力に対する信頼は失墜した。そしてこの経験が、「グレーエリア問題」に対する米国の姿勢を大きく変えていくことになる。

政策の転換と信頼性回復の試み

ＥＲＷ問題に一応の決着がついた後、米国にとって重要な課題となったのが、いかに欧州で信頼を回復するかであった。この政治的な目的を達成するため、カーター政権はようやく「グレーエリア問題」に本腰を入れ始めた。

１９７８年3月、ＨＬＧからは、欧州のＴＮＦを近代化し、より長射程の能力を保有する必要性が勧告されていた。しかし、カーター政権はそれまでこの問題について包括的検討を行なっておらず、いかなる方針も決まっていなかった。こうした状態で同盟国との協議に臨めばその対米不信は高まる一方であり、とりわけＥＲＷ問題の直後の時期においてこの問題は慎重に扱っていく必要があった。[21]そこでようやく政権内では包括的検討が始まり、同年夏には以下の暫定的方針が立てられた。[22]

第一は、従来どおり戦略核の役割やＮＡＴＯ「三本柱」による抑止・防衛態勢を変更せず、その重要性を繰り返し強調するという方針である。しかし、再保証を繰り返すだけではもはや同盟国の懸念は収まらず、ＥＲＷ問題で失墜した信頼の回復にもつながらないと判断し、第二の方針としてＴＮＦの近代化を支持する方針を固めた。ただしその規模については、ソ連に匹敵するほど増強する必要はなく、「限定的増加」で具体的な検討を進めていくことになった。その理由は、まず米国がＴＮＦを大幅に増強すれば、逆に戦略核を使用する意図がないと同盟国に疑われる可能性があったからである。またソ連との軍拡競争を回避したいという思惑や、通常戦力のために必要な資源を割きたくないという財政的考慮もあった。

またカーター政権では、反核運動が広がる西欧諸国の国内情勢を考慮すれば、軍備管理交渉なきTNFの近代化は非現実的だと考えられた。他方、交渉のみを求めても、すでにSS‐20を配備しているソ連はこれに応じないことが容易に想像できた。ソ連を交渉のテーブルにつかせ、議論を有利に進めるには、TNFの近代化とその配備計画に現実味をもたせる必要があった。そこで第三の方針である、軍備管理交渉が近代化の「補完であって代替ではない」という原則が立てられた。こうしてカーター政権は、「同盟の政治的・軍事的利益を調和させる唯一のアプローチ」として、近代化と軍備管理交渉の双方を追求する暫定方針を定めた。

1978年秋以降、米国はこの方針をもとに同盟国との協議を開始した。この時期の目的は、早急にNATOとしての合意を得ることではなかった。カーター政権は、まず時間をかけて協議を行ない、同盟国の懸念にしっかりと耳を傾けるとともに、米国の方針を示して同盟国の出方を見極めようとした。そして米国が最終的な決定を下す際に、同盟国から支持が得られるような環境を作り上げようとした。他方、慎重に協議を進めながらも、カーター政権は、問題解決に向けて米国が主導的な役割を果たし、指導力を発揮していくことを強調した。こうした姿勢はERW問題の失敗から学んだ教訓に基づいていた。

協議を通じて明らかになったのが、近代化と軍備管理交渉について同盟国の間でも温度差がみられるということだった。

たとえば英仏両国はＴＮＦの近代化に積極的だった。[23] フランスは、ＳＳ‐20の影響を深刻に捉える西ドイツの中立化を恐れ、米国が近代化を通じて安心を供与すべきだと主張した。フランスはＳＳ‐20が欧州の軍事バランスを一変させるとはみていなかったが、米国の不確実性が増すなか、米国が近代化を通じてその決意を示すことで、シュミットが投げかけた問題を抑える必要があると考えていた。また英国も同様に西ドイツほど深刻な不安を抱いていなかったが、近代化によって米欧の「カップリング」が強化されるとみていた。他方、両国はＴＮＦを対象とした新たな軍備管理交渉には積極的意義を見いだせずにいた。自国の核戦力が規制される可能性があり、また特定の核システムに焦点を当てて交渉を行なうことが「デカップリング」につながりかねなかったからである。さらに交渉によって近代化が遅れることは両国にとって問題だった。

他方、西ドイツは近代化の必要性を認めながらも、国内情勢に鑑みて軍備管理交渉をより重視する姿勢を示した。[24] シュミットは協議の内容が具体化してくるとジレンマに直面した。米国にＳＳ‐20への対処を求めてきたが、反核運動が起こるなかで近代化のみが実施されれば、政権基盤が揺らぐ可能性があった。それゆえ、近代化と軍備管理交渉を同時に追求し、西ドイツだけがミサイルの配備先とならぬよう「非単独配備」の原則を求めるとともに、「非使用者」の立場(「二重鍵」方式で運用しないこと)を強調した。

こうしたなか1979年1月には、カリブ海のグアドループで米英仏独4か国首脳の間で会談が持たれた。[25] ここでも各国が重視する点で立場の違いが見られたものの、最終的には、TNFの近代化と軍備管理交渉を同時に追求するという、のちの「二重決定」につながる大枠方針について合意をみた。またNATOでは1979年に入り、この問題が同盟の連帯と意思を試す重要なケースになるとの認識が広がっていった。[26] そして西ドイツの提案で、4月にはNATO内に「SG(軍備管理およびそれに関する諸問題についての特別グループ)」が設置された。HLGに続いてSGでも米代表(国務次官補)が議長を務め、軍備管理交渉の目的や原則についての協議が始まった。

1979年を通じて行なわれた米欧協議、そしてHLGやSGでの作業を踏まえて、米国は近代化と軍備管理のあり方について以下の具体案を作成し、同盟国に提示した。[27] 政権内では、米国が主導的役割を引き受けることを誓約した以上、ERW問題のような失敗は許されず、指導力を発揮してNATOで合意を達成する必要があると強く認識されていた。

まず近代化については、在独米軍に配備されていた108基の短射程TNFパーシングIA(最大射程740キロメートル)を同数のパーシングII(射程1800キロメートル)に置き換えるとともに、464基のGLCM(射程2500キロメートル)を西ドイツ(96基)、英国(160基)、イタリア（112基）、オランダ（48基）、ベルギー（48基）に配備することになった。

いずれもソ連を狙える単弾頭型の移動式ミサイルで、命中精度や残存性も高く、威力可変型の核弾頭を搭載できた。パーシングⅡはモスクワには届かないものの、ソ連の防衛網を突破する能力や、即時攻撃が必要な目標に対する攻撃能力を有し、一方でより安価に取得できるGLCMはパーシングⅡより長射程ゆえに配備先が増えるとともに、さまざまな目標を狙うことができると期待された。これらが組み合わされたのは、①リスクの分散、②運用上の柔軟性確保、③ソ連の戦略的計算の複雑化という目的があった。また分散配備になったのは、西ドイツの「非単独配備」の要求を満たすとともに、多くの同盟国が負担やリスク、そして利益を共有することで、NATOの結束を打ち出すためだった。そして西ドイツが「非使用者」の立場を求めたこともあり、従来の核共有やMLF構想とは異なり、いずれのミサイルも米国が単独で運用することになった（図3参照）。

またその規模（合計572基）については、米国の暫定方針にあった「限定的増加」とHLGから勧告された「200～600基」という基準に沿っていた。米国が得ていた情報によると、1979年11月末の時点でソ連はSS‐20だけで621個の核弾頭を有していた。ソ連を軍備管理交渉に関与させるには「形だけ」の増強では不十分であり、ソ連と「同規模」まで増強すれば戦略核の信頼性が低下する可能性があった。通常戦力から戦略核に至るエスカレーションラダーのギャップを埋めるために必要な規模として算出されたのがこの数字だった。

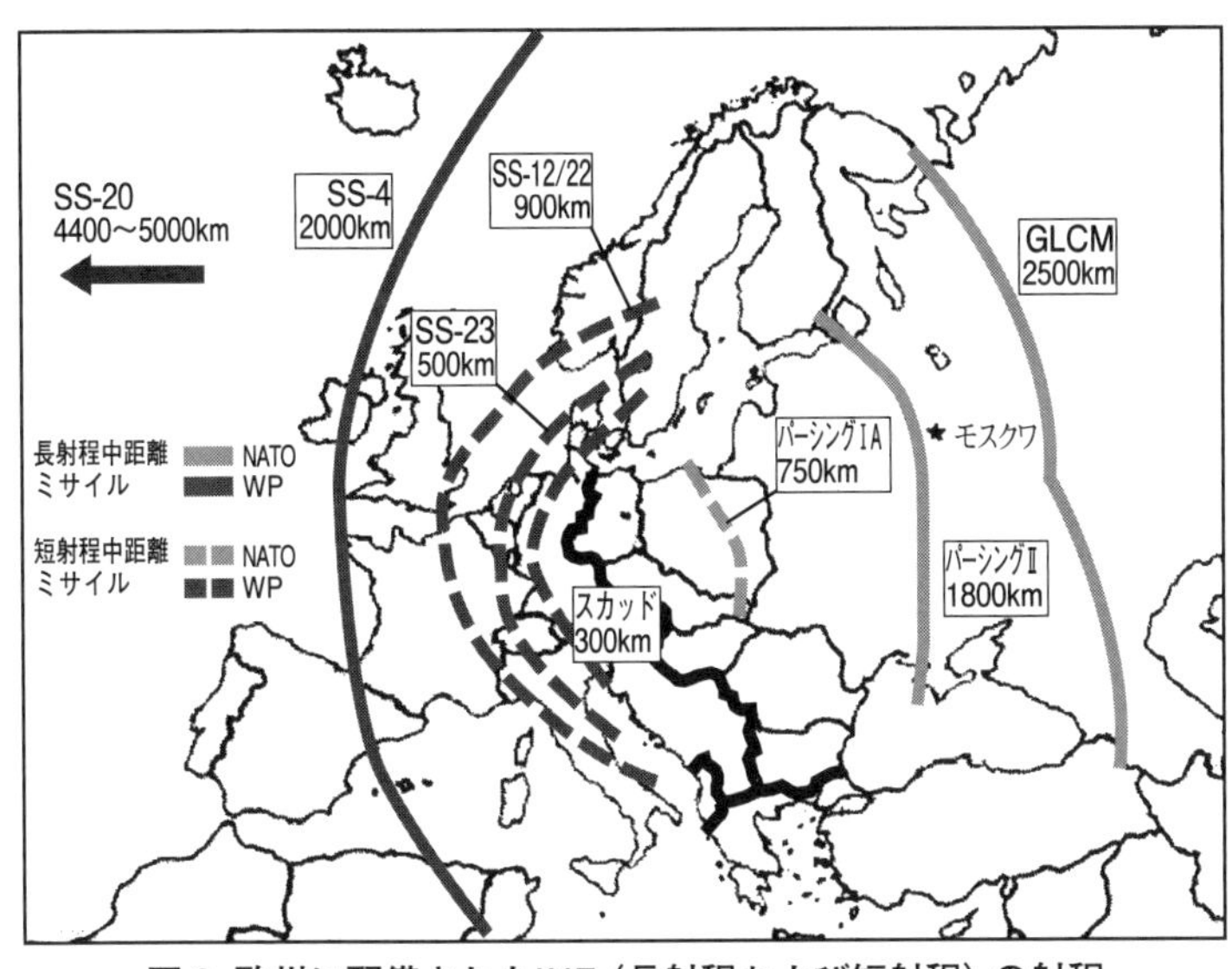

図３ 欧州に配備されたINF（長射程および短射程）の射程

出典：NATO, "NATO Declassified: NATO and Warsaw Pact: Force Comparisons," https://www.nato.int/cps/en/natohq/declassified_138256.htm
※NATOで1980年代に作成され、機密解除後、NATOのホームページで公開されている図・データをもとに作図。

他方、軍備管理については、米ソの長射程ＴＮＦを制限するための二国間交渉をＳＡＬＴの枠組みで行なう方針が定められた。英仏はそれまで交渉への懸念を示してきたが、その対象が米ソの核戦力に限定されたことで、この方針にも乗ることができた。

こうした具体案は、英独をはじめ多くの同盟国から支持を得た[28]。特に単独配備を避けたい西ドイツにとって、イタリアが配備受け入れに動いたことは安心材料となった[29]。そして西ドイツの支持は米国にとって重要だった。シュミットとカーターは互いが果たしてきた主導的な役割を称え合い、１９７９年12月のＮＡＴＯ合意に向け協力していくことを確認した。[30] 一方、配備先となっていたオランダやベルギー、またそもそも平時における自国領土への核配備を許していなかったノルウェーやデンマークといった国は、反核運動の盛り上がりを受けて、配備の受け入れや12月の合意および発表に逡巡していた。

米欧協議が最終局面を迎えるなか、ソ連は平和攻勢を強めた。[31] ブレジネフは10月の東ベルリンでの演説で、2万人の兵力と1000両の戦車を東ドイツから一方的に削減するとともに、米国がTNFの配備をやめれば、ソ連西部のTNFを削減した上で、軍備管理交渉に臨む用意があると発表した。またグロムイコ外相は11月のボンでの記者会見において、NATOの動きを非難した上で、西欧への配備によって東西交渉は終焉を迎えるだろうと脅しをかけた。

だがNATOの結束がこれで揺らぐことはなかった。ソ連の呼びかけは同盟を分断するための策動にすぎないと判断され、むしろ同盟国が一体となってその決意を早期に示す必要があるという認識が強まった。そして米独英は、12月の合意および発表に消極的な国に対して、配備数の変更や発表延期は同盟の一体性や安全保障を著しく損なうことになると繰り返し説いた。それと同時に、こうした国への配慮として、最終的な配備の規模は交渉の結果次第という立場がとられることになった。

さらに米国は1000個の核弾頭を欧州から一方的に撤去することを決めた（その後1983年10月に1400個の追加削減を発表）。米国は、以前から検討していた核弾頭の削減を、近代化や軍備管理交渉と同時に発表することで、近代化によりNATOの核依存が進むわけではないということを世論に向けてアピールしようとした。[32] この結果、オランダやベルギーも、配備に関する最終的な決定権を留保するという条件でNATOの合意に加わった。[33] こうして1979年12月12日、ブリュッセルで開かれたNATO外相・国防相特別会議では前記の内容を含む「二重決定」が発表されたのである。[34]

INF交渉からINF条約へ

交渉開始と争点

TNFの制限をめぐる米ソ間の予備協議は1980年10月半ばから始まった。[35] しかし、この時までに米ソ・デタントは崩壊していた。「二重決定」発表から2週間後にソ連がアフガニスタンに侵攻すると、米国では1979年6月に締結されたSALTⅡの批准が延期されることになった。さらに、予備協議の最中に行なわれた米大統領選挙で、デタント外交やSALTに批判的だったレーガンが勝利したことで、軍備管理交渉の先行きはますます不透明になった。

1981年1月、「強い米国の復活」を掲げて大統領に就任したレーガンは、核軍拡を含む軍事的再建に着手するとともに、軍備管理政策の見直しを進めた。論点の一つとなったのが「二重決定」である。[36] 当時この決定は、政権内外のリベラル派、保守派の双方から批判されていた。前者は、抑止力の強化や米欧「カップリング」のためにTNFの近代化は不要だと考えており、後者は軍備管理に懐疑的で、得られる利益に対して新たな戦力を開発・配備するコストが高すぎると批判していた。他方、大西洋主義者は米国の政策転換が同盟関係に悪影響を及ぼすことを恐れた。こうしたなか政権内では、「二重決定」の遵守、とりわけTNF交渉の開始をめぐって、パール国防次官補のような保守派とヘイグ国務長官のような大西洋主義者の間で激しい議論が展開された。結局、レーガンは2月に「二重決定」を維持する意向を示したが、SALTⅡ批准の見通しが立たないなか、交渉はSALTとは別の枠組みで行なわれることとなった。

他方、レーガンは11月末に始まる交渉に先立ち、パールの助言を採用して「ゼロオプション」と呼ばれる方針を示した。[37] これは「ソ連がSS-20、SS-4、SS-5をすべて廃棄すれば、米国もパーシングⅡおよびGLCMの配備を撤回する用意がある」というものだった。なおこれ以降、TNFにかわって「中距離(Intermediate-range)」核戦力(INF)という呼び方が一般的になった。

1981年11月30日から始まったINF交渉は以下の理由からすぐに停滞した。[38] 第一に、米ソ間で現状の戦域バランスをめぐる解釈に大きな隔たりがあった。米国は、米ソの地上発射型INFに注目し、バランスがソ連有利にあるとみていた。一方のソ連は、英仏核戦力やFBSも算入していたため、戦域レベルはすでに均衡状態にあるとみていた。第二に、この違いは両国の交渉姿勢にも表れた。米国の立場は、まず地上発射型LR(長射程)INFを全廃し、その後、欧州のSR(短射程)

ＩＮＦやその他の核システムを扱っていくというものだった。他方、ソ連からすれば、米国がＩＮＦを新たに配備することは現状の均衡を崩すことになるため容認できず、それゆえ現状を凍結した上で、地上発射型ＬＲＩＮＦに加えて、英仏核戦力や米国の海空戦力も交渉に含めるべきとの立場が示された。そして第三に、地理的範囲についても、米国が「グローバル」な削減を求めたのに対し、ソ連はアジアにすでに配備していたＩＮＦを対象外に置くため「欧州」に限定しようとした。

両者の溝が埋まらないなか１９８２年半ばには、米ソの交渉団を率いるニッチェとクヴィツィンスキーの間で交渉打開に向けた妥協案がつくられることもあった[39]。これは、彼らが散歩を重ねて練られたことから「森の中の散歩」案と呼ばれている。それは、①欧州のＩＮＦ発射機の上限を75両とし、ソ連はＳＳ‐20を、米国はＧＬＣＭのみを配備する、②弾頭数の上限を米国が３００個（1発射機あたり4基の単弾頭ミサイル）、ソ連が２２５個（1基のミサイルに3個の核弾頭）とする、③アジアのＳＳ‐20は現状で凍結するという内容だった。しかし、この案はワシントン・モスクワの双方で受け入れられず、日の目をみることはなかった。

そもそも米ソともに妥協の必要性をあまり感じていなかった。米国としては、交渉のテコがないなかで、ソ連が「ゼロオプション」を飲まないのは想定内で、だからこそ西欧へのＩＮＦ配備が重要だった。他方、ソ連は、米欧諸国で反核運動が拡大していくなかで西側が配備を断念することに期待した。そして西側世論を意識して、米国がＩＮＦを配備すれば、対抗措置として新型ＳＲＩＮＦを東欧に配備せざるを得ないと脅したり、交渉姿勢を軟化させたりと硬軟織り交ぜた外交を展開した。

１９８３年に入ると交渉はさらに混迷を極めた。3月にレーガンがソ連のミサイル脅威を無力化するためのＳＤＩ（戦略防衛構想）を打ち出したことで、ソ連の態度は硬化した。また9月には大韓航空機がソ連空軍機によって撃墜され、11月にはＮＡＴＯが核戦争を想定して行なった軍事演習「エイブル・アーチャー」に対してソ連が最高度の警戒態勢をとるなど、米ソの緊張を高める事件が相次いで起こった。そしてＩＮＦ交渉も暗礁に乗り上げるなか、１９８３年11月、ついに米国は「二重決定」に基づき、英国、西ドイツへのＩＮＦ配備を開始した。これに対して、ソ連は再開の日取りを決めることなくＩＮＦ交渉を一方的に打ち切るとともに、１９８２年6月から同時並行で行なわれていたＳＴＡＲＴ（戦略兵器削減交渉）の席からも立った。

交渉再開から条約締結へ

交渉が無期限休止となるなか、米国では、レーガンが１９８４年秋の大統領選挙での再選を目指してソ連に穏健な姿勢を示すようになり、軍備管理の必要性も訴えるようになった。他方、ソ連では指導者が相次いで交代し、政治的に不安定な状況が生まれた。またソ連領域を射程に収めるＩＮＦが西欧諸国に次々と運び込まれるなか、ソ連は一転守勢に立たされた。そしてソ連はこれに対抗して新型ＳＲＩＮＦの東欧配備を発表したが、これには限定核戦争に怯える東欧諸国の政府や国民から批判の声が相次いだ。[40]

こうしたなか米国はソ連に交渉の再開を呼びかけた。1985年1月の米ソ外相会談では、前年から始まった核・宇宙交渉、START、INF交渉の三つを関連付けながら、別の交渉として同時に進めていくということで合意を見た。そして3月11日にはソ連でゴルバチョフ政権が誕生し、翌日からこれらの交渉が始まった。

冷え切った米ソ関係が改善に向かう契機となったのが、同年11月にジュネーブで開かれた6年半ぶりの米ソ首脳会談だった。初顔あわせとなったレーガンとゴルバチョフは、二日間の議論を通じて相互理解を深め、核軍縮について議論を重ねた。そして共同声明では「核戦争に勝利することはできないし、決して戦われるべきでない」[41]との一文が挿入され、核軍縮を進める意欲が示された。

また1986年1月にはゴルバチョフが、1999年末までに核廃絶を実現するための三段階からなる計画を発表し、その第一段階として「欧州」のINF全廃を提案した。[42] 米政府内では、この核廃絶提案をプロパガンダとして無視すべきか、真剣に応答すべきか意見が割れたが、レーガンは提案のすべてに同意はできないとしつつ、これを重要で前向きな一歩と捉えた。そして日本を含む同盟国との協議（後述）を経て、彼は2月末のゴルバチョフに宛てた書簡の中で核廃絶の必要性に同意し、段階を踏んで1989年末までに「グローバル」にINFを全廃することを提案した。[43]

両者が核軍縮への意欲を示すなかで、交渉上の主要な争点として残ったのが、①INF交渉とSD

I問題の連関、②英仏核戦力の取り扱い、③規制する地理的範囲（グローバルか欧州か）であった。

米ソを取り巻く雰囲気が改善するなかで、1986年10月にレイキャビックで行なわれた米ソ首脳会談には世界中から注目が集まった。[44] 会談初日、ゴルバチョフは、まず英仏の核戦力を含めずに欧州のLRINFを全廃することを提案する一方、アジアのINFについては不問とするか、アジアに限定した核軍縮交渉の開始に同意するよう求めた。ソ連が、英仏の核について譲歩したことは大きな一歩だった。これに対してレーガンは、アジアのINFを現状で凍結することに反対し、アジア・欧州の各地域で米ソが核弾頭を100個ずつ保有できるという案を出した。しかしソ連にとって、アジアの核弾頭を大幅に削減することになるこの提案は受け入れられなかった。ゴルバチョフは米国も妥協すべきだと迫ったが、レーガンは、移動式のSS-20はアジアから欧州に簡単に移転できるため、欧州だけ全廃しても意味がなく、欧州と同時にアジアでも削減すべきだと譲らなかった。

両者の議論が平行線を辿るなか、会談の最終段階で折れたのはゴルバチョフだった。彼は、米国が欧州のINF全廃に応じるとの条件で、アジアでの削減案を受け入れた。これにより、欧州のLRINFを全廃し、欧州以外（米本土およびソ連のアジア部）での核弾頭の上限を100個とすることが暫定的に決まった。ゴルバチョフがここまで妥協したのは、SDI問題で米国の譲歩を引き出すためだった。だがレーガンはSDIで一切妥協しなかった。結局、SDI問題が障害となり、会談は物別れに終わった。それでもINF交渉についてはたしかな進展がみられた。

翌1987年2月、ゴルバチョフは欧州のLRINF全廃を改めて提案すると同時に、INF交渉をSDI問題と切り離す意向を示した。[45]さらに3月から4月かけて、SRINFについても全廃する用意があるとの立場をとった。[46]後者について、米国の見立てではソ連には二つの動機があった。まずは、SRINFの全廃によって米欧の「デカップリング」を図ることだった。第二が、西ドイツが保有し、米国と「二重鍵」のもとで運用していたパーシングIA（72基）を近代化するために、米国が、廃棄対象となるパーシングIIの射程を短くして、SRINFとして西ドイツに提供することを阻止するという動機だった。実際、ソ連はこの「ダブル・ゼロ（LRINF・SRINF全廃）」案とともに、西ドイツ保有のパーシングIAについてもINF条約に含めるべきだと突然主張し始めたのである。

こうしたソ連側の動きに対して、NATO内では、欧州のLRINF・SRINFを一気に廃棄することで、通常戦力の不均衡が際立つこと、そして「デカップリング」問題が起こることへの不安が見られた。しかし、その後の同盟協議を経て6月のNATO外相会議では、米ソのSRINFを全廃する方針を同盟国が支持し、米国はソ連にその旨を伝えた。[47]これにより「欧州」における「ダブル・ゼロ」は実現可能となった。

そして7月に入るとゴルバチョフはインドネシアの新聞とのインタビューで、アジアでもLRINFとSRINFの双方を全廃する「グローバル・ダブル・ゼロ」を受け入れる用意があることを表明

	米国		ソ連	
	名称	基数	名称	基数
LRINF (1000〜5500km)	パーシングⅡ	234	ＳＳ-20	654
	ＧＬＣＭ	443	ＳＳ-４	149
			ＳＳ-５	6
			ＳＳＣ-Ｘ-４	80
	小計	677	小計	889
SRINF (500〜1000km)	パーシングⅠＡ	169	ＳＳ-12	718
			ＳＳ-23	239
			小計	957
合計		**846**		**1846**

表１　ＩＮＦ条約で廃棄された米ソの地上発射型中距離ミサイル

出典：Joseph P. Harahan, *On-Site Inspections under the INF Treaty* (USGPO, 1993)
https://www.dtra.mil/Portals/61/Documents/History/On-Site%20Inspections%20INF%20Treaty-opt.pdf

した。これによって、争点となっていた前記三つの問題が解決したことで、条約締結に向けた交渉は一気に加速することになった。

しかし、ソ連が土壇場で取り上げた西ドイツのパーシングⅠＡをめぐる問題についてはなかなか決着がつかなかった[48]。米国は米ソ以外のミサイルであることを理由にソ連の主張を拒否した。またパーシングⅠＡを近代化する予定だった西ドイツとしても、これは受け入れられなかった。しかし西ドイツには、ソ連の主張を頑なに拒否し続ければ、大詰めを迎える米ソ交渉が暗礁に乗り上げ、その責任を擦りつけられるのではないかとの不安もあった。そこで西ドイツのコール首相は、米ソがすべてのＩＮＦを廃棄すれば、西ドイツも近代化計画を破棄し、すべてのパーシングⅠＡを自主的に廃棄すると発表したのである。

こうして最後の障害が取り除かれた結果、1987年12月8日にワシントンで開かれた米ソ首脳会談においてINF条約は調印され、翌年6月1日に発効した。条約では発効後3年以内に地上発射型の中距離ミサイルを解体・廃棄することが定められており、米ソ両国はこれに従い1991年5月末までにそれぞれ846基と1846基のミサイルと関連資材のすべてを廃棄した（表1参照）。そしてこれにともない、欧州では同種のミサイルが次々と廃棄されていった。[49] 1990年代にはドイツ、ハンガリー、ポーランド、チェコが、2000年代にはスロバキアとブルガリアが、それぞれ保有していたINF相当のミサイルを自主的に廃棄したのである。

INF交渉における日本の役割

最後に、INF交渉の過程で、西側陣営の一員だった日本も積極的な役割を果たそうとしたことについて言及しておきたい。

1981年からの断続的な交渉のなかで、それまで欧州に限定されてきた「ユーロ・ミサイル危機」は、グローバルな様相を帯びるようになった。それはそもそもSS‐20の射程に西欧のみならず日本や中国も含まれていたからである。つまり、SS‐20は当初から本質的にグローバルな問題を突きつけており、本来日本も無関心でいられる問題ではなかった。しかし「二重決定」に至る過程では、もっぱらこれが西欧の安全保障にどういう影響を及ぼすかについて議論がなされ、日本もこれに受け身の姿勢だった。確かに1980年代に入り、アジアにおけるソ連の急速な核軍拡が地域の核バランスに悪影響を及ぼすのではないかとの不安は存在した。しかし、地理的条件や中ソ対立という要因に加え、地域の通常戦力バランスや米国の拡大抑止の信頼性などに鑑みれば、日本にとってSS-20は、西欧諸国ほど差し迫った脅威ではなかった。(50)

だがこうした姿勢は、1981年にINF交渉が始まり、翌年11月に中曽根政権が誕生したことで大きく変化した。(51)日本にとって交渉の結果、アジアにのみSS-20が残されることは回避しなければならなかった。他方、日本がこの点に固執し、交渉が停滞すれば、西欧諸国は日本を交渉の妨害者として不満を持つ可能性があった。日本と異なり、西欧では反核運動が盛り上がるなかで、交渉の進展がなければ米国のINFを受け入れることになっていたからである。そこで日本は交渉当事国の米国のみならず、欧州での削減を先行させかねない西欧諸国にも接近を試みた。

たとえばソ連は交渉の打開を図って、1982年末から欧州のSS-20の一部を削減し、これを極東に移転する方針を示したが、これに対して誕生したばかりの中曽根政権は、グローバルかつ均等に削減されるよう米欧諸国に働きかけた。(52)そしてよく知られるように、1983年5月のウイリアムズバーグ・サミットの政治声明において各国首脳は、「二重決定」の方針を再確認するとともに、「我々サミット参加国の安全は不可分であり、グローバルな観点から取り組まねばならない。我々の国内世論に影響を与えることによって真剣な交渉を回避しようとする試みは失敗するであろう」との立場を示した。

欧州とアジアの「安全は不可分」という表現は日本が強く求めたものであり、とりわけ西欧主要国の首脳たちにこれを認めさせたことは重要だった。これによって西側の結束をソ連に示すと同時に、陣営内でも日米欧が守るべき原則を確認しあうことができた。

また1985年3月の交渉再開以降も、ソ連は欧州のINF全廃については柔軟な態度を示す一方、アジアのINFはなんとか現状を維持しようとした。こうしたなか1986年1月にゴルバチョフによって提示された核廃絶提案に、レーガンは答える必要が出てきた。そこで米国は、欧州でINFを全廃し、アジアでは二段階（まず50パーセント削減、続いてゼロ）で廃棄していく暫定的方針を固め、同盟国との協議を行なった。[53]

しかし、この「欧州ゼロ・アジア50パーセント」案は日本には到底受け入れられない内容だった。欧州とアジアの安全保障を切り離して考えており、これが米国の核抑止に対する信頼性を低下させるだけでなく、日米同盟の根幹にも悪影響を及ぼすと判断されたからである。またアジアには米国のINFがなかったため、ソ連がアジアに残存するSS‐20を交渉のテコにして、在日米軍の航空戦力や太平洋に配備されていたSLCMの削減・撤去を求めてくる可能性も懸念された。そこで日本は米国に対して、「グローバル・ゼロ」が最良としつつ、ソ連に一定の保有を認めるなら、欧州・アジアを地理的に分けて議論せずに、「グローバル枠」として「ソ連中央部」にSS‐20を集めるという具体

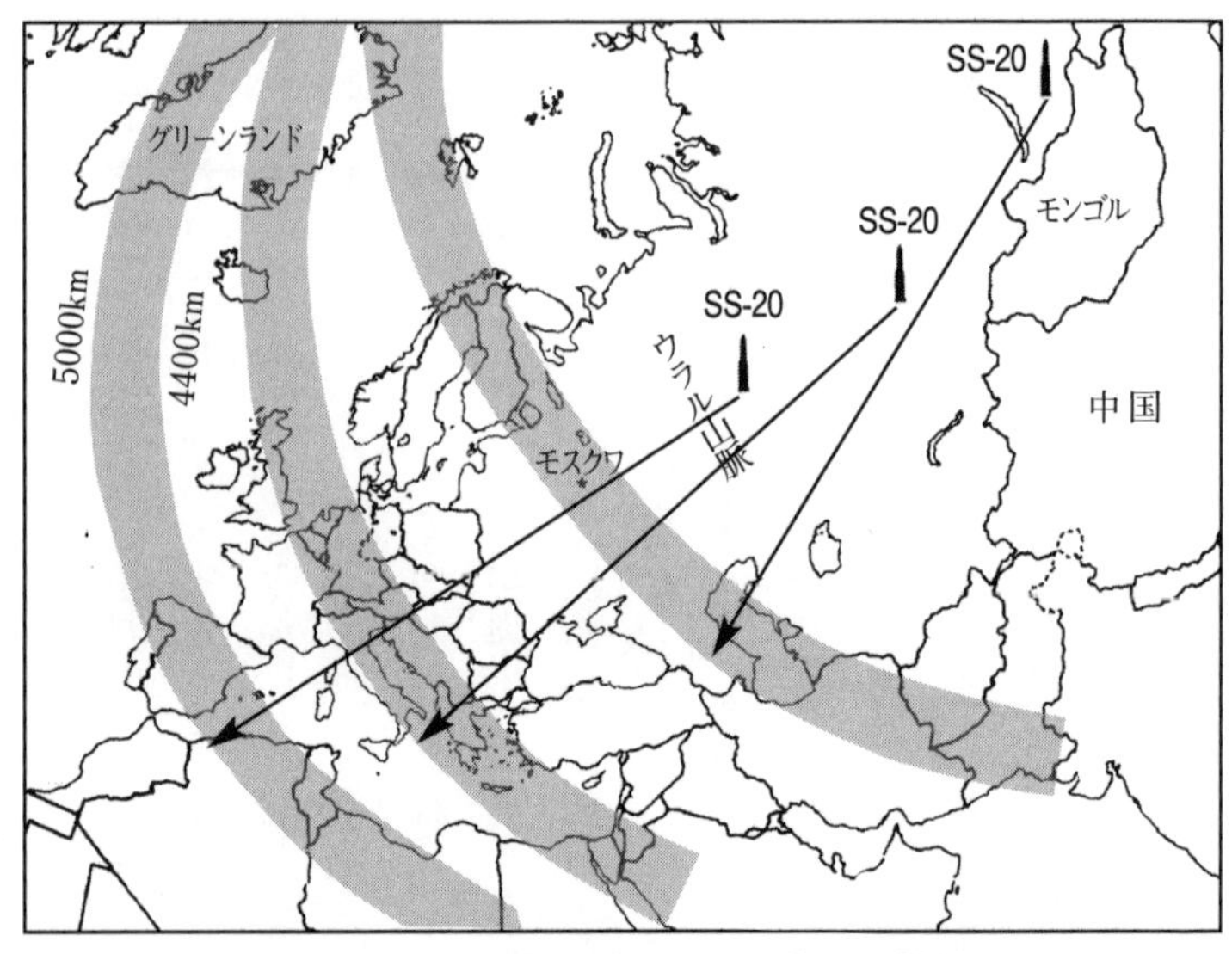

図４ ウラル山脈以東のSS-20基地と射程

出典：NATO, "NATO Declassified: NATO and Warsaw Pact: Force Comparisons," https://www.nato.int/cps/en/natohq/declassified_138256.htm
※NATOで1980年代に作成され、機密解除後、NATOのホームページで公開されている図・データをもとに作図。

案を出した。

これによって、残されたSS・20がNATO向けか、アジアの同盟国向けか、あるいは中国向けか、いずれとも捉えることができ、対外的にもNATO・日本の双方にとっての脅威が大幅に下がったと説明できると考えられたのである（図4参照）。

この日本案を受けて、レーガンは日本の立場にこれまで以上に配慮するようになり、当初の妥協案を修正した。そしてソ連には、3年かけて欧州とアジアのINFを同時かつ均等に削減し、1989年末までに「グローバル」にINFを全廃するという対案を示したのである。このように交渉の当事国ではない日本が、当事者意識を持って米国の交渉姿勢や西側の立場の形成に積極的に関与し、交渉の行く末に少なくない影響を及ぼしたことは重要だったといえよう。

ＩＮＦ条約の教訓

締結から約30年の時を経て、ＩＮＦ条約は終焉を迎えた。この間、米ソ（ロ）のＩＮＦ全廃を受けて、同種のミサイルが欧州では廃棄されていったのに対して、東アジア、南アジア、中東ではむしろ拡散していった。なかでも中国はＡ２／ＡＤ（接近阻止／領域拒否）能力を強化するため、その中核となる中距離ミサイルの増強に邁進してきた。そして新たに中距離ミサイルを獲得した国に囲まれたロシアは、まずは条約の修正を試み、それが失敗すると条約違反に踏み切り、新たな戦力を開発・配備するに至った（第5章参照）。そしてトランプ政権はこうした中ロの動きを理由に、条約からの離脱を決定したのである。冷戦の終わりの始まりを促したＩＮＦ条約は、締結当時には想定し得なかった新たな戦略環境が生まれるなかで、次第に時代に合わなくなっていったといえよう。

もちろん２０１９年時点で米国が進んで条約を離脱する必要があったのかについては議論が分かれるところである。条約に抵触しない形でロシアに条約違反の是正を迫るべきとの見解は存在したし、トランプ政権でも当初はこうした路線がとられた。２０１７年12月にはロシアに条約遵守を促すための「外交・経済・軍事的措置」が示され、また翌年1月のＮＰＲ（核態勢見直し）では「二重決定」

に着想を得て、新たな対抗手段として核SLCMの再導入を検討するとした上で、ロシアが条約に戻れば、その計画を見直す可能性があると呼びかけていた。

しかしその後、この条約に懐疑的だったボルトンが大統領補佐官に就任したことや、中国要因が大きな比重をもったことなどから、最終的にトランプ大統領は条約脱退に舵を切った。ただしこれに際して、本来離脱前になされるべきだったその後の具体的な措置——いかなる戦力をどれほど開発し、どこに配備するのか。また新たな軍備管理交渉とセットでこれを追求するのかなど——をめぐる同盟国との事前調整は行なわれなかった。それゆえ、今後どういう措置をとっていくかについてはこれからの作業となる（第6章参照）。

ポストINF時代の安全保障問題に対していかに対応するかを考える上で、「二重決定」やINF交渉がモデルとして参照されることがあるが、現状でこれがうまくいくかは定かではない。というのも、米ソが圧倒的なパワーを有した二極構造下の冷戦期と比べて、現在の戦略環境ははるかに複雑であり、その中で交渉相手となるべき国がどう反応するかにかかっているからである。条約失効後、米国はロシアとの軍備管理枠組みに中国を引き込もうとしているが、中国はこれに一切の関心を示していない。

また交渉を行なう上で対象国をどこまで広げるのか、そしていかなる能力を有するミサイルを規制の対象にするのかという問題もある。二国間の米ソ交渉ですら「戦域」や「バランス」をめぐる解釈、そしてどの戦力を削減・全廃の対象にするかなどをめぐって最後までもめ続けた。交渉が多角化すればそれだけ複雑になる。大国間競争の時代を迎えるなか、非対称な戦力を保持する複数の国が新たな枠組み構築に向けて交渉を始め、結果を出すことは決して容易ではない（第3章参照）。

中国やロシアなどが交渉の呼びかけに応じない場合、ポストＩＮＦ打撃システムの開発・配備は、交渉のテコとして機能しなかったとしても、抑止力の強化にはつながる。他方、これらの国にとって脅威となるような新たなシステムを前方に配備すること、そして同盟国からすればそれを受け入れることは、たとえそれが通常弾頭を搭載するものであっても、かつてみられたような国内での政治的問題を惹起しかねない。

こうしたなか、これまでみてきた歴史から導き出すべき教訓があるとすれば、それは米国と同盟国が協議を重ねて統一的な立場を形成し、その一体性を保ち続けるということであろう。「二重決定」に至る過程では、脅威認識や戦略利害、また国内状況が異なるＮＡＴＯ諸国が、同盟の結束を維持すべく協議を繰り返し行なった。またＩＮＦ交渉でも、日米欧は足並みを揃えて「二重決定」を支持・履行し、交渉に臨み続けた。ソ連による一連の平和攻勢や脅し、また各国での大規模な反核運動は、ＮＡＴＯ、そして西側陣営の分裂を引き起こしかねなかったが、最終的にその結束が維持されたことは、ソ連との交渉を有利に進める上で重要だったといえよう。

ＩＮＦ条約が失効したいま、中ロに対する脅威認識については日米欧だけでなく、欧州諸国の間でもズレがみられる。欧州諸国の懸念は当然ロシアのミサイルにのみ向けられる傾向があるが、日本にとっては中国とロシア、双方のミサイルが問題になり得る。また条約失効後、NATO諸国は米国の決定を支持する声明を出しその一体性を内外に示したが、今後、具体的な措置をめぐって各国の違いが表面化する可能性がある。米国および日本を含む同盟国がとりうる措置についての詳細な議論はほかの章に譲るが、いずれにせよ米国とその同盟国は協議を重ね、足並みを揃えていく必要がある。そのなかで日本は1980年代のように当事者意識をもって、米国のみならずNATO諸国やアジアのパートナー諸国との間で、抑止や軍備管理・軍縮についての議論を積極的に進めていかなければならない。

(1) TNFは、1980年代以降「INF(中距離核戦力:射程500~5500キロメートル)」と呼ばれるようになったことから両者はほぼ同じ意味で使われている。ただしTNFに含められることがあった戦術核兵器(射程500キロメートル以下)は、INF条約の対象外だったためINFには含まれない。本稿では各時代の呼称をそのまま用いることとする。また中距離弾道ミサイルについては、「IRBM(中距離弾道ミサイル)」とより射程の短い「MRBM(準中距離弾道ミサイル)」に区別されることもあるが、本稿では煩雑さを避けるため「IRBM」という表記で統一する。

(2) 以下特記がない限り、アイゼンハワー政権の核戦略や同盟政策については、佐々木卓也『アイゼンハワー政権の封じ込め政策:ソ連の脅威、ミサイル・ギャップ論争と東西交流』有斐閣、2008年、倉科一希『アイゼンハワー政権と西ドイツ:同盟政策としての東西軍備管理交渉』ミネルヴァ書房、2008年、新垣拓「NATO核共有制度の多角化に向けた取り組み:アイゼンハワー政権におけるNATO・MRBM戦力案の形成過程」*GRIPS Discussion Paper*, 18-19, Decem

ber 2018を参照。

（３）Robert S. Norris et.al., “Where They Were” *The Bulletin of the Atomic Scientists*, 55-6, 1999.

（４）Philip Nash, *The Other Missiles of October: Eisenhower, Kennedy, and the Jupiters* 1957-1963 (The University of North Carolina Press, 1997), Chap.6.現在ではよく知られているように、１９６２年10月に起こったキューバ危機の解決時に、米ソ間では、トルコのジュピター撤去とキューバのソ連製ミサイル撤去が秘密裏に取引された。だが当時米国は同盟国に対して取引の存在を否定し、危機以前から認識されていた軍事的価値の低下とそれを配備し続けることの危険性を理由に、ＩＲＢＭ撤去の必要性を説いた。

（５）ＮＡＴＯ核戦略の変遷については、金子譲『ＮＡＴＯ 北大西洋条約機構の研究：米欧安全保障関係の軌跡』彩流社、２００８年、第2章に詳しい。柔軟反応戦略については近年再検討が進み、実際には宣言政策と運用政策に乖離があり、運用面で柔軟性は確保されず、事前に決められた計画のもと大規模な核使用が想定されていたことが明らかになっている。Francis J. Gavin, *Nuclear Statecraft: History and Strategy in America's Atomic Age* (Cornell University Press, 2012), Chap.2.

（６）ＭＬＦをめぐる米欧関係について、たとえば以下を参照。倉科一希「米欧同盟と核兵器拡散問題：ケネディ政権の対西独政策」『国際政治』第１６３号、２０１１年、新垣拓『ジョンソン政権における核不拡散政策の変容と進展』ミネルヴァ書房、２０１６年、小川健一『冷戦変容期イギリスの核政策：大西洋核戦力構想におけるウィルソン政権の相克』吉田書店、２０１７年。

（７）ＮＰＧの形成と運用については、新垣拓『ジョンソン政権における核不拡散政策の変容と進展』第６章、Paul Buteux, *The Politics of Nuclear Consultation in NATO* 1965-1980 (Cambridge University Press, 1983)、Andreas Lutsch, “Merely ‘Docile Self-Deception’? German Experiences with Nuclear Consultation in NATO,” *Journal of Strategic Studies*, 39-4, 2016を参照。

（８）合六強「ニクソン政権と在欧米軍削減問題」『法学政治学論究』第92号、２０１２年。

（９）William Burr, “A Question of Confidence: Theater Nuclear Forces, US Policy toward Germany, and the Origins of the Euromissile Crisis, 1975-1976,” Leopoldo Nuti et. al. eds., *The Euromissile Crisis and the End of the Cold War* (Stanford University Press, 2015), pp.125-127.

（１０）“Notes of National Security Council Meeting,” February 14, 1969, *Foreign Relations of the United States*, 1969-1976, Vol. 34 (USGPO, 2011), Doc. 7. ニクソンの核に対する考えは、Gavin, Nuclear Statecraft, Chap.5。

（１１）この形成過程については、石井修『覇権の翳り：米国のアジア政策とは何だったのか』柏書房、２０１５年、第３

章」William Burr, " 'Is this the best they can do?': Henry Kissinger and the US Quest for Limited Nuclear Options, 1969-1975," in Vojtech Mastny et.al. eds., *War Plans and Alliances in the Cold War: Threat Perceptions in the East and West* (Routledge, 2006).

（１２）Burr, "A Question of Confidence"; Leopolodo Nuti, "The Origins of the 1979 dual track decision-a survey," in Leopoldo Nuti ed, *The Crisis of Détente in Europe: From Helsinki to Gorbachev, 1975-1985* (Routledge, 2009), pp.57-61.

（１３）ユーロ・ミサイル危機に関する研究は枚挙に暇がないが、近年の代表的研究としてたとえば以下を参照。Kristina Spohr Readman, "Conflict and Cooperation in Intra-Alliance Nuclear Politics: Western Europe, the United States, and the Genesis of NATO's Dual-Track Decision, 1977-1979," *Journal of Cold War Studies,* 13-2, 2011; Nuti, "*The Origins of the* 1979 *dual track decision-a survey*"; Nuti et.al., *The Euromissile Crisis and the End of the Cold War;* Christoph Becker-Schaum, et.al. eds., *The Nuclear Crisis: The Arms Race, Cold War Anxiety, and the German Peace Movement of the* 1980*s* (Berghahn, 2016).

（１４）David Holloway, "The Dynamics of the Euromissile Crisis, 1977-1983"; Jonathan Haslam, "Moscow's Misjudgment in Deploying SS-20 Missiles," both in Nuti et. al., *The Euromissile Crisis and the End of the Cold War.*

（１５）ミハイル・ゴルバチョフ（工藤精一郎・鈴木康雄訳）『ゴルバチョフ回想録（下）』新潮社、１９９６年、68～69頁。

（１６）二つの評価を端的に示す資料としてたとえば以下を参照。Hartman, Vest, Lord to Kissinger, "Nuclear Balance Issues at NPG Ministerial," October 18, 1976; Lowenstein, Goodby, Lord to Kissinger, "NPG: Rumsfeld Briefing on Nuclear Balance," November 10, 1976, both in *The Parallel History Project on Cooperative Security* http://www.php.isn.ethz.ch/kms2.isn.ethz.ch/serviceengine/Files/PHP/18792/ipublicationdocument_singledocument/d5f8b87b-711b-4bfc-8fba-241559d0da29/en/761110_NPG.pdf（２０２０年５月１日最終アクセス、以下同様）; Hartman, Gelb, Lake to Vance, "European Theater Nuclear Problem, Arms Control, Cruise Missiles and Allied Perceptions," March 2, 1977, Record of Anthony Lake, 1977-1981, Box 2, RG59, National Archives and Records Administration, College Park.

（１７）PD/NSC-18, "U.S. National Strategy," August 24, 1977, NLC-132-24-4-3-1, Jimmy Carter Presidential Library, Atlanta [JCL].

（１８）James A. Thomson, "The LRTNF Decision: Evolution of Theatre Nuclear Policy, 1975-9," *International Affairs*, 60-4, 1984, pp.602-604; Fred Kaplan, "Warring Over New Missiles For NATO," December 9, 1979, *The New York Times.*

（１９）Helmut Schmidt, "The 1977 Alastair Buchan Memorial Lecture," *Survival*, 20-1, 1978.「二重決定」に至る過程でシュ

ミットが果たした役割については シュポアの一連の研究があるが、最も包括的なものとしてKristina Spohr, *The Global Chancellor: Helmut Schmidt and The Reshaping of the International Order* (Oxford University Press, 2016)。また邦語では、板橋拓己「ＮＡＴＯ『二重決定』の成立と西ドイツ：シュミット外交研究序説」『成蹊法学』第88号、２０１８年。

（２０）本節は、合六強「中性子爆弾問題をめぐる同盟関係、１９７７-７８年：カーター政権の対応を中心に」『国際情勢』第84号、２０１４年に基づく。

（２１）Brown to Carter, "NATO Nuclear Planning Group," April 9, 1978; Thomson to Brzezinski, "NATO NPG Meeting," April 13, 1978; Brzezinski to Carter, "NATO Nuclear Planning Group (NPG), Meeting," April 17, 1978, all in National Security Affairs Brzezinski Material [BM], Agency File [AF] Box 12, JCL.

（２２）PRM/NSC-38, "Long-Range Theater Nuclear Capabilities and Arms Control," June 22, 1978, JCL. https://www.jimmycarterlibrary.gov/assets/documents/memorandums/prm38.pdf; Dodson to Mondale et al., "SCC Meeting, PRM-38, Tuesday August 22, 1978," August 18, 1978, *The National Security Archive [NSA]*, http://www.gwu.edu/~nsarchiv/nukevault/ebb301/doc01.pdf; Brzezinski to Vance, Brown et al., "Summary of Conclusion: SCC Meeting on PRM-38," September 2, 1978, NLC-31-147-7-22-4, JCL; Gelb to Aaron, McGiffert et.al., "US Objective Paper for the Fall Bilaterals on Theater Nuclear Issues," September 8, 1978, NLC-31-147-7-14-3, JCL.

（２３）Aaron to President, "Consultations on Gray Area Issues," October 26, 1978, BM, AF, Box 12. Jean-Philippe Baulon, « Au risque de l'isolement ou de l'alignement: la politique de la France dans la crise des euromissiles (1977-1987), » Revue d'histoire diplomatique, 124, 2010; Kristan Stoddart, *Facing Down the Soviet Union : Britain, the USA, NATO and Nuclear Weapons, 1976-1983* (Palgrave, 2014), Chap.3.

（２４）板橋拓己「ＮＡＴＯ『二重決定』の成立と西ドイツ」３５７〜３６０頁。

（２５）Kristina Spohr, "Helmut Schmidt and the Shaping of Western Security in the Late 1970s: the Guadeloupe Summit of 1979," *The International History Review*, 37-1, 2015.

（２６）Thomson to Brzezinski and Aaron, "NATO High Level Group Meeting, February 28-March 1," March 3, 1979, BM, AF, Box 12, JCL.

（２７）Rentschler to Brzezinski, "TNF and US Leadership," August 7, 1979, NLC-23-5-4-1-6, JCL; SCC, "Theater Nuclear Forces," August 16, 1979, NLC-33-13-13-1-6, JCL; Cable 247871, DoS to All NATO Capitals, "HLG: US Draft Report," September

21, 1979, *NSA*. http://www.gwu.edu/~nsarchiv/nukevault/ebb301/doc09.pdf ソ連の弾頭数については、Cable 08322, US NATO to DoS, "TNF Modernization-Detailed Report of Discussions on IDD at 28 November Session of Reinforced Permreps," November 29, 1979, *NSA*. https://nsarchive2.gwu.edu//nukevault/ebb301/doc11.pdf.

（28）Brzezinski to Carter, "NSC Weekly Report #114," October 26, 1979, Zbignew Brzezinski Collection, Subject File, Box 42, JCL.

（29）板橋拓己「ＮＡＴＯ『二重決定』の成立と西ドイツ」３６０頁。イタリアの姿勢については、Nuti, "The Nuclear Debate in Italian Politics in the Late 1970s and the Early 1980s," Nuti et. al, *The Euromissile Crisis and the End of the Cold War*.

（30）Telcon, Carter and Schmidt, October 30, 1979, *Margaret Thatcher Foundation [MTF]*. http://www.margaretthatcher.org/document/110501.

（31）板橋拓已「ＮＡＴＯ『二重決定』の成立と西ドイツ」３６１～３６２頁、Gerhard Wettig, "The Last Soviet Offensive in the Cold War: Emergence and Development of the Campaign against NATO Euromissiles, 1979-1983," *Cold War History*, 9-1, 2009.

（32）Cable 07693, USNATO to DoS "TNF: Permreps 6 November Discussion of Integrated Decision Document- Detailed Report," November 7, 1979, *NSA* http://www.gwu.edu/~nsarchiv/nukevault/ebb301/doc10.pdf; Cable 08322, USNATO to DoS; Telcon, Carter and Schmidt.なお１９８３年10月のNATOによる核弾頭の追加削減については以下を参照。NATO, "The Montebello Decision: Annex to the Final Communiqué of the Autumn Ministerial Meeting of the NATO Nuclear Planning Group (NPG)," October 27, 1983. https://www.nato.int/docu/comm/49-95/c831027a.htm.

（33）ベルギーとオランダは、交渉結果を踏まえてそれぞれ6か月後と2年後に最終決定を下すという条件で「二重決定」に参加したが、決定は繰り返し延期された。結局ベルギーは１９８５年３月に受け入れを決定し、ＧＬＣＭ16基が導入されたところでＩＮＦ条約が締結された。オランダは１９８５年11月、１９８８年からの受け入れを決めたが、条約締結により未配備で終わった。Vincent Dujardin, "From Helsinki to the missiles question: A minor role for small countries? The case of Belgium (1973-1985)," Nuti ed., *The Crisis of Détente;* Ruud van Dijk, "A Mass Psychosis": The Netherlands and NATO's Dual-Track Decision, 1978-1979," *Cold War History*, 12-3, 2012.

（34）NATO, "Special Meeting of Foreign and Defence Ministers Brussels," December 12, 1979. https://www.nato.int/docu/comm/49-95/c791212a.htm.フランスは「二重決定」の形成において一定の役割を果たしたものの、ＮＡＴＯ統合軍事

機構に入っていないことを理由に決定発表には加わらなかった。

（35）ＩＮＦ交渉に関する包括的研究として、瀬川高央『米ソ軍縮交渉と日本：ＩＮＦ問題と西側の結束　１９８１－１９８７』（北海道大学出版会、２０１６年）。

（36）Strobe Talbott, *Deadly Gambits: The Vivid Inside Story of Arms Control Negotiations* (Vintages Books, 1985), pp.43-45.

（37）George Bunn, *Arms Control by Committee: Managing Negotiations with the Russians* (Stanford University Press, 1992), pp.148-150.

（38）Ibid, p. 150; 小川伸一『「核」軍備管理・軍縮のゆくえ』芦書房、１９９６年、１１７～１１８頁。

（39）Paul H. Nitze, *From Hiroshima to Glasnost* (Grove Weidenfeld, 1989), pp.376-389; Bunn, Arms Control by Committee, pp.151-152.

（40）伊東孝之「転換期の東欧安全保障システム：ユーロミサイルの影で」『国際問題』第３０３号、１９８５年、岡田美保「ソ連による弱さの自覚と対外政策の展開：ＩＮＦ交渉の再検討」『国際政治』第１５７号、２００９年、16～17頁。

（41）"Joint Soviet-United States Statement on the Summit Meeting in Geneva," November 21, 1985, *Ronald Reagan Presidential Library [RRL]*. https://www.reaganlibrary.gov/research/speeches/112185a.

（42）Letter, Gorbachev to Reagan, January 14, 1986 in Svetlana Savranskaya and Thomas Blanton, *The Last Superpower Summits: Gorbachev, Reagan and Bush. Conversations that Ended the Cold War* (Central European University Press, 2016), Doc. 20.

（43）Letter, Reagan to Gorbachev, February 22, 1986 in Ibid, Doc 21.

（44）Memcon, "Reagan-Gorbachev, First Meeting, Reykjavik, 10:40 a.m.-12:30 p.m.,"; "Reagan-Gorbachev, Second Meeting, Reykjavik, 3:30 p.m.-5:40 p.m.," both October 11, 1986; Record of Conversation in the Working Group on Military Issues, October 11-12, 1986; Transcript of Reagan-Gorbachev Reykjavik Talks, October 12, 1986; Memcon, "Reagan-Gorbachev, Fourth Meeting, Reykjavik, 3:25 p.m.-4:30 p.m.," October 12, 1986; Transcript of Reagan-Gorbachev Reykjavik Talks, Final Meeting October 12, 1986, all in Ibid, Docs 28-33.

（45）ソ連の政策転換については、岡田美保「ソ連による弱さの自覚と対外政策の展開」を参照。

（46）Memcon, Gorbachev and Schultz, April 14, 1987 in Savranskaya and Blanton, *The Last Superpower Summits*, Doc 40. SRINFの交渉については、Maynard W. Glitman, *The Last Battle of the Cold War: An Inside Account of the Intermediate Range Nuclear Forces Treaty* (Palgrave, 2006) Chap.10に詳しい。

（47）NATO "Statement on the Ministerial Meeting of the North Atlantic Council," June 11-12, 1987. https://www.

nato.int/docu/comm/49-95/c870612a.htm; NSDD 278, "Establishing A U.S. Negotiating Position on SRINF Missiles," June 13, 1987, *RRL*.https://www.reaganlibrary.gov/sites/default/files/archives/reference/scanned-nsdds/nsdd278.pdf.

（４８）瀬川高央『米ソ軍縮交渉と日本』４２５〜４３０頁。

（４９）"The Intermediate-Range Nuclear Forces (INF) Treaty at a Glance," August 2019, Arms Control Association. https://www.armscontrol.org/factsheets/INFtreaty.

（５０）John Roper and Yukio Satoh, "European and Japanese Public Debate over INF Modernization: Lessons for the Future of Western Security Cooperation," in Richard H. Solomon and Masataka Kosaka ed., *The Soviet Far East Military Buildup: Nuclear Dilemmas and Asian Security* (Auburn House Publishing Company, 1986).

（５１）佐藤行雄『差し掛けられた傘：米国の核抑止力と日本の安全保障』時事通信社、２０１７年、23〜27頁。

（５２）友田錫『入門・現代日本外交：日中国交正常化以後』中央公論社、１９８８年、序章、中曽根康弘『中曽根康弘が語る戦後日本外交』新潮社、２０１２年、３３１〜３３２頁、３３７〜３４１頁、瀬川高央『米ソ核軍縮交渉と日本外交』第１章、佐藤行雄『差し掛けられた傘』24〜26頁。

（５３）Edward L. Rowny, *It Takes One to Tango* (Brassey's, 1992), pp.174-177、五百旗頭真、伊藤元重、薬師寺克行（編）『岡本行夫：現場主義を貫いた外交官 90年代の証言』朝日新聞出版、２００８年、１３６〜１４９頁、瀬川高央『米ソ核軍縮交渉と日本外交』２９８〜３０７頁、佐藤行雄『差し掛けられた傘』28〜33頁。この事例はこれまで前記の回想録等で紹介されてきたが、近年関連史料が日米両国で公開され始めている。Letter, Reagan to Nakasone, February 6, 1986、「レーガン大統領宛中曽根総理返還」昭和61年２月10日、「ＩＮＦ交渉訓令」昭和61年２月10日、Letter, Reagan to Nakasone, February 22, 1986、「総理返簡」昭和61年２月22日、いずれも戦後外交記録「日米要人間書簡（中曽根・レーガン等）」2018-0846、外務省外交史料館。米側については、NSDD 210, "Allied Consultations on the US Response to General Secretary Gorbachev's January 14, 1986, Arms Control Proposal," February 4, 1986, Doc 10; Poindexter to Reagan, "Allied Views on a Response to Gorbachev,"undated & Reports from Ambassadors Nitze and Rowny to Reagan, February 14, 1986, Doc 13; NSDD 214, "U.S. Response to Gorbachev's January Arms Control Proposals," February 21 1986, Doc 15 all in "Gorbachev's Nuclear Initiative of January 1986 and the Road to Reykjavik," October 12, 2016, Briefing Book #563, *NSA*. https://nsarchive.gwu.edu/briefing-book/nuclear-vault-russia-programs/2016-10-12/gorbachevs-nuclear-initiative-january-1986.

第5章　ロシアにとってのＩＮＦ問題

（小泉　悠）

「健康状態の思わしくないブレジネフを中心とするソ連指導部はこの時期、新世代の中距離ミサイル『ＳＳ‐20ピオネール』をヨーロッパに配備するという、まずい一手を打ってしまう。そんなことをすれば、アメリカとその同盟国の間に危惧の念が広がるはずなのに、ソ連指導部はそんな事態を想像すらしていなかった」

デイヴィッド・Ｅ・ホフマン『死神の報復』より

「冷戦の亡霊」と21世紀型「大国間競争」

条約違反をめぐる米ロの対立

本章では、ロシアを軸としてＩＮＦ問題について考えてみたい。１９８７年に米ソ間で締結された

ＩＮＦ条約は、ソ連の中距離弾道ミサイル（ＩＲＢＭ）配備に対する西欧諸国の危機感をその背景としたものであった。そして２０１９年、米国が同条約を破棄した背景にあったのも、ロシアによるＩＮＦ条約違反のミサイル開発疑惑である。このように、ロシアは常にＩＮＦ問題の中心に位置してきたわけだが、では冷戦後のロシアは、なぜＩＮＦ条約に違反してまで新たな中距離ミサイルの配備に踏み出そうとしたのだろうか。

２０１４年のウクライナ危機によって米ロ関係が極端に悪化するなか、ロシアが再びＩＮＦを配備するのは当然という見方もあろう。国際環境が冷戦期に類似してくれば、軍事戦略や装備体系も冷戦期のそれと似通ってくるのは当たり前ではある。ロシア陸軍に再び「戦車軍」が創設されたことや、グリーンランド＝アイスランド＝英国を結ぶ「ＧＩＵＫギャップ」がロシア原潜の封じ込めラインとして見直されつつあることなどと同様、ＩＮＦ問題の再燃は「冷戦の亡霊」であるように見えなくもない。

しかし、このようなアナロジーは、ロシアの振る舞いを完全に説明しうるものではない。ロシアがＩＮＦ条約違反のミサイル開発を開始したのは２０００年代前半、つまりウクライナ危機のはるか以前であったとされるためである。

とすると、２０１０年代に再燃したＩＮＦ条約問題は、冷戦期とのアナロジー（「冷戦の亡霊」）のみによっては理解し得ないのではないか。問題が現に生じてきた２０００年代以降の国際的環境や軍事的潮流に照らして、ロシアにとっての中距離ミサイル戦力がどのように位置付けられているのかを検討し直すべきなのではないか……このような問題意識に従い、本章では次のような順序で議論を展開していくことにしたい。

第1項では、まずロシアによるＩＮＦ条約違反問題についての事実関係を整理する。ここでは、ロシアの違反内容が９Ｍ７２９と呼ばれる地上発射型巡航ミサイル（ＧＬＣＭ）に関連していること、ロシアが試験している長距離巡航ミサイルと９Ｍ７２９との「同一性」問題が米ロ間の争点となっていること、ロシア側もまた米国のＩＮＦ条約違反を提起していることなどが確認されよう。

続く第2項は、ロシアがＩＮＦ条約に違反して９Ｍ７２９の開発に着手した動機を考察する。冷戦後のロシアは、ＮＡＴＯに対する通常戦力の劣勢を補うことを目的として、限定的な先行核使用によって軍事行動の停止・保留を強要するエスカレーション抑止戦略を発達させてきたと見られている。ただし、近年のロシアでは、非核の精密誘導兵器（ＰＧＭ）による通常型エスカレーション抑止も重視されるようになっており、９Ｍ７２９はそのための手段の一つと位置付けられるのではないかというのがここでの仮説である。この場合、９Ｍ７２９は冷戦期のＩＮＦとは異なり、通常弾頭を主とする打撃システムであると考えられよう。

他方、対中国正面においては、仮想敵である中国が大量の短・中距離ミサイルを保有し、それらの多くは核弾頭を装備すると考えられる。したがって、同正面でロシアがエスカレーション抑止型の限定・先行核使用を行なえば、戦域核戦力による大規模な核報復を覚悟せねばならず、これを避けるためにはロシア自身も相応の規模の戦域核戦力を保有してエスカレーションの主導権を確保する（エスカレーション・ドミナンス）必要が生じよう。この場合、対中国正面に配備される9M729は核弾頭装備型となることが想定され、同一の兵器システムであっても対欧州正面とはその運用方法がかなり異なる可能性が指摘できる。

以上はあくまでも純軍事の論理であって、これをもってロシアがINF条約違反という重大な政治的冒険に打って出たこと、しかもそれが2000年代初頭から現在に至るまでの持続性を持って行なわれていることなどを完全に説明できているとは言いがたい。ただし、資料的な制約もあるので、本章ではINF条約をめぐるロシア側の政策決定過程にまで切り込むことはせず、何らかの政策的惰性が働いているのではないかと指摘するにとどめた。

第3項では、INF条約破棄後のロシアで配備が検討されている（あるいは配備される可能性がある）兵器システムとそれらの概要をまとめた。公開情報から判断する限り、ロシアは9M729以外にも多様なポストINF打撃システムを配備するとみられていることから、それぞれの概要と想定される軍事的効用について簡単にコメントしている。

以上を踏まえた上で、最後にロシアのINF配備と日本の安全保障について筆者なりの考え方を述べた。ロシアが極東正面に配備するポストINF打撃システムは日本の防衛戦略にどのような影響を及ぼすのか、欧州正面のそれとはいかなる関係で捉えられるのかなどが主な論点である。

ロシアのＩＮＦ条約違反疑惑とは何か？

疑惑の浮上に至る経緯

米国務省の軍備管理・検証・遵守局は、各種軍縮・軍備管理枠組みについて、自国と各国の履行状況に関する報告書を毎年発表している。ロシアのＩＮＦ条約違反が初めて公けになったのも、同報告書の２０１４年版においてであった。この時点ではロシアの違反内容がいかなるものなのかについてはごく限定的かつ曖昧にしか明らかにされなかったものの、報告書の内容は年を追って具体化していき、ＩＮＦ条約破棄後の２０１９年８月には一部の機密解除部分を含む詳細が公表された[1]。同報告書では、ロシアが条約違反へと至った経緯が次のように記述されている。

●ロシアのＩＮＦ条約違反に関する主要な動機は、ロシア周辺諸国で中距離ミサイル保有国が増加していることへの脅威認識と、自国がその配備を禁じられていることへの多年にわたるフラストレーションに基づいている。ロシアは２００４年、イワノフ露国防相とラムズフェルド米国防長官（ともに当時）の会談においてこの懸念を初めて提起するとともに、ＩＮＦ条約脱退の希望を表明した。
●イワノフ国防相は２００６年にもＩＮＦ条約を「冷戦の遺物」と呼び、冷戦後の現実にそぐわなくなっていると主張。ロシア軍高官の中にも同様の主張を公然と行なう者が出てきた。
●２００７年2月、イワノフ国防相は米ロが共同でＩＮＦ条約から脱退することをゲーツ米国防長官（当時）に提案。さらに同月、ミュンヘンでの国際安全保障サミットに参加したプーチン大統領は、ＩＮＦ条約が米ロ二国間だけに適用されることに不満を表明するとともに、ＩＮＦ条約からの脱退を示唆した。プーチン大統領の発言後、バルエフスキー参謀総長（当時）も、現在のロシアにはＩＮＦ条約を脱退してしかるべき根拠が存在すると述べた。
●米国がＩＮＦ条約からの共同脱退を拒否したため、ロシアはＩＮＦ条約をグローバル化し、米ロ以外の国々についても中距離ミサイル配備を禁じようとする方向にシフトした。第62回国連総会では米ロがＩＮＦのグローバル化に関する共同声明を発出し、さらにロシアは２００８年の国連軍縮会議で文書による呼びかけを行なった。
●しかし、以上の取り組みは国際的な支持を得なかった。この結果、ロシアはＩＮＦ条約に違反する開発計画に傾斜していった。

以上を信じるならば、ロシアは２０００年代前半にはすでにＩＮＦ条約の破棄を米国に働きかけていたことになる。また、米『ニューヨーク・タイムズ』紙が米政府高官の談話として報じたところによると、ロシアがＩＮＦ条約に抵触する射程のミサイルを最初に発射したのは２００８年のことであり、２０１１年頃には米国政府内でロシアの条約違反に関する確信がほぼ得られていたという。[2]となると、問題のミサイル開発はその数年〜10年ほど前には始まっていた可能性が高い。実際、米国のコーツ国家情報長官は、その時期が少なくとも「２０００年代半ば」であったと２０１８年11月のマスコミ向けブリーフィングで明らかにしている。[3]ＩＮＦ条約の履行状況を検証するための査察措置[4]は２００１年に終了しているから、それからさほど間を置かずにロシアはポストＩＮＦ打撃システムの開発を再開していたと考えられよう。

では、ロシアによるＩＮＦ条約違反とは具体的に何を指すのだろうか。この点が初めて明らかにされたのは前述した米国務省報告書の２０１５年版であり、ロシアの違反行為がＩＮＦ条約に抵触する射程のＧＬＣＭに関するものであることが初めて明記された。[5]その後も米国務省による報告は年を経るごとに具体性を増しており、２０１８年度版[6]では米国が以下の情報を得ていることが初めて明らかにされた。９Ｍ７２９の名称が初めて登場したのも、この２０１８年版である。

●ミサイルおよび発射装置に関する情報（移動式発射装置のシャーシの呼称ならびにミサイルおよび発射装置の開発・製造に関与した企業の名称を含む）

●条約に違反するGLCMの試験履歴（テストの形態およびプログラムの性質を曖昧にするためのロシア側の行ないを含む）
●条約に違反するGLCMが500〜5500キロメートルの射程で飛行する能力を有すること
●条約に違反するGLCMがR-500／SSC-7およびRS-26大陸間弾道ミサイル（ICBM）とは別個のものであること
●米国は当該システムの呼称が9M729であると評価していること

ここで登場するR-500／SSC-7とは、9K720「イスカンデル・M」ミサイル・システムから発射される9M728短距離GLCMを指している。ソ連時代から巡航ミサイルの開発メーカーとして知られてきたノヴァトール設計局が開発したものであり、ロシア国防省の公式発表では、その射程距離は480キロメートルとされている。

一方、RS-26の方は、「ルベーシュ」の計画名でモスクワ熱力学研究所（MIT）によって開発されていた弾道ミサイルである。ICBMとしては極めて小型であるため、実質的にはIRBMではないかという見方があったが、2012年の発射試験でプレセツク宇宙基地からカムチャッカ半島のクラ射爆場まで約5600キロメートル飛行したことがあり、条約上はギリギリで違反ではないということになる。これについては、ペイロードを軽くして無理やり長距離飛行させた、という考えも成り立たないではない。だが、ＩＮＦ条約第７条第４項が同条約の対象となる地上発射型弾道ミサイル（ＧＬＢＭ）の射程を「テストされたことのある最大射程でカウントする」と規定している以上、たとえ無理やりにでも５５００キロメートル以上を飛行したのであれば、明確な条約違反とは言いがたい。また、スティーブン・パイファーが述べるように、５５００キロメートル以上の射程を有するＧＬＢＭは新戦略兵器削減条約（新ＳＴＡＲＴ）の規制対象となるわけであるから、そちらの枠内で保有数を管理すればよいだけ、ということになる。[7]

いずれにしても、問題となっているのは９Ｍ７２９（西側名：ＳＳＣ‐８）と呼ばれるＧＬＣＭであることをここでは押さえておきたい。米国は過去に実施されたこのミサイルの発射試験の詳細を把握しており、それが条約違反であることを曖昧にしようとロシアが隠れ蓑を用意していることまで承知である、というのが米国務省報告書の言わんとするところである（この点については改めて触れる）。

９Ｍ７２９をめぐる「同一性」問題

今度はロシア側の言い分を検証してみたい。その基本的な立場は、「９Ｍ７２９というミサイルは存在する。しかしＩＮＦ条約に違反する射程で発射試験を行なったことはない」というものであるが、ＩＮＦ条約第４条第４項をよく読むと、この立場には反論の余地が存在する。というのも、この条項で規定されたＧＬＣＭの射程カウント方法は「当該ミサイルの標準設計形態において燃料が枯渇するまで飛行した場合の発射地点から落下地点までの飛行経路を地球の表面上に投影した場合の最大距離と見なす」というものであり、飛行試験における実際の飛距離ではなく「設計上、飛ぶことができる最大距離」が問題にされているためである。

２０１８年11月にリャプコフ外務次官がマスコミ向けに実施したブリーフィングでは、この点に留意して、より精緻なかたちでロシアの立場に関する説明がなされた。まず、９Ｍ７２９自体についての説明は次のとおりである。(8)

●ロシア軍には確かに９Ｍ７２９というＧＬＣＭが存在する。

●これは９Ｋ７２０イスカンデル‐Ｍ戦術ミサイル・システム用巡航ミサイル（９Ｍ７２８）の改良型である。主な改良は弾頭部に関係している。

●９Ｍ７２８は２０１７年9月18日、「ザーパド２０１７」演習の一環としてカプスチン・ヤール演習場から最大射程で試射された。飛翔距離は４８０キロメートルであった。

●９Ｍ７２９はそれ以前のバージョンと同様、ＩＮＦ条約に違反する距離で設計されておらず、試験もされていない。

つまり、実際に試験された射程だけでなく、「標準的な設計形態」においても9M729の射程は500キロメートルを超えないということがここでは指摘されているわけである。さらにリャプコフ次官は、米国が「9M729の発射試験は燃料を減らした状態で行なっている」と主張していること（つまり満タン状態では本来の射程はもっと長い）について、9M729の燃料システムに関する特性を米国に通知して反論したことを明らかにしている。

続いてリャプコフ外務次官は、9M729がINF条約に違反しているという米国の主張に対して次のように反論している。

●米国は9M729の開発メーカーがノヴァトール設計局であると特定し、移動式発射機（TEL）のシャーシも特定したとしている。しかしノヴァトール設計局はすでに多くの巡航ミサイルを設計し、シャーシも多くのTELに用いられているものであり、決定的な情報ではない。

●米国はINF違反の巡航ミサイルがカプスチン・ヤール実験場で試験されているとしているが、ここではさまざまな種類のミサイルがさまざまな発射装置を用いて試験されている。

●米国はさまざまなミサイル発射試験をパズルのようにつなぎ合わせてINF条約違反のミサイルが存在するかのように主張しているが、そんなミサイルは存在しない。

ここでは、米国による条約違反の証拠が「パズルのようにつなぎ合わせ」たものであるという主張に注目したい。実際、米国によるロシアのＩＮＦ条約違反の主張は、ロシアによる複数種類のミサイル実験を総合的に評価した結果として成り立っている。どういうことなのか、前述のコーツ国家情報長官のブリーフィングから関連する部分を抜き出して要約してみよう（ちなみに前述した２０１９年版米国務省報告書にもほぼ同主旨の記述が盛り込まれている）。

●ロシアは９Ｍ７２９の発射試験を２０００年代末から開始した。
●９Ｍ７２９は固定式および移動式発射装置から複数回発射され、２０１５年までに複合的な試験飛行プログラムが完了した。
●ロシアは試験活動の真の性質および９Ｍ７２９の性能を故意に欺瞞する方法で試験を実施した。その方法は次のとおりである。
●ＩＮＦ条約では、海洋発射型巡航ミサイル（ＳＬＣＭ）および空中発射型巡航ミサイル（ＡＬＣＭ）の試験であれば、固定式発射装置を用いることを条件として、条約に抵触する射程のミサイルを地上から発射することを認めている。
●そこでロシアは９Ｍ７２９を長射程で試験する時は固定式発射装置を使い、移動式発射装置を使うときは射程を５００キロメートル以下に落とすという方法を用いた。この二つの試験結果を総合すればＴＥＬから発射される長射程ＧＬＣＭとなる。

以上が事実であるとすれば、ロシアのやり方はかなり巧妙であるといえよう。つまり、ＩＮＦ条約に違反する射程でミサイルを試験する時（これは主にミサイル自体の飛行性能に関するものであろう）には固定式発射装置を用いて第7条第11項で認められたＳＬＣＭ／ＡＬＣＭの試験を装う一方、ＴＥＬから撃つ場合は５００キロメートル以下の射程に抑えてＩＮＦ条約に違反していないという体裁をとった、ということである。

ちなみに９Ｍ７２９の正体は３Ｍ１４カリブルＳＬＣＭを地上発射型に手直ししたバージョンとされることが多い。また、３Ｍ１４の射程が１５００〜２５００キロメートルとされるのに対して、９Ｍ７２９のそれは最大で２３５０キロメートル、実際の発射試験における最大飛行距離が２０７０キロメートルであったという米情報機関の評価が報じられており、(9) これを信じるならば両者の性能は極めて似通っている。２０１９年度版米国務省報告書は、９Ｍ７２９が９Ｍ７２８や３Ｍ１４と「類似しており、共通の特徴を有する」としつつ「明らかに別個かつ峻別可能な兵器である」とも述べているが、同一メーカーが開発した同種の兵器であることを考えれば、９Ｍ７２９と３Ｍ１４の「共通の特徴」は相当程度に及ぶのではないか。つまり、ロシアは９Ｍ７２９の発射試験を（ＩＮＦ条約で認められた）３Ｍ１４の地上発射試験に偽装して実施し、米国の目を欺こうとしたのではないかと考えられる。

しかし、仮にロシアが9M729を3M14に偽装して試験していたとして、米国は両者をどのように識別しているのだろうか。この点は、過去最も詳細な2019年版米国務省報告書にも記載されておらず、それゆえにロシア側も常に「証拠が薄弱である」との非難を展開してきた。[10] おそらく、米国は人工衛星などの国家技術手段(NTM)や人的インテリジェンス(HUMINT)などを駆使して何らかの確証を得ているのだと思われるが、これらは高度な機密に属するために近い将来に公表される可能性は低い。したがって9M729をめぐる「同一性」問題が明確なかたちで決着することも望みがたいだろう。

ロシアによる「9M729」の公表

米ロの主張が平行線を辿るなか、ロシア外務省とロシア国防省は2019年1月に内外の外国武官やマスコミをモスクワ郊外の国防省施設「愛国者公園(パルク・パトリオート)」に招いて大規模な共同ブリーフィングを実施した。ここでの外務省側発表(代表はやはりリャプコフ次官)は前記の内容から大きく外れるものではないので、今度はロシア国防省からの発表[11]に焦点を当ててみたい。ロシア国防省が9M729の存在を認めて詳細な情報を開示したのは、これが初めてであった。

まず目につくのは、報告を担当したのが国防省ロケット・砲兵総局(GRAU)のマトヴェーエフスキー総局長（中将）だった点である。ＧＲＡＵは陸軍をはじめとする地上部隊の火砲やロケット（ミサイル）兵器を担当する部局であるから、ロシア側は９Ｍ７２９をあくまで（戦略兵器ではなく）戦術兵器と位置付けていることが窺われる。マトヴェーエフスキー総局長の発言内容を要約すると、概ね以下のとおりである。

●９Ｍ７２９巡航ミサイルはイスカンデル‐Ｍ用の９Ｍ７２８を改良したものである
●主な改良点は、９Ｍ７２８の弾頭威力増大と命中精度の向上に関連しており、９Ｍ７２９にはより大威力の弾頭とより命中精度を高めるための誘導装置が搭載されている
●９Ｍ７２８と９Ｍ７２９は主要なコンポーネントを共有しており、直径も同じである
●この結果、９Ｍ７２９の輸送・発射コンテナ（筆者注：西側でいうキャニスター）は９Ｍ７２８のそれに比べて53センチ長くなった
●９Ｍ７２８および９Ｍ７２９の燃料充塡は工場でしか行なえない。工場で充塡される燃料の量で飛行できる距離はＩＮＦ条約に合致している。
●ミサイルは密閉された特別のコンテナに入って部隊に配備されるので、部隊側で燃料を充塡することはできない
●９Ｍ７２９のエンジン、燃料システム、燃料タンク容量は９Ｍ７２８と同一であり、弾頭と誘

導装置の重量が増加したので全体の重量は増加した

●以上の理由により、9M729の射程は、「ザーパド2017」で実証された9M728の射程（480キロメートル）よりも10キロメートル短くなった

9M729は9M728の威力・命中精度向上型であって、エンジンや燃料など飛行性能に関わる分は変化していないのだからINF条約違反ではないということであり、基本的には2018年11月のリャプコフ談話を踏まえている。他方、9M729の寸法やその射程について具体的な数字が出てきたのはこれが初めてであり、スライド資料としてミサイルの外観（ほぼ9M728と同一）も初めて明らかにされた。また、ロシア国防省はこのブリーフィングに続いて9M729用のキャニスターとそのTEL（9P701という名称が明らかにされた）の実物を公開したが、後者はイスカンデル-M用の9P78-1よりも若干全長が長く、後部のウェポン・ベイには9M729を2列・2段に搭載するという仕様であった（9M78-1ではミサイルを2列・1段で搭載）。これを見る限り、9M729の運用システムはイスカンデル-Mとよく似てはいるが異なるものと解釈する余地は残りそうである。

ただ、米国はロシア国防省の説明に納得していない。ロシア国防省が公開したミサイルのキャニスター、TEL、図面などはいずれも「ロシア側が主張するようなものではなかった」[12]。つまり、「9

	9M728*	9M729*	9M729**	3M14***	3M14E****
キャニスター全長	7400mm	7930mm	より長い	不明	8916mm
キャニスター直径	不明	不明	不明	不明	645mm
ミサイル全長	不明	不明	不明	7000～8220mm	6200mm
ミサイル直径	514mm	514mm	不明	533mm	534mm
最大射程	490km	480km	2350km	1500～2500km	275km
最短射程	50km	50km	不明	不明	10km

表１ 各ミサイルの寸法・射程比較

* ロシア国防省の発表した数値
** CIA/NGAの推定値
*** MILITARY RUSSIA <http://militaryrussia.ru/blog/topic-818.html>
**** 国営武器輸出公社（ROE）のカタログに記載された数値
<http://roe.ru/catalog/voenno-morskoy-flot/korabelnoe-vooruzhenie/kalibr-ple/>

Ｍ７２９ではない何か」を公開してロシアがお茶を濁そうとしたということである。具体的な相違点の詳細は明らかでないが、少なくとも「本当の９Ｍ７２９」用キャニスターはロシア国防省が公開したものよりも大きいはずだという。

実際、９Ｍ７２９のベースと目される３Ｍ１４は直径５３３ミリ、全長７～８メートル程度とされているから、米国の見立て通りであれば「本当の９Ｍ７２９」用キャニスターはロシア国防省が公開したそれよりも数段大きいはずである。ロシア軍向け３Ｍ１４の正確な寸法は公表されていないが、輸出用の３Ｍ１４Ｅのそれを見る限り、キャニスター長は９メートルほどになると考えられよう（表１参照）。

また、９Ｍ７２９用ＴＥＬとして公開された車両が３Ｍ５４対艦ミサイルの輸出バージョンである「クラブ・Ｎ」用のＴＥＬと全く同一であることは早くから指摘されており、ロシアのマスコミにもこの点を指摘するものがある。(13)「クラブ－ＮのＴＥＬを９Ｍ７２９用に転用したのだ」という言い分も成り立つが、この点についてロシア国防省のブリーフィングは一切触れておらず、いかにも不誠実な印象は否めない（しかもマトヴェーエフスキー総局長のプレゼンで示された９Ｐ７０１の図面と実際に公開されたＴＥＬは細部が異なっている）。

ロシア側による「９Ｍ７２９」の公開は、９Ｍ７２９と３Ｍ１４の「同一性」問題をなんら解決しなかったばかりではなく、「ロシアが言うところの９Ｍ７２９」と「米国が言うところの９Ｍ７２９」の峻別問題という新たなややこしさを生んだことになる。

９Ｍ７２９の配備状況

このように９Ｍ７２９ＧＬＣＭをめぐってはシステムの性質自体が明らかになっておらず、曖昧性が極めて高い。ただ、９Ｍ７２９と呼ばれるＧＬＣＭが配備されていることをロシア側も認めるようになったことは一歩前進であろう。

その具体的な配備数や配備地点については公式の発表が一切ないが、米『ニューヨーク・タイムズ』紙は、２０１７年２月、ロシアがカプスチン・ヤール演習場とその他１か所にＳＳＣ－８（この時点では９Ｍ７２９という名称は用いられていない）を配備したと報じたことがある。(14)さらに２０１９年２月、米『ウォールストリート・ジャーナル』紙は、９Ｍ７２９の配備数が４個大隊に増加した

という評価を米情報機関がまとめて同盟国に通知したと伝えた。(15)

また『自由ヨーロッパ・ラジオ（RFE）』は、その配備地域がカプスチン・ヤール演習場、カムィシュロフ（スヴェルドロフスク州）、モズドク（北オセチア共和国）、シュヤ（イワノヴォ州）であるという独『フランクフルター・アルゲマイネ』紙の情報を紹介した。(16) 9M729装備大隊は1個あたりTEL4両を装備し、各TELは4本のキャニスターを装備すると見られることから、(17) この推定に基づけば少なくとも64発の9M729が配備されているということになろう（前述の『ウォールストリート・ジャーナル』は、予備弾を含めて100発近くになるという米政府高官の発言を伝えている）。

興味深いのは、以上で挙げられた地名のうち、カプスチン・ヤール以外の3か所はいずれもロシア陸軍のロケット旅団、しかも比較的早い段階でイスカンデル-Mへの装備更新を完了したロケット旅団の駐屯地域だという点であろう（表2参照）。このことは、9M729がイスカンデル-Mを発射プラットフォームとして運用されているか、または同システムと運用インフラを相当程度共有しており、しかも同じロケット旅団の隷下にあることを示唆している。ロシア陸軍では現在、イスカンデル-M旅団1個あたりの定数を3個大隊から4個大隊へと増加させる実験が行なわれていることが2019年末に報じられており、(18) この4個目の大隊が9M729装備部隊である可能性も考えられよう。

また、以上を見る限り、9M729は主に欧州正面からウラル地方にかけて配備されており、20

軍管区	連合部隊（軍）	兵団（ロケット旅団）	イスカンデルMへの装備更新
西部軍管区	第６諸兵科連合軍	第26ロケット旅団（レニングラード州ルガ）	2011年
	第１戦車軍	第112ロケット旅団（イワノヴォ州シュヤ*）	2014年（当時は第20諸兵科連合軍）
	第20諸兵科連合軍	第448ロケット旅団（クルスク州クルスク）	2018年
	バルト艦隊第11軍団	第152ロケット旅団（カリーニングラード州チェルニャホフスク）	2017年
南部軍管区	第49諸兵科連合軍	第1ロケット旅団（クラスノダール地方ガリャーチー・クリューチ）	2013年
	第58諸兵科連合軍	第12ロケット旅団（北オセチア共和国モズドク*）	2015年
中央軍管区	第２諸兵科連合軍	第92ロケット旅団（オレンブルグ州トツコエ）	2014年
	第41諸兵科連合軍	第119ロケット旅団（スヴェルドロフスク州カムィシュロフ*）	2016年
	第８諸兵科連合軍	第464ロケット旅団（アストラハン州ズナメンスク）	2019年？（新編中）
東部軍管区	第35諸兵科連合軍	第107ロケット旅団（ユダヤ自治州ビロビジャン）	2013年
	第36諸兵科連合軍	第103ロケット旅団（ブリヤート共和国ウラン・ウデ）	2015年
	第５諸兵科連合軍	第20ロケット旅団（沿海州ウスリースク）	2016年
	第29諸兵科連合軍	第3ロケット旅団（ザバイカル地方ゴールヌィ）	2017年（新編）
	第68軍団	ロケット旅団なし	

表２ イスカンデル-Mの配備状況

（出典：筆者作成）
＊９M729が配備されたと報じられている地域

19年初頭段階では極東には未だ配備されていなかったと見られる。ただ、表2で示したパターンから判断するとロシアは各軍管区に9M729装備部隊を一つずつ設置していく方針とみられ、これに従うならば極東の東部軍管区にも遠からず配備されることになろう。

ＵＡＶ、標的ミサイル、イージス・アショアに関するロシアの主張

ＩＮＦ問題をめぐっては、ロシア側も米国による違反問題を指摘し続けてきた。公平を期すために、前述した２０１８年11月のリャプコフ外務次官のブリーフィングから主要な論点を以下に示す。

［攻撃型無人航空機（ＵＡＶ）］

●プレデターのような攻撃型ＵＡＶはＩＮＦ条約が禁じるＧＬＣＭに相当する。というのも、ＩＮＦ条約における巡航ミサイルとは、無人で、自前の推進装置を持ち、飛行コースの大部分を揚力によって飛行すると定義されているためである。

●他方、米側はＵＡＶが発射装置を用いないこと、自力で飛行場に帰還する能力を有することなどを理由にロシア側の主張を受け入れていない。これはＩＮＦ条約の精神に反する態度である。

●また、米国はロシアも攻撃型ＵＡＶを開発しているではないかと指摘するが、これは米国と同じことをしているだけである。

［ＭＤ実験用標的ミサイル］

●米国がＭＤ実験のために用いている標的用ミサイルにも問題がある。これについてロシアは20年来の懸念を表明してきた。

●米国の標的用ミサイルは、弾頭部がＭＤシステムで迎撃される点以外、通常の弾道ミサイルとまったく同じである。

●また、米国は標的用ミサイルの発射装置の一部を移動式としており、この点でもＩＮＦ条約に違反している。

●ロシアは米国の「ヘラ」標的用ミサイルが射程５００キロメートル以上で発射されているかどうかを質問したが、米側からは相互に矛盾する二つの返答があった。

［イージス・アショア］

●イージス・アショア用のマーク41垂直発射装置（ＶＬＳ）についても条約上の問題がある。

●マーク41はおそらく純粋にミサイル防衛用途なのであろうが、トマホーク巡航ミサイルをはじめとする攻撃兵器の発射が可能である以上、あからさまな条約違反と見なさざるを得ない。

●艦艇搭載型トマホークとかつて米軍が配備していた地上配備型トマホークはほぼ同一のものと言って差し支えない。発射装置さえあれば艦艇搭載型トマホークを地上に配備することもできるし、その逆も然りである。

●従来は地上の発射装置を撤去することで、そのような可能性を封じるという米ロ合意が存在した。しかるにマーク41はこうした合意を反故にするものであり、受け入れられない。

ロシアはなぜＩＮＦを必要としたか？

冷戦の亡霊

ロシアの９Ｍ７２９ＧＬＣＭがＩＮＦ条約に違反する射程で設計されているという米国の主張をひとまず受け入れるとして、次に検討されるべきは、それがいかなる動機に基づいていたのかであろう。

これが「冷戦の亡霊」であるという説明は、一見すると簡明だが、多くの問題を孕んでいる。２０１９年版の米国務省報告書が述べるところによれば、ロシアがＩＮＦ条約の脱退を米国に持ちかけたのは２００４年のことであった。したがって、ロシア政府内部では、そのかなり以前からＩＮＦ条約不要論が持ち上がっていたと考えねばならない。ウクライナ危機以前からロシアの国防政策コミュニティには米国への強い不信感が存在してきたことは事実ではあるが、全体として見た場合、当時の米ロ関係が２０１０年代後半とは比べ物にならないほど良好であったこともまた見過ごされるべきではないだろう。

また、ＩＮＦ条約はロシアにとっても軍事的なメリットのある枠組みであったことも指摘しておく必要がある。米国がソ連に対抗するかたちで欧州に配備した中距離ミサイル（パーシングⅡ準中距離弾道ミサイル（ＭＲＢＭ）とグリフォンＧＬＣＭ）はソ連に到達する核弾頭の数を増加させる一方、ソ連がどれだけ欧州正面に中距離ミサイルを配備しても米本土に到達する核弾頭の数には変化はなかった。しかもソーコフが指摘するように、ソ連のＩＲＢＭに対抗して西ドイツに配備された米国のパーシングⅡ ＭＲＢＭは発射からソ連領内に到達するまでの時間が極めて短いため、ソ連指導部は反撃命令を下す前に自らが一掃される可能性を懸念しなければならなくなった。[19]

中距離ミサイル配備競争が極東でも起こっていれば、ソ連の米国に対する核戦力の均衡はさらに悪化していたであろう。ロシア外務省で長らく軍縮問題を担当してきたアナトリー・アントノフ（現・駐米大使）は以上のような理由から、ＩＮＦ条約はソ連の安全保障に寄与するものであったと結論付けている。[20] そして、この構図は現在のロシアにとっても当てはまるだろう。ロシアの国力がソ連よりも大きく劣ること、ソ連崩壊とワルシャワ条約機構の解体によって欧州正面の戦略縦深が大幅に縮小したことなどを考えれば、ロシアにとってのＩＮＦ条約の恩恵は、ソ連時代以上に大きいとも考えられる。

にもかかわらず、ロシアがＩＮＦ条約に違反して９Ｍ７２９の開発へと足を踏み出した動機は何なのか。すでに見たように、２０１９年版の米国務省報告書は、その根源的な動機を「ロシア周辺諸国で中距離ミサイル保有国が増加していることへの脅威認識と、自国がその配備を禁じられていることへの多年にわたるフラストレーション」に求めていた。つまり、ロシアのＩＮＦ開発は、周辺諸国におけるミサイル拡散への対抗措置であるというのがここでの説明であり、２００７年のミュンヘン国際安全保障サミットにおけるプーチン大統領の演説とも通底する。問題の演説において、プーチン大統領は次のように述べていた。[21]

「ロシアは核不拡散条約とミサイル技術管理レジームを厳格に順守しており、今後もそうするつもりです。これらの文書における原則は、普遍的な性質を帯びています。

これに関して思い起こしていただきたいのは、１９８０年代にソ連と米国が調印したＩＮＦ条約です。同文書には、普遍原則は適用されませんでした。

今日、このようなミサイルを保有する国はいくつもあります。北朝鮮、韓国、インド、イラン、パキスタン、それにイスラエルです。そのほかにも世界の多くの国がこうしたシステムを開発し、兵器として配備しようとしています。米国とロシアだけが、当該兵器システムを開発しないという義務を負っているのです。

このような状況下では、自らの安全を自らで保障することについて考えざるを得なくなるのは自明です」

世界第２位の核超大国

ロシアの（少なくとも外向きの）ロジックでは、21世紀のＩＮＦ問題は米ロ対立の文脈には位置付けられて「いなかった」ことがここから改めて読み取れよう。冷戦期の米ソ二極構造とも、冷戦後の米国中心秩序とも異なる「多極化」された秩序、すなわち米国による覇権の相対化が軍事面でも進行した結果として、ロシア自身も中距離ミサイルを保有する必要性（プーチン大統領の言う「自らの安全を自らで保障すること」）が生じたという建て付けがここではとられている。

もっとも、周辺諸国の中距離ミサイル保有が実際にどこまでロシアの脅威認識につながっていたのかについては、より慎重な検討が求められよう。第一に、INF条約で禁じられているのは射程500〜5500キロメートルのGLBMとGLCMの開発・製造・保有であり、SLCMおよびALCMについてはその限りではない。ロシア軍では2000年代以降、前述の3M14カリブルSLCM（水上艦艇発射型のカリブル－NKと潜水艦発射型のカリブル－PLがある）や、爆撃機搭載型のKh－555、Kh－101／102といった長射程ALCMの配備が相次いで進められ、2010年代には米国に次ぐ規模と能力を獲得するまでになった。GLBM／GLCMの配備が禁じられていたとしても、プーチン大統領の挙げた中小国の中距離ミサイルであれば十分に対抗することが可能であろう。プーチン大統領自身も、2018年の国防省拡大幹部評議会において「ロシアにはカリブルとKh－101があるのだからINF条約に違反する必要などない」旨を述べている。(22)

さらに言えば、ロシアは2000年代当時も現在も、世界第2位の戦略核戦力を保有する核超大国であり続けてきた。プーチン大統領が挙げた一連の国々が中距離ミサイルを保有し、これに核弾頭を搭載するとしても、ロシアの圧倒的な戦略的優位が揺らぐことはまず考えにくい。ナランが指摘するように、中小国であっても大国に対する確証報復戦略をとることで一定の抑止力を発揮することは可能であろうが、[23]これは米国に対する北朝鮮のように、極めて高い軍事的緊張下に置かれた中小国の戦略である。ＩＮＦ条約脱退を米国に働きかけ始めた当時も現在も、ロシアは周辺諸国との間でそのような関係に陥ってはいないし、仮にそうであったとしても、対抗手段がＧＬＣＭ／ＧＬＢＭに限られるわけではないことはここまで述べてきたとおりである。

まとめるならば、米ロ両政府による公式の説明は、注目すべき点を孕みつつも充分なものとはいえない。つまり、ロシアによるポストＩＮＦ打撃システム（９Ｍ７２９）が冷戦期と同様のロジックに基づくもの＝「冷戦の亡霊」でないことは確かであるとしても、ミサイル拡散への不満という公式の説明も説得性を欠いているのではないか。そこで以下では、ロシア側の動機についてもう少し詳細に考察してみたい。

台頭する中国への脅威認識

まず検討されるべきは、そもそもロシアのポストＩＮＦ打撃システムが誰をターゲットにしているのか、である。

すでに述べたとおり、プーチン大統領の挙げた国々はいずれも国際条約を破ってまで新型兵器を開

	ロシア	米国	中国	インド	パキスタン	北朝鮮	韓国	イラン	イスラエル
IRBM	0	0	72	0	0	0	0	0	24
MRBM	0	0	174	12	30	10	0	50	0
SRBM**	140	168	189	42	30	30	30	100	0
GCLM	?	0	70	0	?	0	?	少数	0

表３ 米中ロとプーチン大統領が発言した「このようなミサイルを保有する国」と米中露の短・中距離ミサイル戦力*（2020年）

（出典）*The Military Balance 2020*, The International Institute for Strategic Studies, 2020.

* ＴＥＬなどの発射装置の数を示す。
** ここでいうSRBMには、INF条約の規制対象となる射程500km以上のものと、それ以下のものの両方が含まれている。

発せずとも十分に抑止可能であり、政治的関係も総じて悪いわけではない。これら諸国が有事の戦争計画においてターゲット指定されている可能性（おそらくかなり高い確率であろう）は否定しないにしても、ロシア側の第一義的な動機であったとは考えがたい。

他方、プーチン大統領のミュンヘン演説には中国が登場しなかった。当時も現在も中国は世界最大規模の中距離ミサイル保有国であること、その数的増強と質的近代化が速いペースで進んでいること、ロシアとの間で４０００キロメートルにも及ぶ国境を接していることなどを考えれば、「このようなミサイルを保有する国」の筆頭に挙げられて然るべきであろう。ロシアのＩＮＦ開発が自国周辺に配備された外国の中距離ミサイルへの対抗措置なのだとすれば、そこに中国が含まれないのはいかにも不自然であると言わざるを得ない（表３参照）。

また、ロシアの国防政策コミュニティには、中国への根深い不信や脅威認識が存在し続けてきた。冷戦後、極東におけるロシア軍の兵力は大幅に削減され、装備・訓練などの状態も極度に悪化したのに対し、中国の人民解放軍はその巨大な兵力を維持したまま近代化を進めたためである。

たとえば２００９年のロシア軍大演習「ザーパト（西方）２００９」に際し、スココフ陸軍参謀長（当時）が行なったブリーフィング[24]は、ロシア軍が依然として中国を仮想敵と見なしていることを示すものとして興味深い。

スココフ参謀長によれば、ロシアは自国の周囲に三つの潜在的な敵を抱えており、それぞれとの戦い方は異なるという。このうち西方の敵は最新の軍事力によって「非接触的」な戦い方をするイノベーション化軍隊、南方の敵はパルチザン戦争の手法を用いる非合法武装集団とされ、それぞれＮＡＴＯと、アフガニスタンなどのイスラム過激派勢力を示していることは明らかであろう。他方、東方の敵は「戦闘の遂行に関して伝統的なアプローチを用いる数百万人規模の軍隊」であり、各正面において兵力と火力を集中させて線形的な戦い方をするのが特徴とされている。これが中国の人民解放軍を指していることに疑いはあるまい。これに続いて東部軍管区で実施された大演習「ヴォストーク（東方）２０１０」「ヴォストーク２０１４」「ヴォストーク２０１８」でも、中国との大規模国家間戦争を想定したとおぼしき訓練内容を看取(かんしゅ)することができる[25]。

また、中国の中距離核戦力に関して、ロシアでは一種の陰謀論的な脅威認識が唱えられてきた。中国はいわれているよりもずっと多数の核弾頭を隠し持っており、これをＩＲＢＭやＭＲＢＭに組み合わせると中ロの核戦力バランスが大きく変わるのではないかという議論がそれである。[26]中国の核弾頭保有数については、米ジョージタウン大学の2011年のレポートにおいて、総延長4800キロメートルに及ぶトンネル・ネットワークに3000発の核弾頭を貯蔵している可能性が指摘されたことがあり、[27]問題の議論はこれを下敷きとしている。米科学者連合（FAS）の核軍縮専門家であるクリステンセンらは、中国の核物質生産量から判断して中国がこれほど多数の核弾頭を保有していることは考えにくいとしているものの、[28]こうした議論が出てくること自体に、ロシアの中国に対する不信感が伺われよう。

以上のようなロシア側の対中脅威認識に鑑みるならば、9M729のような中距離ミサイルに対してロシアが一定の軍事的効用を期待することは不自然ではない。中ロの国境地帯は大部分が海から離れた内陸部であり、カスピ海のような巨大な内水（シリアへの介入ではカスピ小艦隊の小型ロケット艦がカリブルSLCMによる攻撃の第一派を担った）も存在しないため、INFの発射プラットフォームとして艦艇に期待することはできない。また、極東ロシア軍は航空戦力で中国人民解放軍に対して劣勢に置かれており、発射プラットフォームとしては不確実性が大きい。

その点、GLCMはロシアの巨大な戦略縦深を活かして生残性を確保する余地が大きく、なおかつ任意の発射地点へと迅速に展開可能であるから、これを対中抑止力（具体的な運用方法については後述）とすることには一定の軍事的合理性が認められる。また、イスカンデル-M装備のロケット旅団が9M729の運用を担っている可能性はすでに指摘したが、ロシア陸軍は近年、東部軍管区においてロケット旅団を3個から4個に増強しており（表2で示した第3ロケット旅団）、これも中国を意識したものと考えられる。

ただし、以上で述べた対中脅威認識は軍や安全保障専門家という比較的狭いサークルの内部の話であって、外交当局や政治指導部等を含めたロシア全体の対中姿勢とはイコールでないことに留意せねばならない。冷戦期に激しい対立を経験した中ロは、1989年の国交正常化を皮切りに1996年には「戦略的パートナーシップ」宣言、2001年には中ロ友好善隣協力条約の締結と、急速に過去の敵対関係の清算を図っていた。また、同じ2001年には中ロに旧ソ連の中央アジア4か国を加えた6か国で上海協力機構（SCO）が発足し、2005年には同枠組み内で初の中ロ合同軍事演習が実施されるなど、2000年代は両国の安全保障面協力が緒につき始めた時期でもあった。

言い換えるならば、冷戦後のロシアにとっての対中安全保障政策とは中国と「敵でない関係」を築くことだったのであり、2007年の演説でプーチン大統領が中国への言及を避けたこともこのような文脈の中で理解されるべきであろう。中国の軍事力近代化についても、ロシア側ではこれがあくまでも台湾有事やその外縁部にあたる南シナ海防衛を企図したものであるという理解が比較的浸透しており[29]、こうした認識は2000年代の安全保障協力を通じてある程度はロシア軍にも受け入れられていった。[30]

もちろん、ロシアは中国一辺倒をよしとしているわけではなく、米国にも中国にも等しく従属しない「戦略的対等性」を求めている。[31] この意味では、極東正面における通常戦力の劣勢を補うために９Ｍ７２９を配備することは一種の対中ヘッジ策として（たとえば後述するエスカレーション抑止戦略との関連において）理解できなくもないが、ＩＮＦ条約に違反してまで９Ｍ７２９を開発・配備するほどの明確な対中脅威認識が当時のロシア政府内部で共有されていたという有力な証拠は見当たらない。むしろ、対中関係とは異なる背景によって開発された９Ｍ７２９が結果的に極東正面におけるバランシングに用いられていると考えるべきではないか。

「ユーゴ・ショック」

そこで今度は、スココフ陸軍参謀長が挙げた西方の敵、すなわち「最新の軍事力によって『非接触的』な戦い方をするイノベーション化軍隊」への脅威認識について考えてみたい。１９９３年に公表された最初の『軍事ドクトリン』以降、ロシア政府は米国やＮＡＴＯを軍事的脅威そのものではなく、そこへと発展する可能性がある「軍事的危険性」と位置付けてきた。この点はウクライナ危機の直後に公表された２０１４年版『軍事ドクトリン』[32]でさえ変化しておらず、核戦争を含む大規模国家間戦争の蓋然性についても低いとされている。また、ロシア軍のゲラシモフ参謀総長は、２０１９年末に実施された外国武官団との定例会見において、こうした大規模戦争は今後30年は見込みがたいと

の見解を示した。(33)

ただし、2014年版『軍事ドクトリン』は「ロシア連邦に対する軍事的危険性は増加している」とも述べる。この文言はさまざまなニュアンスを含むが、伝統的な国家間の軍事力行使についていえば、PGM（精密誘導兵器）に対する脅威認識が反映されていると考えられよう。

1991年の湾岸戦争はPGMを駆使する米国のエアパワーを広く世界に印象付けたが、これに続く1999年のユーゴスラビア空爆はロシアの国防コミュニティに大きなショックを与えた。ソ連崩壊後、通常戦力の優位が急速に失われるなかで、ロシアは抑止力としての戦略核兵器と戦場における通常戦力の補完手段としての戦術核兵器への依存を強めていったが、PGMの集中的な使用は核戦力さえ無力化しかねないのではないかという疑念が生じてきたためである。

つまり西側によるPGM攻撃によってロシアの産業、インフラ、軍事施設（特に核戦力と指揮通信統制システム）が破壊され、かといって核攻撃を受けているわけでも無差別に民間人が殺傷されているというわけでもないという場合、ロシアとしては核兵器による反撃を躊躇せざるを得ない可能性が高い。ロシアの安全保障研究者であり、ソ連崩壊後には下院議員として国防問題に深く携わったアレクセイ・アルバートフは、このような事態が「ある鮮明な、ありうべき将来シナリオのイメージ」として国防政策サークル内で共有され、国防上の最優先課題になったと述べている。(34)

2003年のイラク戦争は、PGMに対する脅威認識をさらに強めた。ユーゴスラビア空爆の時点では、投下された全弾薬に占めるPGMの割合は全体の35パーセント（約2万2600発中約3000発）であり、しかもアルバートフが指摘するように、ユーゴスラビア軍に与えた損害はかなり限定的なものであった。ロシアの国防コミュニティが抱いた「ユーゴ・ショック」は、純粋に技術的な理由というよりも、NATOが集団防衛から域外介入へと踏み出したことにより多くを求められるかもしれない。[35]

しかし、イラク戦争では投下された弾薬約2万9000発のうち約2万発（全体の約67パーセント）がPGMであり、1万9900目標を破壊するという成果を上げている。一目標あたりを破壊するのに要した弾薬の比率で見ると、湾岸戦争の一目標：57発に対して、イラク戦争のそれは一目標：1・45発という驚異的な水準に達していた。[36]

イラク戦争後、ロシア国防省は『ロシア軍の発展に関する緊急課題』と題した文書[37]を作成した。近年の軍事紛争の傾向を分析した上で今後のロシア軍改革の方向性をまとめたもので、当然、イラク戦争の影響が非常に色濃い。特にイワノフ国防相の名前による長文のイントロダクションでは、偵察・監視システムや情報通信システムと組み合わされた長距離精密攻撃手段の集中的・奇襲的使用が新たな軍事的トレンドの一つに数えられている。また『ロシア軍の発展に関する緊急課題』に示された将来軍事トレンドに関しては、戦略・拠点・戦場レベルの防空システムが決定的な役割を果たすであろうという指摘も興味深い。PGMが絶大な威力を発揮するということは、これに対する防御手段なくしては地上作戦（同文書では最終的な勝利のためには地上部隊の投入が不可欠であることを強調している）を成功させられないのであって、論理的には当然の帰結であろう。

少しのちの2012年には、プーチン首相（当時）の大統領選キャンペーンの一つとして、「強くあれ：ロシアの安全保障を確かなものに」と題された国防政策論文が国営紙『ロシア新聞』に掲載された。[38] ここで指摘されているのは、長射程の非核PGMの集中使用が今後ますます戦争の趨勢を決するようになっているという傾向である。さらにプーチン首相は、宇宙、情報、サイバーといった新領域での戦闘に加え、遠未来にはビーム兵器やレーザー兵器といった「新たな原則に基づく」兵器が登場すると述べ、これらに対して核兵器の使用は敷居が高いので戦略レベルの抑止における役割は徐々に低下するであろうという見通しも示している。

以上のように、1990年代から2010年代にかけてのロシアではPGMの重要性が強く認識されてきたわけであり、すでに述べた各種SLCMやALCMの大量配備はこうした認識の裏返しと考えられる。しかし、米ハドソン研究所のウェイツやランド研究所のオルポートが指摘するように、米国の海空戦力における優位は圧倒的であり、有事にはロシアのSLCM／ALCMはその発射プラットフォームごと米国に阻止される可能性が高い。[39] そこでより生残性の高いGLCMの配備が決定されたのではないかというのが両者の見解であり、ポーランドNATO代表であるヤンコウスキーも、①中国の軍事力に対抗する、②米国の極超音速グライド兵器開発に対抗する、③NATOに対する航空劣勢をキャンセルできる（ヤンコウスキーはこれを最も重要な論点であるとしている）、の3点をロシアによるGLCM開発の背景として挙げている。(40)

エスカレーション抑止論をめぐって

ただ、ロシアの巡航ミサイル重視が米国のPGM優位に対する脅威認識の裏返しであったとして、それがどのように「裏返」されたのかについてはさらに一考の余地がある。

米国その他の長射程PGM発射プラットフォームがTEL、艦艇、航空機といった移動式であることを考えるならば、これらを標的としてロシアが同じようなものを保有しようとすることは考えにくい。米国のトマホークにせよ、ロシアの3M14にせよ、長射程PGMは一般的に移動目標に追随して攻撃する能力は持たず、固定目標に対して使用されるものだからである。したがって、西側の長射程PGMへの直接的な対抗手段は2000年代に配備が始まったS‐400などの新世代防空システムであり、ロシア独自の長射程PGMにはまた独自の用途が与えられている可能性が高い。

最もありえそうなのは、「ユーゴ・ショック」当時のロシア人が抱いたビジョンを、自ら実現しようとしている可能性であろう。つまり、何らかの軍事的危機事態が発生した場合、PGMによって西側諸国に対する（核報復にエスカレートしない程度の）限定精密攻撃を行ない、ロシアにとって状況が有利なうちに事態を収拾させるというものである。

この種の「エスカレーション抑止（de-escalation / deeskalatsiia）」ないし「エスカレーション抑止のためのエスカレーション（E2DE：escalate to de-escalate）」については近年、ロシアの核戦略との関連で注目されることが多かった。通常戦力でNATOに対して劣勢に立つロシアが、限定的かつ先制的（場合に予防的）な核使用で西側の軍事行動を思いとどまらせる戦略をとっているのではないかという議論である。[41] その要諦は、（戦闘に勝利することではなく）「敵に行動の停止を強要すること」であり、攻撃手段は戦果の最大化ではなく「調整された打撃」を意図する点に最大の特徴があるとされる。[42]

ただ、ロシアが本当に運用政策としてこのような核使用ドクトリンを有しているのかどうかについては懐疑的な見方も極めて根強い。この種の懐疑論を要約するならば「先行核使用後もエスカレーションをコントロールできるという確信が危機的状況下でも持てるのか。そのように確信しがたい以上、エスカレーション抑止とはドクトリンではなく心理的な脅しにすぎないのではないか」ということになろう。

また、このような懐疑論とは別に、米国は2018年版「核態勢見直し（NPR）」でロシアのエスカレーション抑止戦略に対する懸念を初めて公的に表明し、対抗手段としてトライデント・ⅡD-5潜水艦発射弾道ミサイル（SLBM）の低威力核弾頭搭載型（LYT）を開発する方針を示した（その後、LYTは2020年に実戦配備を開始）。核兵器によるエスカレーション抑止戦略は、西側に対する信憑性の確保と米国による低威力反撃能力の獲得という二重の挑戦に直面しているといえよう。

他方、通常弾頭型のＰＧＭであれば、以上で述べた問題のかなりの部分をクリアすることができよう。通常兵器によるエスカレーション抑止戦略という概念は実際にロシア側からもたびたび提起されてきた。たとえば前述した『ロシア軍の発展に関する緊急課題』では、エスカレーション抑止は「通常および（または）核兵器によるさまざまな規模の攻撃の脅しまたは実施によって敵に行動の停止を強要すること」とされているほか、かつて国防会議書記を務めたココーシンらも通常型エスカレーション抑止戦略に繰り返し言及している。[43]さらに２０１４年版『軍事ドクトリン』では「軍事的な性格を有する戦略的抑止の枠組みにおいて、ロシア連邦は精密誘導兵器の使用を考慮する」（第26項）という文言が初めて盛り込まれ、少なくとも宣言政策のレベルでは通常型エスカレーション抑止戦略をロシアが採用していることは明らかであろう。

問題は、それを運用レベルでどのように実現するかである。コフマンは極超音速兵器をその将来的な候補として挙げているが、サールマンの研究が示すように、ロシアの極超音速兵器プログラムはもっぱら核弾頭搭載型に偏重しており、[44]精密誘導能力を有する通常弾頭型の出現には時間がかかることが予想される。となると、現時点で通常型エスカレーション抑止戦略を実現できる長射程ＰＧＭは、巡航ミサイルだけということになろう。９Ｍ７２９を含むロシアの巡航ミサイルが核・非核双方のエスカレーション抑止任務に割り当てられているというツィスクの研究[45]は、こうした見方を支持するものといえる。したがって、ロシアのポストＩＮＦ打撃システムは（特にＮＡＴＯとの交戦が想定される欧州正面においては）必ずしも核弾頭搭載型である必要はなく、むしろ通常弾頭搭載型である可能性が高いのであって、この点が冷戦期のＩＮＦと様相を大きく異にする点であるといえよう。

一方、極東正面におけるＩＮＦの役割は理論上、微妙に異なる可能性がある。通常戦力で中国に劣勢のロシアが有事に戦術核兵器を先行使用した場合、中国は核弾頭を装備した中距離ミサイル（戦域射程の巡航ミサイルやＧＬＢＭ）を用いてこれに反撃し、自国優位のうちにエスカレーションを進められる可能性、つまりエスカレーション・ドミナンスを獲得できる可能性がある。[46]このような状況下でロシアが戦略核兵器の応酬に陥ることなくエスカレーションの主導権を保持しようとするならば、自らも中距離ミサイルを大規模に保有するほかあるまい。この場合、ロシア側も搭載弾頭は核弾頭となろうから、運用法としては冷戦期の欧州正面に配備されたソ連のＩＮＦに近いと考えられる。

それでも残る疑問

以上の議論は、純軍事的観点に立つ限り、それぞれに説得的である。１９９０年代末の「ユーゴ・ショック」を経たロシアが長距離ＰＧＭによるエスカレーション抑止能力の必要性を認識し、生残性の高いＧＬＣＭを含めた巡航ミサイルの「三本柱」を構築しようとしたという説明で、軍事的な辻褄は確かに合っている。

だが、これはあくまでも純軍事の論理であって、通常はそれが国家的な安全保障政策に直接反映されるわけではない。たとえば軍事的にはいくら合理的であっても、米国との核軍縮条約に違反すれば相当の政治的（場合によっては経済的にも）コストを負うことが予見される。したがって、このような軍事政策には、普通、政治的な歯止めがかかるはずであろう。にもかかわらず、こうした兵器開発が強行されたのはなぜなのか。言い換えれば、純軍事の論理がその他の論理を押し退けてこうも前景に出てくるのは、どのような事情によるものなのだろうか。

問題化してから新しい事象であるために、ＩＮＦ条約違反に関するロシアの内在的動機や政策決定過程はまだ十分に研究されていないのが現状である。ただ、ほかの問題とのアナロジーをある程度援用することは可能であるかもしれない。米国のＭＤ（ミサイル防衛）計画に対するロシアの反発について研究したリリーの議論はそうした手がかりの一つとなろう。[47] 技術的には米国のＭＤ計画がロシアの核抑止力を損なわないことは理解されているにもかかわらず、グローバルな安全保障政策における米国との対等性へのこだわり、米国を敵視することによる国内の基盤固めを狙う政権、予算獲得の名分を必要とする軍や軍需産業の思惑等が合致した結果、ロシアは強硬な反発を示すようになったというものである。軍事的問題の扱われ方は軍事的に決まるわけではなく、政治的・経済的な論理にも大きく左右されることをリリーの研究は強く示唆する。

また、フランスのロシア軍事研究者であるファコンらは、ＩＮＦ条約違反の９Ｍ７２９が開発されたのは、軍需産業や軍が政治的な制約をあまり気にせずにつくりたいものをつくった結果にすぎないという議論を展開している。[48] 身も蓋もない話ではあるが、ロシアは生物兵器禁止条約（ＢＷＣ）、化学兵器禁止条約（ＣＷＣ）、戦術核兵器の撤去に関する大統領核イニシアチブ（ＰＮＩ）に関して重大な違反を行なってきた疑いが濃厚であり、信憑性はやや落ちるものの包括的核実験禁止条約（ＣＴＢＴ）に違反して極小出力の核実験を実施しているのではないかという疑いも幾度か浮上している。こうなるとＩＮＦ条約違反というのは特段顕著な事例ではなく、ロシアのいつもどおりの振る舞いが政治問題化したにすぎないという見方も完全には否定できない。

これについて前述のウェイツは、次のような議論を展開する。すなわちロシアは９Ｍ７２９ＧＬＣＭの発射実験をＩＮＦ条約に違反しているとわからないように偽装して行なっており、簡単にバレるとは考えていなかったのではないか。もちろん配備すればバレてしまうが、当時は将来に備えた技術開発のつもりであり、実戦配備までは考えていなかったのではないか。あるいはバレても対した報復を受けることはないと考えていたのではないか、というものである。

では、現実にＩＮＦ条約違反が露見し、これに米国が強い態度で出てきてもなお、９Ｍ７２９の開発を続けたのはなぜなのか。さらにいえば、９Ｍ７２９を開発フェーズから実戦配備へ進めるという、米国のより強硬な対応を招きかねない挙に出たのはなぜなのか。こうした疑問に対するウェイツの回答は、ロシアは公式に条約を脱退するのでなく「違反」というかたちをとることで、「ソフト」な脱退を図っているのではないかというものである。というのも、ロシアがINF条約に違反するならば、米国の対応は、①一方的に条約を遵守し続ける、②米国の方から条約を脱退する、③同盟国の不興を覚悟で対抗的に地上配備型INFを配備するという三つのオプションに限られる。①は論外であるから、現実に米国が選択しうるオプションは②と③に限られ、実際にそうなりつつあるわけだが、これこそロシアの望むところである、とウェイツは主張する。

ただ、③についてはアントノフの見解として紹介したとおり、結局はロシアに届くミサイルの数が増加すること（他方、米国に届くミサイルの数は変わらない）を意味してもいるから、本当の意味で純軍事的なメリットといえるのかどうかはやはりどうもよくわからない。さらに言えば、ロシアは2019年夏以降、欧州諸国が米国のINFを配備しないならばロシアも配備を手控えるという一種の「紳士協定」を繰り返し持ちかけているとされ[49]、欧州での中距離ミサイル配備はいかにもロシアにとって望ましくない事態であるように（つまりINF条約違反という自らの振る舞いとの整合性がとれていないように）みえる。

以上のように、ロシアのポストINF打撃システムについては、一定の軍事的合理性が認められるものの、政治的には依然として不可解な部分が残る。狭義の軍事的効用のみによってロシアの振る舞いを説明することに満足せず、より包括的な理解を試みることが求められよう。

ＩＮＦ条約後のロシアの核戦力

ＩＮＦ条約破棄を受けてロシアの核戦力構成がどのように変化していくのかについても簡単な展望を試みたい。

「鏡面的に対称的な措置」

２０１９年２月に米国がＩＮＦ条約の破棄を予告した際、プーチン大統領はロシアが「鏡面的に対称的な措置」をとると発言した。つまり、戦略核抑止の分野でロシアが重視してきた「非対称的な措置」（たとえばＭＤ突破能力を高めるための個別誘導複数弾頭〔ＭＩＲＶ〕化やデコイの搭載など）ではなく、「鏡」のように相手とそっくり同じことをする、という意味である。ロシア側の言い分では、先にＩＮＦ条約違反の兵器開発を行なったのは米国側ということになっているから（もちろん西側世界においては、事実関係は真逆であると認識されている）、その意味するところはロシアも独自のＩＮＦ開発を行なうということになろう。その具体的な内容を現時点で最も包括的に示していると考えられるのは、プーチン発言に続いてショイグ国防相が行なった次の発言[50]である。

●米国がＩＮＦ条約破棄を通告してきたことに鑑み、プーチン大統領は「鏡面的に対称的な措置」をとるようロシア国防省に命じた。

●この際、既存の海洋発射型および空中発射型巡航ミサイルを陸上発射型に転用すれば開発に要する期間およびコストを削減することができる。

●アレクセイ・クリヴォルチュコ国防次官（筆者注：装備行政担当）に対し、当該の試作・設計作業（同：具体的な開発フェーズを示すロシア側の用語。略称はＯＫＲ）を「短期間で」開始するよう命じる。

●当該作業を実施するため、２０１９年度連邦予算および２０２０〜２１年度の国家国防発注に「新型コンプレクス」開発予算を盛り込む必要がある。

●カリブル長距離巡航ミサイル・コンプレクスはシリアで高いパフォーマンスを示したので、その地上発射バージョンを今年度と来年度（２０１９〜２０年）で開発する。

●また同期間において地上発射型の長距離極超音速ミサイル・コンプレクスを開発する。

●現存する地上発射型ミサイルの射程を延伸することも重要である。

つまり、ロシアが当面想定する「対称的措置」は、①カリブルの地上発射バージョンの開発、②極超音速ミサイルの開発、③既存の地上発射型ミサイルの射程延伸であるということがここでは示されている。以下、現時点で想定されるそれぞれの概要をまとめた。

想定されるポストＩＮＦ打撃システムとその軍事的効用

［９Ｍ７２９＝地上発射型カリブル］

３Ｍ１４カリブルの地上発射バージョンこそが９Ｍ７２９の正体であるとみられていることはすでに述べた。つまり、開発するとか予算を付けるとかいう以前に地上発射型カリブルはすでに存在しており、それこそが現今の問題を引き起こしているのだが、ロシアがこの点を認めることはまずあるまい。したがって、ロシア側としては、ＩＮＦ条約の破棄後に合法的に開発したという体裁で地上発射型カリブルの実戦配備を公にするものと思われる。ただ、それを９Ｍ７２９と銘打った場合、２０１９年１月に外国武官団に公開した「９Ｍ７２９」（とされるミサイル）と齟齬が生じることになるから、別の名称が付されることになろう。発射プラットフォームは前述のようにイスカンデル‐Ｍと見られ、運用は陸軍が担当すると思われる。

［極超音速ミサイル（地上発射型ツィルコン）］

地上発射型極超音速ミサイルについては、開発中の３Ｍ２２ツィルコン極超音速対艦ミサイルをベースとして開発されるという観測が有力である。性能の詳細は明らかになっていないが、最大速度マッハ６～８、射程４００～６００キロメートルとされている。

［既存の地上発射型ミサイルの射程延伸］

イスカンデル‐Ｍ用に新型ミサイルを配備することを指しているとみられる。イスカンデル‐Ｍは

<table>
<tr><td rowspan="4">戦略ロケット部隊</td><td rowspan="3">戦略核戦力</td><td>ＲＳ-24ヤルスＩＣＢＭ</td></tr>
<tr><td>ＲＳ-28サルマート重ＩＣＢＭ</td></tr>
<tr><td>ＲＳ-18Ｂ ＩＣＢＭ（アヴァンガルド極超音速グライド弾頭搭載）</td></tr>
<tr><td rowspan="4">戦域核戦力</td><td>ＲＳ-26ルベーシュＩＲＢＭ</td></tr>
<tr><td rowspan="4">陸 軍</td><td>地上発射型カリブル</td></tr>
<tr><td>イスカンデル-Ｍ（射程延伸型ミサイル装備）</td></tr>
<tr><td>地上発射型極超音速ミサイル（地上発射型ツィルコン？）</td></tr>
<tr><td>戦術核戦力</td><td>イスカンデル-Ｍ（在来型ミサイル装備）</td></tr>
</table>

表４ 2020年代半ば頃におけるロシアの地上配備型核戦力構成（予想）

９Ｍ７２８ＧＬＣＭだけでなく９Ｍ７２３ＳＲＢＭを運用可能な発射プラットフォームであり、後者は最小エネルギー軌道（ＭＥＴ）で飛行させた場合、７００キロメートル程度の射程距離を有すると伝えられている。９Ｍ７２３に多少の改良を加えれば１０００キロメートル程度の射程距離を持たせることは比較的容易であると思われ、この場合、ロシア軍の装備体系には久方ぶりにＭＲＢＭが復活することになろう。

［ＲＳ‐26ルベーシュ］

ショイグ国防相は触れていないが、ＲＳ‐26ルベーシュ弾道ミサイルもＩＮＦ失効後の「対称的措置」に含まれる可能性がある。ルベーシュはＲＳ‐24ヤルスＩＣＢＭの第一段を撤去した弾道ミサイルであり、公式には小型ＩＣＢＭという扱いになっているが、実際にはＩＲＢＭとしての運用を目指したものである可能性は高い。現在、ルベーシュの開発は停止されているが、今後、その開発が再開されるかどうかが注目されよう。なお、ルベーシュが配備された場合、その運用は戦略ロケット部隊（ＲＶＳＮ）が担うとみられる（過去にルベーシュの配備先としてイルクーツク近郊の第29ロケット師団が取り沙汰されたこともある）。

以上を総合した上で、２０２０年代半ば頃におけるロシアの地上配備型核戦力の構成を仮に予想してみたのが表４である（なお、開発中の９Ｍ７３０ブレヴェストニク原子力巡航ミサイルは位置付けが今ひとつはっきりしないためここでは触れていない）。

以上で挙げたポストＩＮＦ打撃システム候補のうち、９Ｍ７２９、地上発射型ツィルコン、射程延伸型９Ｍ７２３はおそらく一定程度の精密誘導能力を有し、通常弾頭型で運用することが可能であろうと思われる。９Ｍ７２９と射程延伸型９Ｍ７２３はそもそもベースとなったミサイル（９Ｍ７２８とオリジナルの９Ｍ７２３）が通常弾頭を主、核弾頭をオプションとするＰＧＭであり、ツィルコンについては対艦ミサイルである以上、相応の精密誘導能力を有していると考えられるためである。したがって、これらのポストＩＮＦ打撃システムが欧州正面において通常型エスカレーション抑止を担うことは可能であろうし、あるいは核弾頭搭載型によるエスカレーション・ドミナンスに用いることもできよう。

他方、ルベーシュについては位置付けがこれほど明確ではない。ルベーシュは開発段階から15Ｙｕ71アヴァンガルド極超音速滑空体（ＨＧＶ）の搭載母機と見なされてきたためである。サールマンの研究に関してすでに述べたように、ロシアのＨＧＶは主に核弾頭運搬手段としての性格が強く、とりわけ米国のMD突破を強く意図していると考えられる。したがってルベーシュについては通常型エスカレーション抑止に用いうるほどの精密誘導能力はなく、[51] どちらかというと米国のMDシステム自体を標的としてこれを第一撃で破壊し、第二撃（報復）の信憑性を確保するような効用が現実的に期待されているのではないか。[52]

ポストINF打撃システムが日本に及ぼす影響

ロシアのポストINF打撃システムがいかなる政策決定過程の末に登場してきたのかは別として、ロシア軍がすでに9M729GLCMを配備していることはおそらく確実であろう。また、その運用プラットフォームがイスカンデル・Mであるならば、極東（東部軍管区）に4個旅団が所在する当該プラットフォームの運用部隊にもいずれは9M729が配備される（あるいはすでに配備されている）ものと考えられる。サハリンから北方領土にかけてを担当範囲とする陸軍第68軍団は、ロシア陸軍中でロケット旅団を持たない唯一の諸兵科連合部隊であるから、今後は日本と直接に隣接する地域にもイスカンデル・Mが配備され、その運用弾頭には9M729が含まれるということも大いに想定し得る。

では、ロシアのINFが日本に対して及ぼしうる影響とはどのようなものであろうか。ロシア軍が2014年に実施した「ヴォストーク2014」演習や翌2015年の東部軍管区抜き打ち大演習では、極東での局地紛争（北方領土等をめぐる日ロ間の軍事紛争）に米軍が介入してくるというシナリオが採用されたと見られている。特に後者においては、米軍を撃退する目的で潜水艦が核攻撃を行なう訓練が外国武官団に公開されたと報じられており、[53] ＳＬＢＭないしＳＬＣＭを用いて米軍に「調整された打撃」を加えるエスカレーション抑止型の核使用が想定されていた可能性がある。[54]

ロシアの対日有事において９Ｍ７２９などのＩＮＦが何らかの軍事的効用を期待されるとすれば、まずもって想定されるのはこの種のエスカレーション抑止であろう。仮に９Ｍ７２９の射程を２０００キロメートルとするならば、極東のロシア本土側や千島列島からでも本州を射程に収めることが可能であり、制空権・制海権を喪失した状況下でもなお、エスカレーション抑止を図る目算が立つ。他方、日本が何らかのかたちで敵地攻撃能力を保有した場合、極東正面に配備されたロシアのＩＮＦが日本に対するエスカレーション・ドミナンスを担うことも考えられよう。

（1）U.S. Department of State, 2019 *Adherence to and Compliance with Arms Control, Nonproliferation, and Disarmament Agreements and Commitments*, August 2019.

（2）“U.S. Says Russia Tested Cruise Missile, Violating Treaty,” *New York Times*, 2014.7.28.

（3）Office of the Director of National Intelligence, *Director of National Intelligence Daniel Coats on Russia's INF Treaty Violation*, 2018.11.30. https://www.dni.gov/index.php/newsroom/speeches-interviews/speeches-interviews-2018/item/1923-director-of-national-intelligence-daniel-coats-on-russia-s-inf-treaty-violation.

（４）この査察措置には中距離ミサイル製造工場への査察要員の常駐が含まれており、ソ連の場合はＩＲＢＭの生産を担っていたヴォトキンスク工場に米国務省の査察要員を受け入れていた。詳しくは以下を参照。Congressional Research Service, *Russian Compliance with the Intermediate Range Nuclear Forces (INF) Treaty: Background and Issues for Congress,* August 2019, pp. 14-15.

（５）U.S. Department of State, 2015 *Report on Adherence to and Compliance with Arms Control, Nonproliferation, and Disarmament Agreements and Commitments,* May 2015.

（６）U.S. Department of State, 2018 *Report on Adherence to and Compliance with Arms Control, Nonproliferation, and Disarmament Agreements and Commitments,* April 2018.

（７）上院軍事委員会における２０１４年の証言より。Steven Pifer, *The INF Treaty, Russian Compliance and the U.S. Policy Response,* 2014.7.17. http://www.brookings.edu/research/testimony/2014/07/17-inf-treaty-russia-compliance-us-policy-response-pifer.

（８）*Brifing zamestitelia inostrannykh del Rossiiskoi Federatsii S. A. Riabkova po situatsii vokrug Dogovora o RSMD, Moskva,* 26 *noiabria* 2018 *goda,* 2018.11.26. https://www.mid.ru/situacia-vokrug-dogovora-o-rsmd/-/asset_publisher/ckorjLVIkS6l/content/id/3420936.

（９）米中央情報局（ＣＩＡ）と国家地理空間情報局（ＮＧＡ）の共同評価の結果として以下で報じられたもの。これによると９Ｍ７２９が射程５００キロメートル以上で試験されたのは６回であり、他方、移動式発射機を用いた場合の射程は最大でも３５０キロメートルに抑えられていた。Ankit Panda, "U.S. Intelligence: Russia Tried to Con the World with Bogus Missile," *The Daily Beast* 2019.2.28.

（１０）ロシアのラヴロフ外相は２０１５年、米国は「君たちはミサイルを試射したな。何が言いたいかわかるだろう」と言うばかりで、何を問題視しているのか具体的には何一つ指摘していないと批判している。"ussia does not intend to breach Intermediate-Range Nuclear Forces Treaty – Lavrov, "*TASS,* 2015.6.9.

（１１）*Minoborony provelo brifing dlia inostrannykh voennykh attashe s predstavleniem rakety 9M729 kompleksa «Iskander-M»,* 2019.1.23. https://function.mil.ru/news_page/country/more.htm?id=12213705@egNews.

（１２）Ankit Panda, op. cit., 2019.

（１３）"SShA i Rossiia pytaiutsia «sokhranit' litso» pered Evropoi, a ne DRSMD?"*REGNUM,* 2019.1.24.

（１４）"Russia Deploys Missile, Violating Treaty and Challenging Trump," The New York Times, 2017.2.14.

（１５）“On Brink of Arms Treaty Exit, U.S. Finds More Offending Russian Missiles,” *The Wall Street Journal*, 2019.2.1.

（１６）“Report: Russia Has Deployed More Medium-Range Cruise Missiles Than Previously Thought,” *Radio Free Europe*, 2019.2.10.

（１７）Hans M. Kristensen & Matt Korda, *Russian nuclear forces,* 2019, UCS, 2019, pp. 74-75.

（１８）“Raketnoe ob’edinenie: brigadam ‘Iskanderov’ uvelichili ognevuiu moshch’,” *Izvestiia*, 2019.12.16.

（１９）Nikolai Sokov, Russia Clarifies Its Nuclear Deterrence Policy, VCDNP, 2020.6.3.

（２０）Anatolii Antonov, Kontrol’ nad vooruzheniiami: istoriia, sostoianie, perspektivy, PIR-Tsentr, 2012, pp. 28-29.

（２１）*Vystuplenie i diskussiia na Miunkhenskoi konferentsii po voprosam politiki bezopasnosti*, 2007.2.10. http://kremlin.ru/events/president/transcripts/24034.

（２２）*Zasedanie kollegii Ministerstva oborony*, 2018.12.18. http://kremlin.ru/events/president/news/59431

（２３）Vipin Narang, *Nuclear Strategy in the Modern Era: Regional Powers and International Conflict,* Princeton University Press, 2014, pp. 17-19.

（２４）“Aktivnaia faza uchenii ‘Zapad-2009’ proidet na poligone v Belarusi,”*RIA Novosti,* 2009.9.29.

（２５）なお「ヴォストーク２０１８」についてはモンゴル軍とともに中国人民解放軍が参加している。この意味では、中国との敵対関係の清算はさらに進んだと言えるが、人民解放軍が参加したのは諸兵科演習場（地上部隊用）５か所、地上・航空演習場（射爆場）４か所、海上演習場４か所のうちの１か所（ザバイカル地方のツゴル演習場）のみであり、その他はすべてロシア軍単独の訓練であった。

（２６）Alexei Arbatov and Vladimir Dvorkin, *The Great Strategic Triangle,* Carnegie Endowment for International Peace, 2013. https://carnegieendowment.org/files/strategic_triangle.pdf.

（２７）Phillip Karber, *Strategic Implication of China’s Underground Great Wall*, Georgetown University, 2011. https://fas.org/nuke/guide/china/Karber_UndergroundFacilities-Full_2011_reduced.pdf.

（２８）Hans Kristensen, “No, China Does Not Have 3,000 Nuclear Weapons,” *FAS Blog,* 2011.12.3. https://fas.org/blogs/security/2011/12/chinanukes/.

（２９）科学アカデミー極東研究所のティタレンコの見方などはその好例である。M. L. Titarenko, *Rossiia i ee aziatskie partnery v globaliziruiushchemsia mire*, Forum, 2012, pp. 342-343.

（30） Michał Lubina, *Russia and China: A Political Marriage of Convenience – Stable and Successful*, Barbara Budrich Publishers, 2017, pp. 184-199.

（31） Bobo Lo, *The Return: Russia and the Security Landscape of Northeast Asia*, IFRI, March 2020, p. 13.

（32） *Voennaia doktrina Rossiiskoi Federatsii*. http://www.scrf.gov.ru/security/military/document129/.

（33） "Ministerstvo oborony RF otkryto k ravnopravnomu dialogu po obespecheniiu voennoi bezopasnosti," *Krasnaia zvezda*, 2019.12.18.

（34） Alexei G. Arbatov, "Transformation of Russian Military Doctrine: Lessons Learned from Kosovo and Chechnya," *The Marshall Center Papers*, No. 2, 2000, pp. 17-19.

（35） Ibid, pp. 9-15.

（36） E. G. Borisov i V. I. Evdokimov, *Vysokotochnoe oruzhie i bor'ba s nim*, Lan', 2013, p. 18.

（37） *Aktual'nye zadachi razvitiia vooruzhennykh sil Rossiiskoi Federatsii*, Ministerstvo oborony Rossiiskoi Federatsii, 2003.

（38） Vladimir Putin, "Byt' sil'nymi: garantii natsional'noi bezopasnosti dlia Rossii," *Rossiiskaia gazeta*, 2012.2.20.

（39） Richard Weitz, "Why Russia Is Cheating on the INF Treaty," *World Politics Review*, 2017.3.10.; Rowan Allport, "Russia's Conventional Weapons Are Deadlier Than Its Nukes," *Foreign Policy*, 2019.1.17.

（40） Dominik P. Jankowski, "The Myths and Realities of European Security in a Post-INF World," *World Politics Review*, 2019.2.14.

（41） 議論の動向については以下の拙著を参照されたい。「ロシア—ロシア版エスカレーション抑止戦略をめぐって」『「核の忘却」の終わり　核兵器復権の時代』勁草書房、２０１９年、45〜72頁。これに関連して、ロシアきっての核戦略家として知られるドヴォルキンは、ロシアがエスカレーション抑止を考慮しているという誤解を西側に抱かせないために軍事ドクトリンを改定すべきであるという論文を２０１９年に『独立新聞』に寄せている（Vladimir Dvorkin, "Voennaia doktrina Rossii nuzhdaetsia v obnovlenii," *Nezavisimaia gazeta*, 2019.4.11.）。

（42） Nikolai Sokov, "Why Russia Calls a Limited Nuclear Strike 'de-escalation'," *Bulletin of the Atomic Nuclear Scientists*, 2014.3.13.

（43） Andrei Kokoshin, *Politiko-voennye i voenno-strategicheskie problemy bezopasnosti Rossii i mezhdunarodnoi bezopasnosti*, Vysshaia shkola ekonomiki, 2013, pp.196-223.

（４４）Lora Saalman, "Factoring Russia into the US-Chinese Equation on Hypersonic Glide Vehicles," *SIPRI Insights on Peace and Security,* No.2017/1, January 2017.

（４５）Katarzyna Zysk, "Escalation and Nuclear Weapons in Russia's Military Strategy," *The RUSI Journal,* 163:2, pp. 4-15.

（４６）エスカレーション抑止とエスカレーション・ドミナンスの関係性については以下を参照。Aaron Miles, "Escalation Dominance in America's Oldest New Nuclear Strategy," *War on the Rocks,* 2018.9.12. https://warontherocks.com/2018/09/escalation-dominance-in-americas-oldest-new-nuclear-strategy/.

（４７）Bilyana Lilly, *Russian Foreign Policy Toward Missile Defense: Actors, Motivations, and Influence,* Lexington Books, 2014.

（４８）Antoine Bondaz, Stéphane Delory, Isabelle Facon, Emmanuelle Maitre, Valérie Niquet, "The death of the INF Treaty or the end of the post-Cold war era," *FRS,* No. 03, 2019. https://www.frstrategie.org/publications/notes/the-death-of-the-inf-treaty-or-the-end-of-the-post-cold-war-era-03-2019.

（４９）２０１９年８月にはリャプコフ外務次官が米国およびＮＡＴＯ諸国に対してこのような提案を行なったほか（"Riabkov: Rossiia predlozhila SShA i NATO ob'iavit' moratorii na razmeshchenie RSMD," TASS, 2019.8.2.）、ショイグ国防相からも同様の意向が示され（"Shoigu podtverdil gotovnost' RF vesti dialog s SShA po raketam srednei i men'shei dal'nosti," *TASS,*2019.8. 18.）、９月にはプーチン大統領からもモラトリアムを提案する書簡が「欧州・アジア諸国及び各種国際機関」に送付されたことをペスコフ大統領府報道官が明らかにしている（"Peskov: dovody Putina, izlozhennye v ego pis'me o RSMD, poka ne vstretili ponimaniia," *TASS,* 2019. 9.26.）。

（５０）*Ministr oborony Rossii provel selektornoe soveshchanie s rukovodiashchim sostavom Vooruzhennykh Sil.* , 2019.2.5. https://function.mil.ru/news_page/country/more.htm?id=12215894@egNews.

（５１）ロシアのＨＧＶの精密誘導能力に対するロシア側からの懐疑論としてはステファノヴィチによる以下の論考がある。Dmitrii Stefanovich, "'Avangard' i drugie: o roli novykh sistem v strategicheskikh silakh," *Izvestiia,* 2019.1.5.

（５２）Kofman, *op. cit.*

（５３）共同通信が「複数の軍事外交筋」の情報として報じたところによると、「北大西洋条約機構（ＮＡＴＯ）軍や米軍とみられる仮想敵が、北極圏の島や北方領土を含む千島列島を攻撃し戦闘が起きた事態を仮定、核兵器の限定的先制使用の可能性を想定していた」。「ロシア軍、核先制使用を想定　３月の大演習で」『共同通信』２０１５年４月１日。

（５４）ロシア海軍の任務や活動の基礎を規定する文書として２０１２年に公表された『２０２０年までの期間における軍

事海洋活動の分野におけるロシア連邦の国家政策の基礎』第24項第3パラグラフでは「危機的状況が生じた場合には、ロシア連邦およびその同盟国に対する侵略（力による圧迫の試み）を阻止する（防止する）ことを目的として精密誘導兵器を含めた兵器使用の恐れを抱かせるためのデモンストレーションが軍事力の性質を帯びた枠組みにおいて実施される」と述べられていた。一方、同文書を改訂するかたちで２０１７年に公表された『２０３０年までの期間における軍事海洋活動の分野におけるロシア連邦の国家政策の基礎』第37項には「軍事紛争がエスカレートした条件下においては、非戦略核兵器による軍事力行使の用意および決意をデモンストレーションすることが実効性のある抑止のファクターとなる」としてエスカレーション抑止型核使用を海軍が担うことがより明確化された。*Osnovy gosudarstvennoi politiki Rossiiskoi Federatsii v oblasti voenno-morskoi deiatel'nosti na period do 2030 goda.*

第6章　ポストＩＮＦ時代の米国の国防戦略と戦力態勢

（村野　将）

２０１８年10月20日、トランプ大統領はロシアとの間で締結していたＩＮＦ条約を破棄する考えを明らかにした。その後、２０１９年2月1日には同条約の履行義務を停止するとともに、米政府として正式に条約からの離脱を通告、プーチン大統領も即座に離脱を宣言したことにより、ＩＮＦ条約は6か月後の8月2日に失効した。

冷戦期を代表する軍備管理条約の失効は、日本では驚きをもって報じられた。しかし、ＩＮＦ条約の今日的意義は、これまでにも米国の安全保障コミュニティではたびたび議論されてきた問題であり、そうしたなかには条約からの離脱や内容の見直しを主張する声も少なくなかった。その意味において、ＩＮＦ条約の失効は時間の問題であった。

しかしながら、ＩＮＦ論争が本格化した２０１４年前後から、米政府が実際に離脱を決断するまでに約5年かかっていることを踏まえると、政府内外に離脱を思いとどまらせるさまざまな背景があったこともまた事実である。とりわけ、そうしたなかには「ポストＩＮＦ打撃システムは、米国の国防戦略や戦力態勢の中でどのような役割を持ち得るのか」「米国は、中国に対してどのような〝セオリー・オブ・ビクトリー（勝利の理論：第2章および座談会参照）〟を持つべきなのか」という論点も含まれる。

本章では、米国がＩＮＦ条約を破棄するに至った経緯と背景について、米国内の議論や国防戦略の変化と合わせて考察し、今後米国がとりうるオプションとその影響について論じる。

米ロ関係とＩＮＦ問題

軍備管理・条約遵守問題としてのＩＮＦ

米国がＩＮＦ条約の破棄するに至った背景には、大きく分けてロシアによる要因と中国による要因の二つがある。これらの要因は双方が複雑に絡み合っており、どちらの要因がより大きいかを議論することにあまり意味はない。しかし一ついえるのは、ＩＮＦ問題をロシアとの条約遵守をめぐる問題として捉える軍縮・軍備管理の専門家や欧州の地域専門家は、おおむね条約を維持し続けることを支持していた一方、ＩＮＦ問題を西太平洋における中国との軍事バランスの問題として捉える軍事戦略家やアジアの地域専門家は、条約からの離脱に積極的な傾向があったということである。

日本では、トランプ政権がロシアに先んじてＩＮＦ条約の破棄を通告したことをもって、米国がロシアや中国に対して積極的に軍拡競争を仕掛けているような報じられ方をされることが少なくない。しかし、ＩＮＦ条約の遵守状況について米ロの主張を併記したり、条約失効に至った責任の所在を曖昧にした報道は、あたかも米国が現状変更を行なっているかのような誤解を招きかねないばかりか、ロシアによる印象操作を助けてしまう恐れがある。それゆえに、ＩＮＦ条約の失効までに米国が行なってきた外交上の取り組みや議論の経緯を記述しておくことは重要である。

米国がＩＮＦ条約を破棄するに至った直接的原因は、ロシアが一方的な条約違反を続け、行動を是正する姿勢を見せなかったことにある。ロシアがＩＮＦ条約に違反するミサイルを開発・保有しているとの疑惑は２００７年頃から取り沙汰されていたが[1]、米政府がこの問題を公式に取り上げるようになったのは、２０１４年７月末に国務省が公表した軍備管理・不拡散・軍縮諸条約の履行状況に関する年次報告書（コンプライアンス報告書）以降である。この中で、米政府は「ロシアは、射程５００～５５００キロメートルの能力を有する地上発射型巡航ミサイル（ＧＬＣＭ）の保有、製造、飛翔実験およびそれらのランチャーの保有・製造を行なわないとするＩＮＦ条約の義務に違反している」と評価した。[2] 2014年版の報告書では、違反対象となるミサイルの機種名や諸元についての具体的な言及はなかったものの、当時から情報機関や専門家の間では、そのミサイルは「SS‐N‐30（3M14）／カリブル‐NK」と呼ばれる射程2500キロメートル超の海洋発射型巡航ミサイル（SLCM）を路上移動式に改修・転用したものではないかと見られていた。[3]

米政府がINF問題を公式に訴えたのは2014年からであるが、米当局はこれ以前にも、衛星などによる監視やさまざまな手段によって得られた情報から、ロシアが行なってきたGLCMの発射実験回数や飛翔距離の詳細を把握し、水面下で米議会や同盟国に情報共有を行なっている。たとえば2011年後半には、政府関係者から議会に対し、ロシアがINF条約に違反するミサイル実験を行なっている可能性があると報告されているほか、[4] 2014年1月17日のNATO軍備管理・軍縮・不拡散委員会では、ローズ・ゴッテモラー軍備管理担当国務次官補が、NATO諸国に対して、ロシアによるINF条約違反の懸念があることを伝達している。[5] のちに「なぜもっと早く違反を公表しなかったのか」と問われたゴッテモラーは「米政府は、2008年からロシアが巡航ミサイルの飛翔実験を開始したことは把握していたものの、それが海洋・空中発射型ミサイルの地上試験なのか、（違反対象となる）GLCMの開発を意図したものなのか、その時点では判断できなかったため」と説明している。[6]

またこの頃から、米国の軍事戦略家やアジアの地域専門家を中心に、INF条約からの離脱（もしくは見直し）に関するオプションが盛んに議論され始めている。後述する中国要因を除けば、条約離脱派の主張の中には「離脱を検討するという米国の意思が、ＩＮＦ条約の多角化や内容の見直しに対する交渉のテコとなる場合もある」という指摘もあった。[7] しかし、そうした主張がすぐさま政策として取り入れられることはなく、米政府としては２０１８年末まで一貫して、「ＩＮＦ条約の維持が米国を含む各国の利益にかなう」とする立場を取り続けた。結果的に、当時の政府方針を支えるかたちとなった条約維持派の主な主張としては、①米国から条約離脱を切り出せば、情報交換などの検証措置が失われるばかりでなく、外交上の主導権も失われ、ロシアは無尽蔵にＩＮＦを生産・配備できるようになってしまう、②攻撃兵器でなくとも、欧州の巡航ミサイル防衛を強化すればよい、③ポストＩＮＦ打撃システムの開発には時間がかかる上、国防予算の制約下ではほかの重要プログラムへの投資を圧迫する、④ポストＩＮＦ打撃システムの配備場所を見つけることは政治的に難しく、それが可能であっても中・東欧に配備すればかえってロシアを刺激する、⑤条約に抵触しない海洋・空中発射型ミサイルでも対抗は可能であるといった諸点が挙げられる。[8] またこうした具体論に加えて、オバマ大統領自身が核兵器の削減・役割低減を掲げ、軍縮・軍備管理政策の履行を重視しようとする政治的意思が強かったことも無関係ではなかったと思われる。

ロシアによる条約違反の継続と対抗手段の模索

米政府は、2014年のコンプライアンス報告書を発表する以前の2013年5月から、ロシアに条約遵守に回帰するよう説得するための外交交渉を開始している。[9] ロシアとの交渉は、トランプ政権が条約破棄を決断するまで約5年間継続されるが、ロシア側は「米側の主張には根拠がない」として条約違反を一貫して否定するのみならず、ルーマニアとポーランドに配備されるイージス・アショアのマーク41多目的垂直発射装置（VLS）がトマホーク巡航ミサイルのランチャーに転用し得るなどの言いがかりをつけ始め、米側こそがINF条約に違反しているとの批判を繰り返した（第5章参照）。

事実関係として、東欧のイージス・アショアに用いられているマーク41は、電子システムや火器管制に関するソフトウェアが艦載型と異なるため、防御的な迎撃ミサイルしか発射できず、GLCM発射能力を有していない。[10] また、ロシアはこれ以前にも米・NATOによるミサイル防衛の東欧配備に反対してきた経緯があるが、当時の反対理由は「イージス・アショアにICBM対処能力が付与されれば、ロシアの戦略的抑止力に影響を及ぼす」という別の論点であり、マーク41の潜在的なGLCM発射能力を理由に批判を始めたのは2014年以降である。この点に鑑みても、ロシアの対米批判は、責任の所在を曖昧にするためのプロパガンダにすぎない。

その間にも国務省は、ロシア政府に条約違反を是正するよう説得を続けていたが、2017年2月にはロシアが当該GLCMの実戦配備を進めていることが明らかとなった。米情報当局者によれば、

２０１７年２月時点でロシアはＩＮＦ条約違反となるＧＬＣＭを２個大隊分保有しており、一つの大隊は南部ヴォルゴグラード近郊に位置するカプスチン・ヤール演習場に配備され、もう一つの大隊は２０１６年12月に同試験場からロシア国内のどこかの作戦拠点に移されたという(11)。

また違反対象となるＧＬＣＭは、従来米政府内で「ＳＳＣ‐Ｘ‐８」という仮称で呼ばれていたが、同時期の情報分析報告では「未配備ないし実験中の兵器」であることを指す「Ｘ」が外れ、これ以降米国を含む西側諸国では条約違反のＧＬＣＭを「ＳＳＣ‐８」と呼称するようになった。その後、ポール・セルヴァ統合参謀本部副議長は、２０１７年３月８日の下院軍事委員会において「我々は、ロシアがＧＬＣＭをすでに配備していると見ており、それはＩＮＦ条約の精神と意図に違反する」「当該システムは、欧州にある我々の施設のほとんどにリスクをもたらすものであり、（中略）それらに脅威を与える目的でロシアが意図的に配備したと考えている」と証言し、配備の事実を公式に認めた。

ロシアがＳＳＣ‐８の実戦配備を開始したとされる時期は、オバマ政権からトランプ政権へ移行した時期と重なっている。このことが、トランプ大統領の判断にどのような影響を与えたのかは定かではない。しかしながら、トランプ大統領にオバマ政権時代の取り組みに反対する傾向があるのは事実としても、当初トランプ大統領にとって、ＩＮＦ条約からの離脱は必ずしも政治的関心度・優先度が高いアジェンダではなかったことは指摘しておくべきであろう。実際、２０１７年１月の政権移行後も、国務省はＩＮＦ条約の特別検証委員会（ＳＶＣ）を含むさまざまなルートを通じて、ロシアに条約遵守を促すための外交交渉を続けていたほか、ＩＮＦ条約調印30周年となる２０１７年12月８日に国務省から発表されたファクトシートでは、「ＩＮＦ条約は国際安全保障と安定の柱である」「ＩＮＦ条約は米ロ間の戦略的競争の管理に貢献してきており（中略）米国と同盟国とパートナーの安全にとって極めて重要である」と謳われていた。[12] また、２０１８年２月に公表された「核態勢見直し（ＮＰＲ：Nuclear Posture Review）」では、米国自身はＩＮＦ条約を遵守し続けることを前提に、条約に抵触しない範囲での対抗手段として、①短期的には既存の潜水艦発射型弾道ミサイル（ＳＬＢＭ）の一部を低出力核弾頭に換装する、②中長期的には核搭載型ＳＬＣＭの再開発・再配備を検討するとした上で、ロシアが違反を是正するのであれば、ＳＬＣＭ計画については見直す可能性を残していた。[13]

２０１８ＮＰＲの策定に関与した関係者によると、米国の核戦力態勢を見直すにあたりＩＮＦ条約の位置付けについても議論されたものの、少なくとも「ロシアの核戦力に対抗する」という文脈においては、米国が欧州に地上発射型ミサイルを配備するためのオプションを用意する必要性があるとは判断されなかったという。このことを裏付けるように、ＩＮＦ条約の破棄を支持している専門家の中でも、欧州にポストＩＮＦ打撃システムを配備すべきとの主張は見当たらない。とりわけ象徴的なのは、同時期に戦略・戦力開発担当国防次官補代理として２０１８年版の「国家防衛戦略（ＮＤＳ：National Defense Strategy）」の策定を主導していたエルブリッジ・コルビーの見解である。コルビーは対中戦略の観点からＩＮＦ条約破棄を主張してきた代表的論者であるが、そのコルビーにしても、欧州における効果的な抑止・防衛のためにポストＩＮＦ打撃システムは必要なく、突破力の高い航空機や海洋発射型ミサイルなどによってそれらのニーズを満たすことはできると述べている。[14]またのちにＮＡＴＯは、米国による条約破棄の決定を支持する立場をとるようになるが、[15]２０１８年10月にトランプ大統領が突如条約を破棄する意思を表明した直後には、一部のＮＡＴＯ加盟国に動揺が見られたことも事実であった。[16]

これらの事情を振り切り、最終的にトランプ大統領が条約破棄を決断した直接的要因としては、軍備管理に懐疑的な見方を示し、自身も早くからＩＮＦ条約破棄を主張していたジョン・ボルトン元国連大使が２０１８年４月に国家安全保障問題担当大統領補佐官に就任したことや、[17]同年７月には同じく対ロ強硬派のティム・モリソンがＮＳＣの大量破壊兵器・バイオテロ防衛担当上級部長に就任したことなどが影響したと思われる。

この点について、オバマ政権で軍備管理担当国務次官補を務め、対ロ交渉を担当していたフランク・ローズは、交渉を通じてもロシアが違反行為を是正する姿勢を一向にみせなかったことから、米国だけがＩＮＦ条約にとどまり続ける意義を見出せなくなっていたことを認めつつも、「破棄を決めるならば、同盟の一体性を維持する方法であるべきだった」として、条約破棄のタイミングは同盟国と事前調整されていなかったことを指摘している。[18]

以上を総合すると、ＩＮＦ条約の是非をめぐる議論において、少なくともＮＡＴＯを中心とする欧州の安全保障環境やロシアとの軍備管理上の安定性だけを考慮するならば、ＩＮＦ条約は万全でなくとも、それを進んで破棄するほどの決定的理由にも欠けていたといえる。実際のところ、２０２０年時点においても、ＳＳＣ‐８やイスカンデル‐Ｍ（ＳＲＢＭ）の脅威を相殺するための対抗手段は、戦略爆撃機や低出力ＳＬＢＭを搭載した戦略ミサイル原潜の展開など、ＩＮＦ条約の規制を受けない範囲で模索されており、冷戦期の「二重決定」のように米国がポストＩＮＦ打撃システムを欧州に配備するというオプションについては、積極的に検討されている状況にはない。また条約維持派が指摘した、①米国はすぐに配備可能なポストＩＮＦ打撃システムを持っておらず、開発までには時間とコストがかかる、②それらの配備場所を探すことは政治的に難しい、③既存の海洋・空中発射型ミサイルで対処可能ではないか、といった諸点については、ＩＮＦ問題を西太平洋における中国との軍事バランスをめぐる問題として捉える場合にも考慮されるべき共通の課題である。

米中関係とＩＮＦ問題

米国の国防戦略と戦力態勢の見直し

対ロ関係の文脈から、米政府がＩＮＦ条約の破棄を決断した理由を一言で表すならば、「交渉を通じてもロシアが条約違反を是正する意思がみられず、米国だけが条約を遵守し続ける意義が薄れたため」といえる。だがこうした消極的な理由の裏には、INF条約からの積極的な離脱を通じて、西太平洋地域における中国のA2／AD（接近阻止・領域拒否）戦略に対抗すべきと考える軍事戦略家やアジア地域専門家の強い後押しがあった。彼らがポストINF打撃システムの配備を主張する理由は、主として①米軍の統合運用における柔軟性の向上、②中国に対するコスト賦課、③同盟国への安心供与、④軍備管理のための交渉材料という4点に集約されるが、これらは個別の論点ではなく、いずれも米国の国防戦略（対中軍事戦略）の方向性の変化と、それにともなう米軍全体の戦力態勢の見直しをめぐる議論の中で生まれてきた論点であった。このことは、対ロ関係や欧州の安全保障におけるINF問題の位置付けとは大きく異なっている。

本節では、INF条約をめぐる議論が、米国の対中戦略をめぐる議論の変遷とどのように連関してきたのかを考察していく。

冷戦後の米国の国防戦略を論じる上で一つのターニング・ポイントとなるのは、2010年2月に公表された「4年次国防見直し（QDR：Quadrennial Defense Review）」である。(19) 当時米軍はアフガニスタンとイラクで戦闘作戦を継続していたものの、これらの地域からの段階的撤退を公約に掲げていたオバマ政権初のQDRでは、中国のA2／AD能力にも言及し、そうした環境を打破するための構想の必要性が謳われた。それが「統合エアシーバトル構想」である。

その後、国防省国防長官府（防衛省の内局に相当）からの委託研究などを請け負うシンクタンク・戦略予算評価センター（ＣＳＢＡ）から発表された報告書などと合わせて分析すると、初期のエアシーバトル構想は、中国のＡ２／ＡＤ能力によって、嘉手納や横須賀、グアムなどに位置する前方展開基地や空母などが脆弱になっていることを念頭に、ハイテク化された海空軍の長距離打撃能力への投資を重視して、中国沿岸の海上封鎖や内陸部のレーダーなどを無力化しうる態勢を構築することを目指していた。[20]

この時点でのＣＳＢＡによる提言は、必ずしも日本の役割を無視していたわけではなかったが、日本に主に期待されていたのはミサイル防衛や対潜水艦戦（ＡＳＷ）における貢献であり、何より中国による先制攻撃を回避するため、米軍の前方展開戦力をいったんＡ２／ＡＤ圏外に退避させるといったアクションは、そのタイミング次第では、中国に対して「米国の対日防衛コミットメントが弱まった」という誤ったシグナルを送ってしまう可能性もあった。[21]

ところが、２０１１年秋に構想の具現化を進めるための国防省の内部部局として「エアシーバトル室」が設けられた頃から、エアシーバトル構想の位置付けは徐々に変化していく。エアシーバトル室では、海空軍のみならず、陸軍・海兵隊からも人員が招集されていたほか、２０１２年１月に公表された「統合作戦アクセス構想（ＪＯＡＣ）」では、エアシーバトルがＪＯＡＣの下位に位置する限定的な作戦構想であることに加え、陸・海・空・海兵隊がそれぞれの領域を越え、相互作用を活かしながらA2／AD環境の克服に貢献すること（クロスドメイン・シナジー）の重要性が説明された。[22] また2015年1月以降、エアシーバトルは「国際公共財におけるアクセスと機動のための統合構想（JAM-GC）」と呼ばれる新たな構想に再構築され、海・空軍省が管轄していたエアシーバトル室の役割は統合参謀本部J-7（統合戦力開発部）に移管された。[23]

アジア太平洋地域における陸上戦力の再評価

エアシーバトルが海空軍主体の作戦構想から、徐々に軍種間統合を強調した概念に変化していった過程は、対中戦略における陸軍・海兵隊（＝陸上戦力）の役割を再評価しようとする動きと密接に関連している。エアシーバトル構想が初めて登場した2010年の段階で、米国の国防戦略の焦点が非正規勢力を対象とした中東での地上戦から、A2／AD能力を備える正規軍を対象としたアジア太平洋地域の海空域での戦闘にシフトしつつあったことを踏まえれば、当初国防省が海空軍の役割を重視していたのは自然な成り行きであった。

しかしこうした動きを前に、イラク・アフガニスタンでの戦争を通じて重要な役割と予算を与えられていた陸軍・海兵隊は、自らの存在意義の喪失する不安を感じ、アジア太平洋地域で新たな役割を模索していた。特に同時期は、2011年の予算管理法に基づく歳出強制削減が現実味を帯びてきた時期と重なっていたこともあり、各軍が予算確保のための合理的理由を探していたこともまた事実であった。その一例として、陸軍と海兵隊は2012年3月にエアシーバトルと並ぶJOACの下位構想として「アクセス獲得維持構想（GMAC）」を発表している。[24] そこでは、陸軍・海兵隊が自力で敵地への着上陸を行ない、地上戦闘によってA2／ADの源泉となるミサイル基地や海空軍の戦力基盤を破壊しうる態勢を構築する必要性が主張された。

こうしたなか、対中軍事戦略における陸上戦力の重要性を再評価した一人に、G・W・ブッシュ政権の戦略担当国防次官補代理で、その後CSBA副所長を務めていたジム・トーマスがいる。トーマスは2013年5月の時点で、「アジア・リバランス」の観点から、米陸軍は日本から南シナ海に至る、いわゆる第一列島線上に長射程の対艦ミサイルや移動式ミサイルを分散・擬装させつつ展開することで、中国海軍の行動の自由を制限したり、地域のミサイル防衛を支える役割を果たすべきであると述べ、その実現のためには「米国はほぼ確実にINF条約から離脱しなければならない」と主張していた。[25]

またトーマスは「1812年の戦争（筆者注：米英戦争）以来、米陸軍の主要任務は砲兵部隊によって米国の沿岸を守ることにあった。その任務は第二次世界大戦後、米海軍が太平洋と大西洋を哨戒するようになったために不要になっていたにすぎない」とも述べている。このことは、米軍の戦略が前方展開を前提とする態勢にシフトしたことにより、陸軍がかつて行なっていた沿岸防衛任務が、敵のA2／AD圏内に踏みとどまって、前方展開拠点と遠征部隊を防衛するための任務に変化しつつあったことを意味していた。またこの延長線上の議論として、CSBA所長であったアンドリュー・クレピネビッチは、陸上部隊は海空軍と異なり、素早く撤退することができないという特性を逆用して、展開先の同盟国に米国の防衛コミットメントを保証する役割を果たすこともできると述べている。[26]

この時点では、米政府高官がINF条約の破棄や見直しを公然と議論するには至っていない。しかしながら、チャック・ヘーゲル国防長官が2014年10月15日に行なった演説で、陸軍が担ってきた沿岸防衛任務の歴史について全く同じ説明を行ない、「アジア太平洋地域へのリバランスにともない、陸軍は長射程の精密誘導ミサイル、ロケット、火砲、防空システムを活用することで、その役割を拡大できる」と述べているのは示唆的である。[27] 同様に、ヘーゲルから国防長官職を引き継ぐこととなったアシュトン・カーターも、2015年2月4日の上院軍事委員会承認公聴会において、「陸軍が現在進めている防空・ミサイル防衛能力への統合努力を支持したい。アフガニスタン後の陸軍は、フォーカスの再設定がなされるであろうし、新たな任務も期待される」と述べている。[28]

さらにカーターは、2016年2月2日に行なったブリーフィングの中で、米国が直面しているロシアと中国からの挑戦に言及し、国防長官として初めて「大国間競争への回帰(a return to great power of competition)」という表現を用いている。[29] のちに「大国間競争／長期の戦略的競争」という表現は、トランプ政権において対中関係を表す際のフレーズとして定着するが、[30] 米国の国防・戦略コミュニティ内では、すでにオバマ政権後期の時点で中国との競争的関係に正面から向き合うという一定のコンセンサスが出来上がっていたといえる。

また２０１４年以降、ロシアによるＩＮＦ条約違反が公に議論されるようになっていたこと、さらに国防授権法を根拠として米議会から国防省・統合参謀本部に対し、ロシアの条約違反への対抗オプションの検討が指示されていたこと（後述）を踏まえると、この時点で米政府内でも（ロシアの条約遵守問題とは別に）、ポストＩＮＦ打撃システムが、対中戦略や米軍の戦力態勢に与える影響についての議論が始まっていたと考えられる。

統合作戦構想の発展とポストＩＮＦ打撃システムの必要性

こうした流れのなかで、米政府高官としてＩＮＦ条約の存続にはっきりと異議を唱えたのは、ハリー・ハリス太平洋軍司令官であった。２０１７年4月26日、ハリスは下院軍事委員会において「中国は２０００発以上の弾道ミサイル・巡航ミサイルを有しており、そのうち95パーセントはＩＮＦ条約加盟国であれば条約違反に相当する」と述べた上で、「条約を遵守している米軍は、それに匹敵する能力を持っておらず、新時代の長距離火力能力に後れをとっている」と危機感を露わにした。[31] また翌27日の上院軍事委員会では、議員との質疑の中で「（ＩＮＦ条約のうち）核兵器に関する制限はそのままでよいが、通常弾頭型については検討すべきである」とさらに踏み込んだ発言を行なった。

一連のハリスの発言は、ＩＮＦ条約に対する個別の問題提起というよりも、エアシーバトルから続く米軍の統合作戦構想の発展とパラレルのものとして捉える必要がある。ハリスは、2016年5月25日に開催された太平洋地域の陸軍シンポジウムにおいても、「陸軍は沿岸防衛任務に回帰することを検討し、地上からほかの領域（ドメイン）に戦力投射を行なえるようにすることが、（中略）マルチドメイン・オペレーションとの関連性を高める上でますます重要になっている」と述べている。[32]

この発言は、2016年から陸軍が海兵隊とともに作成を続けてきた「マルチドメインバトル構想」のエッセンスの一部を示したものであった。マルチドメインバトルは、エアシーバトルやJOACが重視していたクロスドメイン・シナジーの概念をさらに発展させ、「海空」や「空陸」といった二つのドメイン間の相乗効果にとどまらず、サイバーや電磁波、宇宙といった「全てのドメイン」の能力を統合して、敵を圧倒することを目指すものとされ、同構想はその後、複数回のアップデートを経て、2018年12月以降「マルチドメイン・オペレーション構想」と呼ばれている。[33]

マルチドメイン・オペレーション構想において注目すべき点は、統合や領域横断の深化以外にも二つある。一つは、同構想が米軍が貢献すべき作戦（オペレーション）の概念を幅広く捉え、事態がミサイルの撃ち合いのような直接戦闘が必要となる「紛争」段階にまでエスカレートする以前の「競争」段階においても、前方展開戦力、米本土からの遠征部隊、同盟国の戦力とが連携して優位を生み出すことを目指している点である。このことは、中国・ロシアとの「戦略的競争」が、有事のみならず、平時からグレーゾーンなどあらゆる事態において常に存在しているという現実を米軍の作戦構想にまで反映させているという点で画期的である。[34]

もう一つは、競争段階で優位に立ち、敵の既成事実化や軍事目標の達成を断念させたりする上では、いくつかの軍事的能力を見せつけることが重要とされている点である。なかでもその具体的能力の一例として、敵の長距離システムを無力化しうる、前方展開された長距離火力と戦域内に十分に備蓄された弾薬の重要性が指摘されている。これらの2点は、太平洋軍でハリスの特別顧問を務めていたエリック・セイヤーズが、インド太平洋地域におけるポストINF打撃システムの役割として「コスト賦課」の観点を強調していることとも一致する。[35]

すなわち、現在米軍内で取得・運用コストの高い艦艇やステルス機だけが持っている中国内陸部への攻撃能力を、戦域内に分散配備されたポストINF打撃システムによって代替・補完することができれば、中国に対して防空システムやISR能力に追加的な支出を強いることになり、平時のコスト賦課競争に資するというわけである。

当然ながら、これらの作戦構想の中に、INF条約の是非をめぐる記述が直接含まれるわけではない。しかし全体をとおしてみれば、2013年頃から軍事戦略家を中心に始まったINF条約に対する批判は、紛争時に中国のA2／AD環境を克服するという戦術的な狙いだけでなく、平時からグレーゾーンにおける競争段階においても陸上戦力の役割を再評価する、米軍の戦力態勢の見直しをめぐる議論と融合するかたちで、徐々にアジア太平洋地域での現場指揮官にまで浸透し、同地域におけるポストＩＮＦ打撃システムの必要性に説得力を持たせていったといえよう。

また、マルチドメイン・オペレーションが目指す統合作戦構想には、中国に対して米国がどのように勝利を追求するかという「セオリー・オブ・ビクトリー」としての要素が含まれている。だが裏を返せば、中国も同様に、軍事・政治・情報などのあらゆる手段を使って、マルチドメイン・オペレーションに必要な準備を妨害することができれば、米国の「セオリー・オブ・ビクトリー」を打ち崩すことができるとも言い換えることができる。さらにいえば、中国の積極的な妨害の有無にかかわらず、ポストＩＮＦ打撃システムの開発や配備計画が技術的・政治的要因で滞れば、米国の「セオリー・オブ・ビクトリー」は破綻してしまうだろう。

これらの点に注目し、次項では米国におけるポストＩＮＦ打撃システムの軍事的効用と開発状況について論じる。

ポストＩＮＦ打撃システムの軍事的効用と開発状況

ポストＩＮＦ打撃システムのプログラム化

ロシアのＩＮＦ条約違反を公式に指摘した２０１４年以降、米議会は国防授権法を通じて、国防省と統合参謀本部に対し、条約違反への対応計画の検討を指示してきた。[36] ＦＹ２０１５国防授権法においては、「国防長官は同法成立後180日以内に、ロシアの条約違反が米国の安全保障に与える影響を低減するためのあらゆる手段につき、計画・検討し、議会に報告すること」「報告には、ロシアがINFシステムを配備した場合に、その脅威を抑止・防衛するためのあらゆる計画（研究、開発、実験、将来の展開能力など）につき記述すること。それには既存兵器の改修、実験、展開なども含まれる」との項目が盛り込まれた。

翌年のFY2016国防授権法では、より記述が具体的になり「国防長官と統合参謀本部議長は、同法成立後120日以内に、国務長官および国家情報長官と調整の上、NATOおよび東アジアの同盟国に対し、ロシアの射程500～5500キロメートルの地上配備型弾道ミサイルおよび巡航ミサイルの飛翔実験、作戦能力、配備状況についてアップデートされた情報を提供すること」とした上で、軍事的対応措置として「（A）INF水準の地上発射型弾道ミサイルおよび巡航ミサイル攻撃を防ぐためのカウンターフォース能力、（B）米国および同盟国の軍事力を強化する相殺攻撃能力、（C）中距離GLCMによる攻撃を防ぐための積極防御能力」をそれぞれの開発に必要となるコスト、スケジュールの見積もりについて議会に報告することを義務付け、実際に開発が必要となる場合には、統合参謀本部議長が2年以内に実戦配備可能とするオプションへの投資を最優先するとした。(37)

また2017年12月の国務省のファクトシートにおいては、①問題解決に際し、米国は外交的解決を追求し続ける、②国防省は、軍事構想と通常弾頭型の地上発射型、中距離ミサイルシステムのオプションを見直し、米国と同盟国を守る準備をする、③条約に違反する巡航ミサイルの開発・製造に関与する企業への経済的対応をとる、との文言が盛り込まれた。[38] そして、同年のFY2018国防授権法では、国防長官に対し「射程500~5500キロメートルの通常弾頭型・路上移動式GLCMの開発プログラムを立ち上げる権限を与える」とした上で、米国の能力を拡張するための相殺攻撃能力の開発に5800万ドルを授権するとして予算化が始まった。[39]

これらの検討の結果、国防省内でどのような具体案が提示されたかについては機密事項とされ、公表されていないが、マーク・エスパー国防長官はINF条約離脱時の会見において、これまでの研究開発では移動式・通常弾頭型の巡航ミサイルだけでなく、弾道ミサイルにも焦点を当ててきたとして、「今後これらの開発を本格化させる」と述べている。[40]

以下では、INF条約失効後に米国が行なった各種の実験や国防予算要求などから、ポストINF打撃システムに相当する兵器プログラムと、その影響について分析していく。

地上配備型巡航ミサイル（GLCM）の利点と課題

INF条約の失効によって開発・配備が可能となるシステムの一つが、射程500~5500キロメートルのGLCMである。一般的な特徴として、GLCMには以下のような利点がある。

第一の利点は、比較的短い期間で開発・配備が可能な点である。匿名の米政府高官によれば、トマホークのような既存の巡航ミサイルに、簡易な移動式ランチャーを組み合わせる場合であれば、実証試験から18か月以内に配備が可能とされる。[41] ロシアが早くからＩＮＦ条約に違反し、すでにＳＳＣ-８を数個大隊規模で配備していること、元々ＩＮＦ条約に縛られてこなかった中国が大量の移動式中距離ミサイルを保有していることを踏まえれば、米国がこれらの問題に真剣に向き合う決意を示すという意味においても、実戦配備までの期間を短縮することの優先度は高い。

第二の利点は、弾道ミサイルなどに比べて、命中精度が極めて高いことが挙げられる。現在米軍で使用されているトマホーク・ブロックⅣを例にとれば、射程１６００キロメートルでＣＥＰ10メートル（同条件で発射されたミサイルの半数が目標から10メートル以内に着弾する）の精度を誇るとされる。この命中精度の高さは、指揮統制や通信に用いられる半固定式施設などの小型で防護の薄い目標を攻撃する際には有効である。

第三の利点は、取得・運用にかかるコストがほかの弾道ミサイルに比べて安い点である。ＣＳＢＡの試算によると、既存の海洋発射型トマホークを地上発射型に転用する場合、１発あたりのコストはおよそ１４０万ドル、16発を同時に展開、発射するための部隊運用コストは８０００万ドルと見積もられている。[42] これは射程２０００キロメートルの準中距離弾道ミサイル（ＭＲＢＭ）１発あたりのコスト１６００万ドル、部隊運用コスト６億２５００万ドルと比較すると、およそ10分の１以下である（表１参照）。

	短距離 (500～999km)	準中距離 (1000～2999km)		中距離 (3000～5500km)
対地弾道ミサイル	PrSM(精密打撃ミサイル) ミサイル：50~80万ドル 部隊：2500万ドル 開発費：7億8000万ドル	パーシング3/MRBM ミサイル：1600万ドル 部隊：6億2500万ドル 開発費：8億2000万ドル	小型MRBM ミサイル：600～800万ドル 部隊：2億7500万ドル 開発費：6億ドル	IRBM ミサイル：2100万ドル 部隊：9億ドル 開発費：11億ドル
対艦弾道ミサイル	対艦型PrSM ミサイル：150～200万ドル 部隊：6000万ドル 開発費：9億ドル	ASBM型パーシング3 ミサイル：1800万ドル 部隊：7億ドル 開発費：10億ドル	小型ASBM ミサイル：800～1000万ドル 部隊：3億2500万ドル 開発費：7億ドル	中距離ASBM ミサイル：2300万ドル 部隊：9億5000万ドル 開発費：13億ドル
対地巡航ミサイル	地上発射型JASSM-ER ミサイル：110万ドル 部隊：6500万ドル 開発費：2.5億~5億ドル	地上発射型トマホーク ミサイル：140万ドル 部隊：8000万ドル 開発費：1億ドル以上		地上発射型トマホーク(射程延伸) ミサイル：300～400万ドル 部隊：1億6000万ドル 開発費：6億ドル
対艦巡航ミサイル	地上発射型LRASM ミサイル：300万ドル 部隊：1億3000万ドル 開発費：2.5億~5億ドル	地上発射型対艦トマホーク ミサイル：200～250万ドル 部隊：1億1000万ドル 開発費：1億ドル以上		地上発射型対艦トマホーク(射程延伸) ミサイル：400～500万ドル 部隊：2億ドル 開発費：7億ドル
対地グライド兵器				中距離グライド兵器 ミサイル：2100万ドル 部隊：9億ドル 開発費：11億ドル
対艦グライド兵器				中距離対艦グライド兵器 ミサイル：2300万ドル 部隊：9億5000万ドル 開発費：13億ドル

表1 ポストINF打撃システムのコスト見積もり

(出典) Jacob Cohn, Timthy A. Walton, Adam Lemon and Toshi Yoshihara, Leveling The Playing Field : Reintoroducing U.S. Theater-Range Misiiles In A Post-INF World, CSBA, May 21,2019.

第四の利点は、海洋・空中発射型に比べて弾薬の補給や再装塡といった兵站が比較的容易という点が挙げられる。イージス艦（1隻あたり平均20~30発）や巡航ミサイル原潜（最大154発）の場合、艦艇ごと母港に戻り大型クレーンを用いなければ、ミサイルを再装塡することができない。同様に、航空機によって運搬されるJASSMのような空中発射型巡航ミサイルも一度発射してしまったのちに再攻撃を行なうには、基地に戻って補給を行ない、再度出撃する必要がある。一方GLCMの場合、移動式ランチャーとともに近くに補給車両を随伴させておけば、再装塡の後、比較的早いサイクルで次弾を発射することができる。

第五の利点は、海洋・空中発射型と組み合わせた多方位・同期・飽和攻撃である。弾道ミサイルの場合、攻撃可能な目標は原則的に発射地点からの延長線上に限られる。言い換えれば、防御側は自身と潜在的脅威の位置関係を把握しておけば、地上発射型弾道ミサイルの飛んでくる方角は予測することができる。米本土防衛用のミサイル防衛システム（GBI）が、アラスカ州に集中的に配備されているのは、ユーラシア大陸から米本土を狙って発射される弾道ミサイルは、原則的にアラスカ上空を通過して米本土に飛んでくるはずだからである。ところが、巡航ミサイルは、発射後に飛翔コースを変更できるのに加え、最大射程（燃料搭載量）と目標までの距離に余裕がある場合には、敵のレーダー探知範囲を迂回することができるため、防御側は全方位を警戒しなければならない。加えて、海洋・空中発射型の巡航ミサイルと着弾のタイミングを同期させたり、あえてタイミングをずらすことにより、防御側のレーダー・リソースや迎撃ミサイルを飽和させ、攻撃を成功させることが容易になる。

他方でGLCMの難点としては、飛翔速度の遅さやペイロードの制約にともなう破壊力の低さが挙げられる。短期間で配備可能な巡航ミサイルの飛翔速度は、マッハ0・7～0・9程度の亜音速であり一般的なジェット旅客機とさほど変わらない。より具体的にいえば、800キロメートル離れた地点から発射したトマホークが目標に到達するまでにおよそ1時間かかることになる。この速度では、路上移動式ミサイルなどの移動目標を攻撃するには不向きである。また、奇襲的に多数のミサイルを同時発射する場合を除けば、飛翔速度の遅い巡航ミサイルは弾道ミサイルに比べて迎撃されやすい。加えて、路上移動式ランチャーやマーク41垂直発射装置の共用キャニスターに装塡されるGLCMの場合、サイズの制約上、破壊力の大きな重い弾頭を搭載することはできない。[43] そのため、ペイロードが小さい巡航ミサイルによって、滑走路や抗堪化された掩体壕などの頑丈な目標（ハードターゲット）を無力化（任務不能状態：ミッションキル）することは難しい。[44]

以上の特性を踏まえると、GLCMを有効に運用する上では、①目標の防護が薄いこと（ソフトターゲット）、②目標が止まっているか、動きが遅いこと、③多数の同時発射が可能であること、もしくは④ほかの海洋・空中発射型ミサイルと同期した攻撃が可能であることなどの要素が重要になる。

地上発射型対艦攻撃用トマホークの導入と運用構想

米国が開発するポストINF打撃システムの中で、最も早く実用化されると見られるのは、地上発射型トマホークである。2019年8月18日、国防省はINF条約失効後初となるGLCMの発射実験を実施した。ここで行なわれたのが、地上に設置した牽引式のマーク41垂直発射装置からトマホークを発射し、500キロメートル以上の飛翔試験を行なうというものであった。国防省は「実験で得られたデータと教訓は、将来の中距離ミサイル開発に活かされる」としているものの、用いられたのは（専用の多連装移動式ランチャーなどではなく）既存のミサイルとマーク41のキャニスターを組み合わせたもので、技術的に特筆すべき点があったわけではない。初回の実験が非常に簡素なものであったのは、当初から国防省が早期に配備可能なシステムへの投資を優先していたこととも関係しているが、裏を返せば、トランプ政権によるＩＮＦ条約破棄のタイミングが唐突であったために、条約失効の６か月以内に完全新規設計のＧＬＣＭを用意するのが現実的に不可能だったからともいえる。「18か月以内に実戦配備が可能」という米政府高官の見立てに従えば、技術的には２０２１年１月頃までに、対地攻撃用の地上発射型トマホークが配備可能となる計算になる。

地上発射型トマホーク実現に向けた動きは、米軍の作戦構想や調達計画にも反映されつつある。２０２０年２月に発表されたＦＹ２０２１国防予算要求では、海兵隊がトマホーク48発分の取得費用として１億２５００万ドルを要求している。これについて、デイビッド・バーガー海兵隊総司令官は「（地上発射型トマホークは）過去20年以上にわたり海兵隊が実施してこなかった制海と海洋拒否作戦を担う」ためのツールであるとし、「小規模部隊による長距離精密火力により、艦艇や陸上から敵の海軍戦力をリスクにさらすことのできる能力」であると説明している。(45)

このことは、海兵隊が取得を目指しているトマホークは、現行の対地攻撃用トマホーク・ブロックⅣではなく、対艦攻撃能力を備えるトマホーク・ブロックＶａであることを示している。トマホーク・ブロックVaは、海軍とレイセオンが協力して開発した最新型バリエーションの一つで、ブロックⅣからの射程延伸に加えて、赤外線画像センサー、高周波ホーミング、GPSアシスト航法などを含むマルチモード・ターゲティングシステムにより、洋上を移動する艦艇も攻撃できることから「海洋打撃トマホーク（MST：Maritime Strike Tomahawk）」とも呼ばれている。海洋打撃トマホークが初期運用能力を獲得するのは2023年とされているため、実際に海兵隊に地上発射型トマホークが配備されるのは、2021年よりも後になる可能性もある。

海兵隊が陸上配備型の長射程対艦攻撃能力を重視しているのは、2016年以降海兵隊が海軍とともに進めている「遠征前進基地作戦（EABO）」と呼ばれる作戦構想に基づいている。[46] EABOは、2018年に海軍が打ち出した「分散型海洋作戦（DMO）構想」の一要素として位置付けられており、その中で海兵隊は、同盟国・パートナー国との近接性を活用して海軍の火力・センサー機能を陸地にまで分散させ、敵の意思決定を複雑にすることを狙いとしている。[47] ここで重要となるのが、グレーゾーンや危機の初期段階において迅速に機動展開が可能な長距離火力であり、この需要を満たすのが地上発射型トマホークに代表されるポストINF打撃システムだと考えられる。また海軍・海兵隊が進めるこれらの作戦構想は、陸軍から提唱されたマルチドメイン・オペレーション構想と相互補完的な役割を果たしていくとみられる。

地上発射型トマホークのランチャーについては、どのような形式が採用されるか定かではない。可能性としては、初回の発射実験で用いられたような牽引式のマーク41垂直発射装置（ＶＬＳ）モジュールに起立機構を取り付けた簡易システムのほか、高機動ロケット砲システム（ＨＩＭＡＲＳ）を流用した小型ランチャー、あるいは重高機動戦術トラック（ＨＥＭＴＴ）のような大型車両をベースとした専用の移動式多連装ランチャーを採用することも考えられる。ただし、運用者である海兵隊が迅速な機動展開能力を重視している点を考慮すると、ランチャー1両あたりに搭載できるトマホークの数は2～4発前後に抑えられるだろう。もっとも、のちに米陸軍や陸上自衛隊などほかの運用候補者が出てくるとすれば、海兵隊は機動性を重視した小型のランチャーを用い、陸軍はより大型の専用多連装ランチャーを用いるということも考えられるかもしれない。

地上発射型弾道ミサイルの利点と課題

ＩＮＦ条約の失効によって開発・配備が可能となるもう一つのシステムが、射程５００～５５００キロメートルの地上発射型弾道ミサイルである。一般的な特徴として、地上発射型弾道ミサイルには以下のような利点がある。

第一の利点は、発射してから弾着までの速度が極めて速く、防御が難しいことである。射程２０００キロメートルの準中距離弾道ミサイル（ＭＲＢＭ）の場合、発射から弾着までに要する時間は約13分、射程５０００キロメートルの中距離弾道ミサイル（ＩＲＢＭ）でも30分以内に着弾する。弾速の速さは、作戦テンポとターゲティング・サイクルの高速化につながり、相手の防御をより難しくすることができる。

第二の利点は、破壊力の大きさである。トマホークのような亜音速の巡航ミサイルは、ジェットエンジンを用いて低速で飛行した状態から目標に突入するため、弾着時に与えるダメージの多くは搭載するペイロードの炸薬量に比例する。しかし弾道ミサイルの場合、目標の真上からマッハ5以上という非常に早い速度で突入するため、同じ質量のペイロードでも運動エネルギーを活かして大きな破壊力を得ることができる。これは滑走路などにクレーターをつくり、長時間復旧を困難にしたり、航空機の掩体壕や地下施設など防護されたハードターゲットを撃破するのに適している。

第三は、地上配備型であることを活かし、ミサイルを大型化できる点である。海洋・空中発射型ミサイルは、プラットフォームとなる艦艇の垂直発射装置や航空機の兵器倉（ウェポン・ベイ）または主翼の大きさを考慮しなければならないため、比較的小型のミサイルとならざるを得ず、射程や破壊力が制限される。しかし地上発射型であれば、ランチャーの大きさや必要な射程に合わせてロケットモーターの直径を拡張したり、ステージを1段式・2段式と切り替えることによって長射程化が可能である。同様に、ミサイル本体のサイズが大きくなれば、それだけペイロードも拡張されるため、より破壊力の大きな弾頭を搭載できるようになる。

第四は、極超音速グライド兵器（ＨＧＶ：Hypersonic Glide Vehicle）のような先端技術に比べて、比較的開発が容易という点である。現在米国では、極超音速グライド兵器と呼ばれる飛翔速度が極めて速く、防御が難しい非核ペイロードの開発が進められている。[48] 極超音速グライド兵器は、弾道軌道をとらずに大気圏上層を高速で跳躍・滑空して目標に突入することから、早期警戒や追尾、迎撃が難しく、攻撃側に大きな戦術的優位をもたらす。

しかし、極超音速グライド兵器はいまだ米国が実戦配備していない最先端技術を用いた兵器であり、高速域での飛翔制御や誘導精度の向上などの課題も残されている。一方、米国がINF条約によって廃棄したパーシングⅡは、弾道ミサイルながら終末段階でのアクティブレーダー・ホーミングを備えており、当時としてはかなり精度が高く（CEP30メートル）、迎撃を困難にするプルアップ機動が可能な弾頭（MaRV）を装備するなどしていた。生産ラインの確保といった問題はあるにせよ、既存の技術を再開発・アップデートさせた通常弾頭型弾道ミサイルを開発することは、極超音速グライド兵器の実戦配備よりも技術的ハードルが低い。また、中国やロシアが率先して極超音速グライド兵器の開発に力を入れているのは、日米が先進的な多層の弾道ミサイル防衛を配備しているからである。少なくとも、現時点で日米ほどのミサイル防衛能力を持たない中国を攻撃対象とする場合、既存の弾道ミサイルでも戦術目標は達成可能である。

他方、巡航ミサイルと比較した場合の弾道ミサイルの難点としては、発射後に目標の再指定ができないことや取得・運用コストが高いこと、[49]（地上配備型とはいえ）大型化＝長射程化した場合には、地上での機動性や発射後の再装塡といった兵站の効率が落ちることが挙げられる。

以上の特性に鑑みると、移動式の地上発射型弾道ミサイルを運用する上では、①巡航ミサイルで破壊できないハードターゲットを撃破しうること、②滑走路や掩体壕、弾薬庫などの固定目標であること、③配備先で機動性が確保できること、もしくは④機動性の低さを補うため、攻撃にさらされるリスクが少ない遠方に配備することといった要素が重要になるだろう。

地上発射型弾道ミサイルの開発状況

2019年12月12日、国防省は同年8月に実施したGLCMの発射実験に続いて、INF条約失効後初となる地上発射型弾道ミサイルの発射実験を行なった。実験に先立ち、匿名の米政府高官は「射程1000~3000キロメートルの弾道ミサイルを実験する」としていたが、国防省の公式発表では「実験は空軍と国防省戦略能力開発室の協力で行なわれた」「固定式スタンドから500キロメートル以上飛翔した」「実験で得られたデータと教訓は、将来の中距離ミサイル開発に活かされる」とだけ説明された。公開された映像では、宇宙ロケット用のブースター・キャスターⅣを流用したとみられる固体燃料式・機動弾頭搭載のミサイルが確認できるものの、射程や移動式ランチャーの形式などの詳細は不明である。

なお国防省は明示的に言及していないものの、ポストINF打撃システムに相当しうるミサイルがほかに2種類開発されている。

一つは、陸軍で開発が進められている精密打撃ミサイル（ＰｒＳＭ）である。ＰｒＳＭの要求射程は、従来ＩＮＦ条約の制限上４９９キロメートルとされていたが、若干の設計変更により７５０キロメートル程度までの射程延伸は可能とみられるため、仕様変更が行なわれた場合にはポストＩＮＦ打撃システムに相当することになる。移動式ランチャーとして用いられるのは、既存の多連装ロケットシステム（ＭＬＲＳ）およびＭＬＲＳの小型版であるＨＩＭＡＲＳであり、ＭＬＲＳの場合は4発、ＨＩＭＡＲＳの場合は2発のＰｒＳＭを搭載できる。初期運用能力の獲得は２０２３〜２０２５年を予定しているため、地上発射型弾道ミサイルの中では実用化までの期間は最も早い。ＰｒＳＭには、①取得・運用コストが低い、②機動性が高い、③命中精度が高い（将来的に目標識別・対艦攻撃能力も想定）という利点があるが、最大射程が７５０キロメートル程度だとすると配備場所は限定されることが予想される。

潜在的にポストＩＮＦ打撃システムとなり得るもう一つの兵器が、陸軍が開発している長射程極超音速兵器（ＬＲＨＷ：Long Range Hypersonic Weapon）である。ＬＲＨＷは、海軍が開発している34・5インチの2段式固体ロケットモーターと極超音速グライド弾頭からなる中距離即時打撃（ＩＲ-ＣＰＳ：Intermediate Range Conventional Prompt Strike）システムを路上移動式に転用するというプログラムで、射程２２５０キロメートルほどのミサイルを移動式ランチャー1両に2発搭載することを計画している。LRHWに用いられるペイロードは、グライド弾頭であるため、厳密にはINF条約の規制カテゴリーには該当しないが、陸軍がLRHWを「敵のA2／ADを突破し、マルチドメイン・オペレーションで重要な役割を果たす能力」と位置付けていることに鑑みると、その性格はポストINF打撃システムに求められる役割と一致する。

さらにLRHWに用いられるロケットモーター、キャニスター、移動式ランチャーなどの技術は、通常の弾道ミサイル用弾頭を搭載する際にも流用できる。陸軍はLRHWの飛翔試験を2023年に予定しているが、ランチャーの製造が先行した場合には、これを地上発射型弾道ミサイルとして運用することも考えられるかもしれない。

現在明らかになっている計画から、米国が今後配備しうるポストINF打撃システムは次のとおりである。

（1）地上発射型トマホーク（射程1000～1600キロメートル、2021年以降）
（2）地上発射型対艦トマホーク（射程1600キロメートル以上、2023年以降）
（3）PrSM（射程499～750キロメートル、2023～2025年）
（4）地上発射型弾道ミサイル（射程1000～3000キロメートル、2024年以降）
（5）LRHW（射程2250キロメートル、2020年代後半）

ポストＩＮＦ時代の米国と同盟国

ポストＩＮＦ打撃システムと同盟国の課題

ＩＮＦ条約の失効によって、米国はポストＩＮＦ打撃システムの開発・配備が可能となった。しかし現時点で、ロシアおよび欧州同盟国との関係において、ポストＩＮＦ打撃システムを欧州に配備すべきという議論は活発になっていない。他方で、ポストＩＮＦ時代の米国の主たる関心は、西太平洋地域における中国との戦略的競争に向けられており、それは米国の対中軍事戦略や米軍の戦力態勢・前方展開態勢の見直し、ひいては日本を含む同盟国との役割・任務・能力（ＲＭＣ）の分担をめぐる議論と必然的に連動してくるものとして考える必要がある。

米国がポストＩＮＦ打撃システムを西太平洋地域に展開・配備する場合、その目的は、①戦力投射能力の最適化による航空機・艦艇の運用柔軟化、②常続展開による中国へのＩＳＲ・防空上のコスト賦課、③分散化された航空基地に対する制圧能力の補完、④海上封鎖能力の補完、⑤同盟国・パートナー国への安心供与、⑥軍備管理のための交渉材料――などが考えられる。

ただし、これらを達成するのに最適なミサイルの能力、数量、配備方式は必ずしも同じではない。たとえば米国の防衛コミットメントを示すために、ポストＩＮＦ打撃システムを象徴的に前方展開するという目的であれば、ポスト国側の政治的負担は相対的に少なく、米側の取得・運用コストも少なくて済むかもしれない。しかし、実際の作戦計画における運用構想が明確でなく、軍事的に意味のある役割が与えられていないシステムが、中国側の戦略計算に与える影響は限定的となろうから、その他の目的にはあまり役に立たないことになる。

したがって、ポストＩＮＦ打撃システムの運用・配備をめぐっては、①配備場所および配備方式、②開発・生産方式、③運用構想・作戦計画における役割・任務・能力および指揮統制のなど諸点をすべて相互に関係する要素として捉え、これらを同時に議論しなければならない。

ポストＩＮＦ打撃システムの運用シナリオ

たとえば南西諸島防衛や台湾有事のようなハイエンド・シナリオでは、人民解放軍は米軍の戦力投射能力と自衛隊の支援能力を低下させるため、緒戦においてサイバー・宇宙・電磁波領域での妨害に加えて、各種ミサイルによる波状攻撃を仕掛けてくることが予想される。具体的には、防御が難しい弾道ミサイルの連射や極超音速グライド兵器を織り交ぜた攻撃によって沖縄や本州、グアムの滑走路や港湾施設の機能を低下させ、より精度の高い地上・空中・海洋発射型の巡航ミサイルを織り交ぜた飽和攻撃によって防空レーダーや基地に留まったままの戦闘機・艦艇などを一定程度無力化し、ミサイル防衛能力にも損耗を強いる。こうして日米の航空作戦・防空能力を低下させた後、航空戦力を投入して第一列島線周辺の航空・海上優勢を確保しつつ、米軍の来援を阻止するというシナリオである。

こうしたシナリオが現実になるのを防ぐにあたり、すでに2000発近い短中距離ミサイルと500両を超える移動式ランチャーを有するロケット軍のミサイル本体を攻撃し、減殺することは不可能に近い。他方、人民解放軍が第一列島線周辺での航空・海上優勢を獲得するためには、日米をミサイルで攻撃するだけでは不十分であり、最終的に航空戦力を投入して、常続的に海空域でのプレゼンスを維持しなければならない。

つまり、たとえ日米の航空作戦能力に損害が出るとしても、同時に中国の航空作戦能力にも損害を与えることができれば、中国側が航空・海上優勢を確保することもまた困難となる。そしてエスカレーションの先に勝機が見えなければ、中国にとって先制攻撃を仕掛けることの合理性が薄れ、武力行使を決断する閾値(しきいち)は高まる。つまり、中国の「セオリー・オブ・ビクトリー」を破綻させることができるはずである。

したがって、日米が第一に追求すべきは中国の航空作戦能力を低下させるための拒否的抑止力として、策源地攻撃用のGLCMとMRBM／IRBMとのベストミックスを模索することである。前述の通りGLCMオプションは、①配備までの時間短縮(2021年以降)、②高い命中精度、③弾道ミサイルに比べて低コスト、④海洋・空中発射型など組み合わせた多方位・同期・飽和攻撃が比較的容易――といったメリットがある。

飛翔速度の遅さや1発あたりの破壊力に制限があることを考慮すると、比較的防御の薄い地上に露出しているレーダーや燃料備蓄施設などを目標として、射程1000～1600キロメートルの地上発射型トマホークを南西諸島に前方展開することが選択肢となる。ランチャー1両に対して4発のトマホークを搭載できると仮定した場合、ランチャー4両を1個中隊とすれば、2個中隊の配備でトマホーク32発分の同時発射能力を持つことになる。この部隊規模は、おおむねイージス艦1隻あたりの攻撃能力に相当するため、その分イージス艦は攻撃能力を純増させたり、SM-3やSM-6などの迎撃ミサイルの搭載量を増やすことで防空能力を強化することが可能となる。

一方、MRBM／IRBMオプションでは、①発射から弾着までの迅速性、②防空システムに対する高い突破力、③速い終末速度と高角度攻撃を活かした高い打撃力、④長射程化・弾頭重量の増加といったメリットを活かして、GLCMの弱点を補い、少量で中国のセンサーや指揮統制システム、滑走路、弾薬庫などの重要な固定目標への長距離精密打撃（long-range sniping）が可能となる。潜在的なターゲットとなりうる中国の軍事施設・重要拠点5万か所のうち、その約70パーセントは沿岸から400キロメートル地点以内に集中していると見積もられること、またミサイルを長射程化＝大型化すると1発あたりのコストが高くなり、連射力・機動力が落ちることを踏まえると、日本に配備すべき弾道ミサイルの射程は2000キロメートル程度でも十分効果的である。

パーシングⅡを改良した射程２０００キロメートルのＭＲＢＭであれば、ランチャーを九州や東南アジアにも配備した場合でも、中国沿岸から約１０００キロメートル以内に位置する航空基地を13分以内に打撃できる。また、より重いペイロードを用いる５０００キロメートル級のＩＲＢＭは、補給や再装填に要する時間も考慮すれば、グアムのほか、アリューシャン列島（シェミア空軍基地）やオーストラリア北部（ティンダル空軍基地）、インド洋（ディエゴ・ガルシア基地）など中国のＡ２／ＡＤ圏の外側に配備する方が効果的であろう。

第二に追求すべきは、東南アジアから南西諸島、九州に至るラインに、対艦攻撃用トマホークを分散配備することである。２０１８年の環太平洋合同軍事演習（ＲＩＭＰＡＣ）では、米陸軍のマルチドメイン・タスクフォースと同盟国の地上部隊との連携訓練の一環として、米陸軍の地対艦ミサイル「ＮＳＭ（Naval Strike Missile）」と陸上自衛隊の12式地対艦誘導弾を用いて沖合の標的艦を共同攻撃する訓練が実施された。(50) 米海兵隊や陸軍、さらには陸上自衛隊が射程７５０~１６００キロメートル超の移動式対艦トマホークを機動展開できるようになれば、すでに奄美大島や宮古島に配備している12式地対艦誘導弾の役割を拡大・延伸するかたちで、巡航ミサイルや艦載機を有する中国艦艇の動きに一定の制約を課すことが可能となる。これらの活用によって、人民解放軍の活動を制限すれば、その分中国側の攻撃ミサイルの発射回数を相対的に減らすことができ、ミサイル防衛による迎撃効率を引き上げることも期待できる。

ポストＩＮＦ時代の同盟国に求められる主体性

もっとも、前記の方策を実現にあたっては、兵器のハード面だけでなく、運用や指揮統制、ホスト国側との政治的リスクなどのソフト面の課題を克服することも不可欠である。

最も重要なのは、中国の継戦意思を削ぎ、エスカレーションを抑止するために必要となる打撃力――攻撃目標と発射手段、配備位置、補給に必要となる兵站など――について、米国と日本とが共同で脅威分析と統合能力評価を実施した上で、不足している能力ギャップを特定し、どのような役割・任務・能力の分担を行なうのが最適かを事前に調整することである。

第二は、ポストＩＮＦ打撃システムの運用に際して、米軍と自衛隊との共同作戦図（ＣＯＰ：Common Operational Picture）を共有し、日米共同の統合ターゲティング調整メカニズムを確立することである。米国のミサイルを日本に前方展開した場合、日本に対する中国の警戒を高めることは否定できない。このリスクを管理するため、配備されたミサイルをいつ、どのように、どのターゲットに対して使用するかに関する作戦計画立案とその実行プロセスには、ホスト国である日本が主体的に関与する責任と権利を持つべきである。また場合によっては、陸上自衛隊が地上発射型トマホークを導入したり、開発中の島嶼防衛用高速滑空弾の射程を延伸するため、米国の弾道ミサイルプログラムやＬＲＨＷプログラムと共同し、固体ロケットモーターを共有することなども考えられる。いずれの場合でも、米軍の作戦に自衛隊が主体的に関与することは、後述する政治的リスクを緩和する意味でも有効であろう。

第三に必要なのは、政治的に持続可能な配備態勢である。マルチドメイン・オペレーション構想でも謳われているように、長期の戦略的競争においては、危機・有事だけでなく、平時の競争段階においていかに低いコストで相手に高いコストを賦課するかが「セオリー・オブ・ビクトリー」にとって重要となる。したがって、ポストINF打撃システムをめぐる議論を通じて、日米同盟の管理を危うくするような政治的混乱は避けなければならない。現在、米政府は検討しているポストINF打撃システムは通常弾頭に限り、核弾頭の搭載は想定していないと繰り返し述べているが、ホスト国の反対論をあおって世論の分断を促すため、中国やロシアが意図的に不正確な情報を流してくるリスク（世論戦・情報戦）についても注意が必要である。

第四に、ポストINF打撃システムが軍備管理に与える影響について、米国と日本はともに当事者意識を持って考え、議論に参加すべきである。「ポストINF時代の世界」で主に議論されているのは、核弾頭を搭載しない通常兵器としての中距離ミサイルであるが、将来日本に配備される、あるいは日本が保有するかもしれないポストINF打撃システムが中国の戦略核ミサイルやDF‐26のような核・非核両用ミサイルの指揮統制システムなどを射程に収めることになれば、それは中国の戦略計算に影響を与えるだけでなく、米国の戦略核の配備上限や、その根拠となっているターゲティング戦略にも影響を与え、ひいては米ロ間の核軍縮交渉にも影響を与えうる。

ＩＮＦ条約の交渉過程において、日本は欧州配備ミサイルの影響がアジアに波及することの重大性を主張し、条約内容＝グローバル・ゼロの決定に少なくない影響を与えた。「ポストＩＮＦ時代の世界」においても日本が当事者意識をもって議論に参加していく重要性は、抑止・軍備管理・軍縮いずれの分野においても決して小さくはないだろう。

（1）ロシアの条約違反が疑われはじめた経緯については、Nikolai Sokov,"Russia Tests a New Ground-Launched Cruise Missile and a New Strategic Missile on the Same Day," *CNS Feature Stories,* MIIS, June 1, 2007. および第5章を参照。

（2）US Department of States,"Adherence to and Compliance with Arms Control, Nonproliferation, and Disarmament Agreements and Commitments", July 2014. 本コンプライアンス報告書は２００１年から作成され、２０１０年以降毎年更新されている。２０１４年版の対象期間は２０１３年１月１日～12月31日。また、公開版とは異なる非公開版が存在する。

（3）詳しくは第5章参照。

（4）Michael Gordon, "U.S. Says Russia Tested Missile, Despite Treaty," New York Times, January 30, 2014.

（5）Josh Rogin,"U.S. Knew Russia Violated Intermediate-Range Nuclear Forces Treaty," The Daily Beast, November 26, 2013.

（6）ＩＮＦ条約では海洋・空中発射型ミサイルの発射実験を（移動式ではなく）固定式ランチャーを用いて行なうことは認められている。

（7）Jim Thomas, Statement before the House Armed Services Subcommittee on Strategic Forces on the Future of the INF Treaty, July 14, 2014.

（8）Steven Pifer, Statement before the House Armed Services Subcommittee on Strategic Forces,"The INF Treaty, Russian Compliance and the U.S. Policy Response", July 17, 2014 and James M. Acton,"How to Respond to Russia's INF Treaty Violation", *National Interest,* August 6, 2014.

（９）米政府は、トム・ドニロン国家安全保障問題担当大統領補佐官とウィリアム・バーンズ国務副長官が、ロシアのニコライ・パトルシェフ安全保障会議書記と会談した際に初めてＩＮＦ問題の懸念をロシア政府に伝えた。それ以降、米政府が外交交渉を通じてロシアに条約遵守を促してきたクロノロジーは、以下にまとめられている。US Department of States, INF Diplomacy Highlights Timeline, November 16, 2018.

（１０）さらに言えば、ＩＮＦ条約の規定において違反の有無を決めるのは、発射能力自体の有無ではなく、当該ランチャーを用いて発射・飛翔実験を行なったかどうかである。これまで米国が東欧のイージス・アショアを用いてＧＬＣＭの発射を行なったことはない。US Department of States, Bureau of Arms Control, Verification and Compliance (AVC), Fact Sheet,INF Myth Busters: Pushing Back on Russian Propaganda Regarding the INF Treaty, JULY 30, 2019. なお米政府関係者によれば、米側はイージス・アショアが構造的にＧＬＣＭ発射装置ではないことを証明するため、ロシア側にイージス・アショアの施設視察を提案したものの、ロシア側はこの申し入れを断ったという。

（１１）Michael R. Gordon, “Russia Deploys Missile, Violating Treaty and Challenging Trump,” New York Times, February 14, 2017.

（１２）U.S. Department of States, Bureau of Arms Control, *Verification and Compliance, U.S. Response to the Russian Federation's INF Treaty Violation: Integrated Strategy,* December 8, 2017.

（１３）US Department of Defense, *Nuclear Posture Review,* February 2, 2018. 拙稿「動き出したトランプ政権の核戦略」『海外事情』２０１８年２月号、海外事情研究所。

（１４）Elbridge Colby,“The INF Treaty hamstrings the U.S. Trump is right to leave it”, *Washington Post,* October 23, 2018.

（１５）NATO,“Statement on the Intermediate-Range Nuclear Forces (INF) Treaty”, (December 4, 2018), and NATO,“Statement on Russia's failure to comply with the Intermediate-Range Nuclear Forces (INF) Treaty”, February 1, 2019.

（１６）Reuters, “Don't throw baby out with bath water,” Germany tells U.S. on INF treaty”, October 22, 2018.

（１７）ボルトンは、２０１１年８月というかなり早い時期から、中国、北朝鮮、イランがＩＮＦ条約の枠外でミサイル戦力の拡充を続けていることを理由に「ＩＮＦ条約の加盟国を拡大するか、完全に破棄して抑止力を再構築できるようにすべきである」と主張していた。もっとも、当時はオバマ政権が「核なき世界」を目指し、核軍縮・軍備管理を積極的に進めていこうとする政治的モメンタムが強く、ロシアによるＩＮＦ条約違反も公になっていなかったことから、条約離脱派の意見が政府方針に反映される余地はほとんどなかったといえる。John R. Bolton and Paula A. DeSutter, A Cold War Mis sile Treaty That's Doing Us Harm, Wall Street Journal, August 15, 2011.

(１８) Frank A. Rose,"The end of an era? The INF Treaty, New START, and the future of strategic stability",Brookings Institution, February 12, 2019.

(１９) U.S. Department of Defense, *Quadrennial Defense Review Report,* February 1, 2010.

(２０) Andrew F. Krepinevich, *Why AirSea Battle?,* CSBA, February 19, 2010.and Mark Gunzinger, Andrew F. Krepinevich and Jim Thomas, *AirSea Battle: A Point-of-Departure Operational Concept,* May 18, 2010.

(２１) 拙稿「米国の対中戦略の展望と課題」『海外事情』海外事情研究所、２０１６年５月号。

(２２) U.S. Department of Defense, *Joint Operational Access Concept (JOAC)* , January 17, 2012.

(２３) David Goldfein(USAF Joint Staff Director), *Joint Concept for Access and Maneuver in the Global Commons(Memo),* January 8, 2015. Sam LaGrone, "Pentagon Drops Air Sea Battle Name, Concept Lives On," *USNI News,* January 20, 2015.

(２４) U.S. Army Capabilities Integration Center and U.S. Marine Corps Combat Development Command, *Gaining and Main taining Access : An Army-Marine Corps Concept,* March 2012.

(２５) Jim Thomas,"Why the U.S. Army Needs Missiles," *Foreign Affairs,* May/June 2013.

(２６) Andrew F. Krepinevich Jr.,"How to Deter China," *Foreign Affiars,* March/April 2015.

(２７) Chuck Hagel, "Secretary of Defense Speech, Association of the United States Army (AUSA)," October 15, 2014.

(２８) Opening Statement of Honorable Ashton B Carter, "Advance Policy Questions for the Honorable Ashton Carter," Senate Armed Services Committee, February 4, 2015.

(２９) Ash Carter, "Remarks Previewing the FY 2017 Defense Budget," February 2, 2016. なおこの約２か月前にはロバート・ワーク国防副長官が講演の中で同様の表現を用いている。"Remarks by Defense Deputy Secretary Robert Work at the CNAS Inaugural National Security Forum," CNAS, December 14, 2015.

(３０) ２０１７年の国家安全保障戦略（ＮＳＳ）では「大国間競争」、２０１８年の国家防衛戦略（ＮＤＳ）「長期の戦略的競争」という用語がほぼ同じ意味で用いられている。White House, *National Security Strategy of the United States of America,* December 2017 and U.S. Department of Defense, *Summary of the* 2018 *National Defense Strategy of The United States of America,* January,2018.

(３１) Harry B. Harris Jr., Statement of Before The House Armed Services Committee on U.S. Pacific Command Posture,

April 26, 2017.

（３２）Harry B. Harris, Jr., Role of Land Forces In Ensuring Access To Shared Domains, Association of the United States Army (AUSA), Institute of Land Warfare (ILW) LANPAC Symposium, May 25, 2016.

（３３）U.S. Army, The U.S. Army in Multi-Domain Operations 2028(TRADOC Pamphlet 525-3-1), December 6, 2018.

（３４）なお２０１８ＮＰＲでは核兵器の作用が核戦争領域にとどまらず、通常戦争領域やグレーゾーン領域においても影響を及ぼすことが繰り返し強調されており、親和性がある。拙稿「動き出したトランプ政権の核戦略」。

（３５）Eric Sayers,"The Intermediate-range Nuclear Forces Treaty and The Future of The Indo-Pacific Military Balance", War on the Rocks, February 13, 2018.

（３６）FY2015 National Defense Authorization Act.1651.

（３７）FY2016 National Defense Authorization Act Sec.1243.

（３８）U.S. Department of States, Bureau of Arms Control, Verification and Compliance, *U.S. Response to the Russian Federation's INF Treaty Violation: Integrated Strategy,* December 8, 2017.

（３９）FY2018 National Defense Authorization Act Sec.1243.

（４０）Statement From Secretary of Defense Mark T. Esper on the INF Treaty, August 2, 2019.

（４１）Michael R. Gordon, After Treaty's Demise, Pentagon Will Develop Two New Midrange Weapons, *Wall Street Juarnal,* March 13.

（４２）ＣＳＢＡによる部隊運用コストの試算方法では「16発のミサイルを同時に展開でき、かつ全てのランチャーから一斉射撃を行なったのちに、再度一斉射撃を行なうための予備弾を含めた状態」を1つの部隊運用単位（バッテリー）としている。たとえば、ＰｒＳＭのランチャーとなるＨＩＭＡＲＳには2発のミサイルを搭載できるが、この場合、ランチャー×8両で計16発、さらに16発分の予備弾を加えた数を1部隊としている。もっとも、これはあくまで取得・運用コストを比較するための統一指標であり、実際においては、より少ないランチャー数、予備弾数で運用されることもありうる。

Jacob Cohn, Timthy A. Walton, Adam Lemon and Toshi Yoshihara, Leveling *The Playing Field : Reintoroducing U.S. Theater-Range Misiiles In A Post-INF World,* CSBA, May 21,2019.

（４３）ＪＳＭ／ＮＳＭのペイロードは１２５キログラム、トマホークのペイロードでも３５０～４５０キログラム程度である。この破壊力不足を補うため、冷戦期の欧州に配備されていた地上発射型トマホーク（ＢＧＭ・１０９Ｇ）には「中距離核戦力」の名のとおり、核弾頭が搭載されていた。

（４４）たとえば、２０１７年4月6日に米軍がシリアのシャイラート航空基地に対して行なった攻撃では59発のトマホークが使用されたが、シャイラート基地はわずか2日後には運用を再開している。

（４５）David B. Larter, "To combat the China threat, US Marine Corps declares ship-killing missile systems its top priority", *Defense News,* March 5, 2020.

（４６）U.S. Marine Corps, *Marine Corps Operating Concept: How an Expeditionary Force Operates in the 21st Century,* September 2016 and *Expeditionary Advanced Base Operations (EABO) Handbook Considerations for Force Development and Employment Version* 1.1, June 1 2018.

（４７）U.S. Navy, *A Design For Maintaining Maritime Superiority Version* 2.0, December 2018.

（４８）拙稿「『極超音速兵器』がもたらす安全保障上の影響」『海外事情』海外事情研究所、２０２０年３・４月号。

（４９）Jacob Cohn, Timthy A. Walton, Adam Lemon and Toshi Yoshihara, *Leveling The Playing Field : Reintoroducing U.S. Theater-Range Misiles In A Post-INF World,* CSBA, May 21,2019.

（５０）ＮＳＭの射程は１８５キロメートル程度だが、米海兵隊はＮＳＭとＨＩＭＡＲＳを組み合わせて無人車両に搭載する計画を進めている。

終章　ポストＩＮＦ時代の日本の課題

（高橋杉雄）

ヨーロッパにおけるＩＮＦ（中距離核戦力）は、冷戦の最終段階を象徴する存在であった。そして、冷戦終結への道を切り開いたという意味で、ＩＮＦ条約の成立が歴史の分水嶺であったことに疑いはない。その意味で、ＩＮＦ条約の終焉とともに、「ポスト冷戦期」という一つの時代もまた名実ともに終焉を告げたといえる。

ただ、ＩＮＦ条約の失効は、２０１０年代中盤から２０年代初めにかけての国際安全保障環境の変化の「原因」というより、「結果」であった。その変化とは、大戦略のレベルにおける「大国間の競争の復活」と、軍事戦略のレベルにおける「精密誘導兵器の拡散」である。ポストＩＮＦ条約時代における日本の安全保障を考える上では、こうした背景にある戦略的変化を理解した上で、ハードウェアとしての個別のシステムの在り方を考えていく必要がある。

本章では、これまでの各章の議論も踏まえながら、特に精密誘導兵器の拡散がもたらす戦略的変化を中心に日本の安全保障上の課題について考察していきたい。

ポストINF打撃システムの戦略的意義

ネットワークが支配する現代の戦いの様相

INF条約が成立した1980年代後半においては、中距離ミサイルは核ミサイルであることが暗黙の前提であった。そのことは、核兵器という名称を含まず、射程距離500〜5500キロメートルの地上発射型ミサイルのみを規制するこの条約を「INF条約」と呼んだことからも明らかであろう。しかし、その後の軍事技術の急激な発達により、核弾頭でなく、通常弾頭を搭載したミサイルでも大きな軍事的効果を持ちうるようになった。そうした変化をもたらしたのが、精密誘導技術の発達と拡散であった。

対地攻撃用の精密誘導兵器が出現したのはベトナム戦争期であるが、その威力が広く認識されるようになった契機は、1991年の湾岸戦争であった。レーザー誘導爆弾が目標をピンポイントで直撃する映像は、米国のハイテク兵器の威力を世界中に鮮烈に認識させることとなった。そして、ハイテク兵器やネットワーク技術など、情報革命が軍事に革命的な変化を及ぼすと考えられるようになり、「軍事における革命（RMA）」という概念が広まった。

RMA概念に引き続いて米国では、各軍や統合参謀本部、あるいは国防省のレベルで、精密誘導技術や高度に発達した情報技術をベースとした作戦構想や報告書が次々と発表された。その代表的なものとして、クリントン政権期に発表された「ジョイントビジョン2010」、ブッシュ政権期のトランスフォーメーション、オバマ政権期の統合エアシーバトル構想やその発展型として打ち出されたJAM‐GC、「第3のオフセット戦略」やマルチドメインバトルといったものを挙げることができる。

これらは、次々と現れては消えていくバズワード（流行語）のようなものであり、あまり詳細を論じることに意味はないが、一貫する共通点もある。それは、目標の位置を把握するセンサーと、発見された目標を攻撃するシューターとをネットワークを通じてリアルタイムで連接させ、戦場で発見されたターゲットを可能な限り迅速に撃破する「ネットワーク中心の戦い（NCW）」を基礎としていることである。

これは、遡れば米国では1970年代から進められてきた。現在では後付け的に「第2のオフセット戦略」と呼ばれているが、ソ連はこれを「偵察・攻撃コンプレックス（複合体）」と呼び、強く警戒した。つまり、偵察能力と攻撃能力をそれまでは考えられなかったレベルで密接かつ迅速に結びつけることによって、戦闘能力を大きく向上させることができると米ソ双方が認識していたのである。

そして、精密誘導技術の拡散を含むA2／AD脅威の増大により、ネットワークの範囲の地理的スケールを拡大し、加えて宇宙やサイバー空間の脅威の増大にともないマルチドメインという概念を組み込みながら変化してきたということができる。

地理的スケールについていえば、湾岸戦争直後の「ジョイントビジョン2010」の時代では、ネットワークで結ばれたセンサーとシューターの地理的な広がりは一つの戦域内にほぼとどまるものであった。たとえば「ジョイントビジョン2010」では、具体的にイメージされていたのは湾岸戦争型の紛争であり、地理的スケールとしてもペルシャ湾岸地域程度の大きさがイメージされていた。

しかしながら、精密攻撃能力の拡散によるA2／AD脅威の深刻化にともない、その規模の地理的スケールでは物理的な広がりが不十分になってきた。第2章で述べたように「戦争に行く道程自体が戦争」というような状況が生まれたことによって、そもそもシューターを戦域内（相手の戦域攻撃能力の射程距離内）に展開させること自体が困難になってくると予測されたからである。その問題を解決するために、センサーとシューターをより広い地理的スケールで連接させるとともに、シューターの長距離精密攻撃能力を強化して相手の攻撃範囲の外からスタンドオフ攻撃をできるようにする必要が生まれた。すなわち、精密誘導兵器の独占が崩れたことによって、米国はより長射程から精密攻撃が可能な兵器システムを整備していく必要が生じてきたのである。ポストINF打撃システムは、こうした現在の米国の戦略的ニーズに合致する兵器システムといえる。

中国の精密攻撃能力の強化

米国において、精密誘導技術の拡散に対する脅威認識が高まった直接的なきっかけは、中国の精密攻撃能力の強化であった。皮肉なことに、これは米国のハイテク兵器に対するリアクションとして進められたものである。1990年代の湾岸戦争、台湾海峡危機、コソボ空爆により米国のハイテク兵器の威力を目の当たりにした中国は大規模な研究開発を進め、軍事技術を急激に進歩させてきた。

一般にアクセス可能な衛星写真を分析し、その具体的な能力を分析したのが、米国のトマス・シュガートである。[1] シュガートは、2017年に発表した論文の中で中国国内に、日本の嘉手納基地、横須賀基地、三沢基地を模したターゲットが存在しており、そこに向けてミサイルの実射試験を行なっていることを明らかにした。そして、それらのターゲットには、横須賀に停泊している艦艇、三沢や嘉手納のバンカーや駐機場さえも再現されており、しかもそれらにピンポイントで弾道ミサイルが弾着している形跡があることを示したのである。

このように、精密誘導兵器の拡散による脅威は、想像上のものではなく現実かつ切迫したものとなり、対抗策を講じることが急務になっている。このことは、第6章で指摘されている通り、現在の米国の軍事専門家の共通認識である。

こういう状況で、抑止力を強化しようとするのではなく、軍備管理・軍縮を再構築していくべきとする考え方も存在する。[2] しかしながら、第3章で論じたように、国際情勢自体の変化や軍事技術の発達の結果、これまでのようなフォーマルな軍備管理を再構築していくことは困難になってきている し、「新たな軍備管理」の方向性自体についての一定のコンセンサスを得るだけでも相当の時間を要する可能性がある。

そうした状況では、ポストINF条約時代に適応したかたちに、戦略的安定性や抑止力を適応させていくことがどうしても必要となる。これは、「軍備管理か抑止力か」という問題ではない。軍備管理も安全保障政策の一つの手段であることを踏まえた上で、「戦略的安定を強化するために抑止力と軍備管理をどう組み合わせるか」という問題設定が必要となってくるのである。

日本自身の問題としてのポストINF時代の安全保障

前節で述べたように、東アジアにおいては、中国は在日米軍基地をポストINF打撃システムのターゲットとしている。その中国との間で、尖閣諸島や東シナ海ガス田のような具体的な対立要因を抱えている日本の抑止戦略にとって、これらのミサイルにどう対応していくかは極めて重要な問題である。そしてINF条約の失効は、日米同盟としてポストINF条約時代の抑止態勢を構築することを可能とした。この点について特に重要なことは、北朝鮮に対するものを含め、東アジアの抑止態勢の再構築は、米国の問題というよりも、日本自身の安全保障の問題であることである。

第6章で詳述されているように、現在米国ではさまざまな議論が進められている。しかしながら、米軍の作戦構想は数年ごとに移り変わる。具体的な兵器システムにしても、先行して開発が進められているトマホークの地上発射型への改装を除けば、陸海軍が共同で開発を進めている極超音速グライド兵器もまだコンポーネントレベルでの試作を行なっている段階にとどまっており、調達を開始するまでにはまだ時間を要する。(3) 何より、抑止態勢を構築する上で最も基本的な指針となる「セオリー・オブ・ビクトリー」について具体的な姿はまだ現れていない。つまり、米国自身が具体的な構想や装備体系を組み上げている最中であり、むしろ、日本側のアイデアを待っているような段階でさえある。よって、この問題に対しては、米国の具体的な考えを待ってそれに対応しようとするのではなく、日本自身で具体的な抑止力のあり方を考えていく必要がある。

その場合でも、ハードウェアの具体的なスペックや、具体的な配備場所を先行して議論すべきではない。兵器の具体的な運用の形態は軍事戦略に従属し、軍事戦略は大戦略に従属するからである。大戦略レベルにおいては、「大国間競争の復活」を踏まえた安全保障戦略が必要であると考えられるから、現在必要なのは、それを前提とした、日本、米国、そして日米同盟の「セオリー・オブ・ビクトリー」についての一定の共通理解である。その上で、どのような能力が必要になるのか、そしてそれを日米でどのように分担していくかという議論を進め、具体的なハードウェアのあり方を定めていかなければならない。特に米国および日米同盟を含む同盟国は、ポストＩＮＦ打撃システムの開発について中国はもちろんロシアにも後れをとっている。投入できる資源が限られているなかでこの後れを取り戻すためには、戦略的な有効性の高いシステムに高い優先順位を与えることが不可欠であり、そのためにはハードウェアより先に軍事戦略のレベルで方向性をしっかりと定める必要がある。

ポストINF打撃システムと専守防衛

ただし、日本の場合、ポストＩＮＦ条約時代の抑止態勢について、軍事戦略あるいは防衛戦略のレベルでの議論を進める前に整理しておいておかなければならない論点が最低でも二つある。

一つは専守防衛との関係である。さまざまな意味で抑制的な安全保障政策をとっている日本であるが、広く知られているとおり、策源地攻撃能力を保持することそれ自体は日本国憲法において禁止されているわけではない。１９５６年の鳩山一郎首相の答弁で明らかにされているように、現行憲法下でも「ほかに適当な手段のない場合」においては、「座して死を待つ」のではなく、一定の制限のもとで攻撃的行動をとることは認められていると解されてきた。[4] 自衛隊は、これまでも一定の条件下で、専守防衛下でも策源地攻撃を行なうことは可能であったが、そのための能力の整備を政策的に制限してきたのである。

なお、憲法上保有できない兵器として、「性能上専ら相手国国土の壊滅的な破壊のためにのみ用いられる」攻撃的兵器が挙げられている。(5) 具体的にはＩＣＢＭ、長距離戦略爆撃機、攻撃型空母が例示されているが、これらは、直ちに自衛のための必要最小限度の範囲を超えることとなるため、いかなる場合にも許されないとされているものである。

ここでＩＣＢＭが例示として含まれているため、ポストＩＮＦ打撃システムについても、弾道ミサイル全般について位置付けを明確化する必要があろう。ただこれは、冷戦期に整理され形成された考え方である。その頃は弾道ミサイルは核ミサイルであることが自明とされていた時代であり、ＩＣＢＭであれＩＲＢＭであれ、弾道ミサイルは「相手国国土の壊滅的な破壊のために用いられる」と解されることについて疑問はなかった。

ポイントは「性能上もっぱら相手国国土の壊滅的な破壊に用いられる」兵器が禁止されていると解釈していることである。すなわち、相手の経済や社会をターゲットとする「カウンターバリュー（対価値）攻撃」あるいは「カウンターシティ（対都市）攻撃」がここに当てはまる。あるいは軍事目標をターゲットとする「カウンターフォース（対兵力）」攻撃であっても、民間人への付随的損害をもたらす可能性の高い、精度の低いミサイルによる攻撃であればやはりこの範囲に含まれるであろう。

この点についていえば、現在では、冷戦期の弾道ミサイルとは比較にならない高精度の弾道ミサイルが出現している。つまり付随的損害を局限した、厳密に軍事目標に対する精密攻撃が可能になってきている。そういった精密誘導能力を持つものであれば、GPS誘導爆弾や巡航ミサイルと同様、弾道ミサイルおよび極超音速グライド兵器もまた「性能上もっぱら相手国領土の壊滅的な破壊のために用いられる」兵器ではないと位置づけることが適当であろう。

地上発射型ミサイルの非脆弱性を高める方策

もう一つの論点は、実際に配備されうるポストINF打撃システムが相手側の攻撃に対する非脆弱性を確保することが可能かという論点である。仮に非脆弱性を確保できないのであれば、地上発射型の打撃システムの配備は有効なオプションにはなりがたい。特にマーク41垂直発射装置を地上に固定設置するような場合は脆弱性が極めて高く、相手側の第一撃をかえって誘発してしまう可能性もあり、危機における安定性の観点から望ましくない。固定式の場合は、相手側の弾道ミサイルが直撃しても、通常弾頭であれば耐えられるような防護を施されたサイロを建設してそこにミサイルを収納するか、あるいはBMD（弾道ミサイル防衛）によって防御力を高めることが不可欠になろう。ただその場合には、かなりのコストを要することになる。

地上発射型ミサイルの非脆弱性を高める方策として非常に有効なのは移動式にすることである。このことは、1991年の湾岸戦争の際に米国を中心とする多国籍軍が行なった「スカッド・ハント」作戦の失敗によって証明されている。その最大の理由は、広大な砂漠を二次元的に自由に動き回るT

EL（移動式発射機）を発見、追尾、撃破することが極めて困難であったことにあった。中東の砂漠は、超大型トレーラーであるTELを運用する環境としては最適な環境だったのである。これが仮に山岳地帯であれば、TELは大型車両の通行可能な道路に沿って移動せざるを得ず、攻撃側の発見、追尾、攻撃もより容易であった可能性がある（もちろんその場合はトンネルなどを利用してTELが隠蔽されるであろうが、監視すべきポイントは限定されうる）。

日本やグアムを含む西太平洋戦域で地上発射型ミサイルの配備を考える場合、中東の砂漠とは異なる地勢的環境であることは考慮しなければならない。西太平洋における配備場所は島嶼であり、また砂漠地帯ではないから大型車両の通行できる道路は限定される。すなわち、TELを配備したとしても1991年のイラクほどの非脆弱性を享受できるかどうかは確実ではない。特に中国はクラスター兵器禁止条約に調印していないから、地上発射型弾道ミサイルにはクラスター弾頭を搭載できるし（ミサイルを搭載したTELの直接防護力は低いため、クラスター弾頭による面制圧攻撃が有効である）、また対艦弾道ミサイルの技術を応用し、弾道ミサイルに一定の移動目標追尾能力を持たせることも困難ではないであろう。そう考えると、西太平洋地域におけるポストINF打撃システムを路上移動式にしたとしても、それだけで十分な非脆弱性を得ることができるかは定かではないと考えざるを得ない。また、第2章で述べたように、TELに搭載できるミサイルの数には限度があるから、数量を確保しようとすると相当数のTELを運用することが必要となる。

ほかの方法として考えられるのは、固定式の防護と移動式発射装置とを組み合わせることであろう。通常弾頭であれば直撃にも耐えられるようなバンカー（コンクリート製の強固な格納庫）を建設し、そこに何両ものTELを収容して、必要な時だけTELがバンカーを出て発射するというかたちであれば、地勢的環境による問題も解決することができる。こういう方法であれば、イラクのように広大な土地にTELを散在させる必要もないし、地面を掘削する必要がないからサイロよりも安価に非脆弱性を高めることができよう。よって、ポストINF打撃システムを含めて抑止態勢を考える上で、非脆弱性の確保の問題は解決可能であると考えられる。

ポストINF条約における日本の抑止戦略：一つのイメージ

軍備管理をめぐる中国の論点すり替え

最後に、これまでの議論を踏まえて、ポストINF条約時代に日本と日米同盟がどのような抑止戦略をとっていくべきかを論じる。その前にまず、軍備管理との関係を整理しておきたい。

第3章でも論じられているとおり、ポストINF条約時代の軍備管理において鍵となるのは中国である。しかし中国は、軍備管理に加わる前提は米ロがさらに核軍縮を進めることであること、INF条約は米ロの条約であって中国は直接に関係しないことを理由として、軍備管理に対して極めて消極的な態度をとっている。

ただし、中国側の議論は、二つの異なる戦略アジェンダを（おそらく意図的に）混同している。戦略核戦力においては、米ロがＳＴＡＲＴ系の戦略核軍備管理条約を通じて核軍縮を進めてきたが、最新の新ＳＴＡＲＴ条約でさえも配備核弾頭１５５０発となっており、１００発程度とみられる中国の戦略核戦力と数量的な差は確かにまだまだ大きい。[6] しかし、ＩＮＦ条約失効との関係で議論されている軍備管理は、戦略核戦力ではなく、戦域ミサイル戦力なのである。そして、ＩＮＦ条約の制約で米ロがほとんど持っていないそれらのミサイルを中国は大量に保有している。中国はそれを無視し、戦略核戦力の軍備管理とおそらく意図的に混同することによって、論点をすり替えている。

ＳＴＡＲＴ系の条約とＩＮＦ条約の二つの条約が存在していたことからも明らかなとおり、冷戦期および冷戦後を通じて、戦域ミサイル戦力と戦略核戦力の軍備管理とは別々に取り扱われてきたのであり、それらを混同することは議論を混乱させることにしかならない。おそらく中国は、自らが優位にある戦域ミサイル戦力が規制されることを回避し、また自らが劣位にある戦略核戦力においては米ロにもっと削減させるためにこのような態度をとっているものと推測される。

よって、現在の中国には軍備管理を進めるという政治的意思が欠如しているものと考えざるを得ない。言うまでもなく、政治的意思が欠如している国に軍備管理を強要することはできない。中国に軍備管理へのインセンティブを持たせるためには、戦域ミサイル戦力に関する無条約状況は、中国の安全保障にも好ましくない影響が及ぶことを認識させていく必要がある。そのためには、米国および同盟国によるポストＩＮＦ打撃システムの配備が有効であろう。したがって地域の安定のための軍備管理のあり方については、これからも引き続き議論を続けていく必要はあるが、まずはポストＩＮＦ打撃システムを含む抑止態勢の構築が必要であると考えられる。

ポストＩＮＦ条約時代の「セオリー・オブ・ビクトリー」

繰り返し述べてきたように、ポストＩＮＦ条約時代の日本および日米同盟の抑止態勢を考える上では、まず「セオリー・オブ・ビクトリー」について明確なイメージを構築する必要がある。ここでは、それを具体的に考えることにしたい。

その点で一つ指摘しておかなければならないことは、冷戦後に米国が経験してきた紛争とは大きく形態が異なる紛争を想定しなければならないことである。１９９１年の湾岸戦争、１９９９年のコソボ空爆、２００１年のアフガニスタン戦争、２００３年のイラク戦争のすべてにおいて、米国は相手側の空軍力を事実上無視することができた。また、相手国は、米国が前線で使用する航空基地に対する反撃能力をほとんど持っていなかった。１９９１年の湾岸戦争の際のイラクがあえて言えば例外で、サウジアラビアのダーラン基地に対してスカッドミサイルによる攻撃が試みられている。しかしながらスカッドミサイルは精度が低く、滑走路や機体を破壊して作戦を妨害することはできなかった

（ただし、兵舎を直撃したために２００人ほどの死傷者を出している）。

こうした環境下で、米国は巡航ミサイルで司令部や戦略的ソフトターゲット、あるいは対空ミサイルのレーダーを攻撃しており、コソボでは海洋発射型トマホーク約２００発、空中発射型巡航ミサイル約１００発、イラクでは海洋発射型トマホーク約８００発、空中発射型巡航ミサイル約１５０発をこうした任務に充てている。[7] そして、巡航ミサイルだけでなく、ハードターゲットの攻撃のために大量の航空機が投入されている。イラク戦争では、防空システムを制圧・破壊する任務に用いられる高速対レーダーミサイル（ＨＡＲＭ）が４０８発、ＧＰＳ誘導のＪＤＡＭが６５４２発、レーザー誘導爆弾が８６１８発という数字に上っており、巡航ミサイルを一桁上回る物量が投入されている。これを見る限り、これまでの米軍の「セオリー・オブ・ビクトリー」では、航空機が主たる役割を担い、巡航ミサイルが従であったと考えられる。中東における作戦拠点であるダーラン基地や、コソボ空爆の作戦拠点となったアビアノ基地に対する経空脅威が極めて小さかったことを考えれば、これは合理的な選択であるといえよう。

しかしながら、現在の西太平洋戦域における状況は大きく異なる。中国は、西太平洋戦域において、ダーラン基地やアビアノ基地に相当する役割を果たすことが想定される嘉手納基地などの域内の航空基地に対し、多数の巡航ミサイル、弾道ミサイルによって攻撃を行なうことができる。また、中国本土には非常に強力な防空システムが配備されていると考えられており、コソボ空爆やイラク戦争のように、ステルス性を持たない有人航空機を上空に侵入させて攻撃を行なうことは極めて困難である。そう考えると、これまでのように、航空機を主、巡航ミサイルを従にするのではなく、ポストINF打撃システムを主とし、航空機を従にするかたちでの「セオリー・オブ・ビクトリー」を考えていかなければならない。

また、前記のような地域紛争においては、米国が攻撃を行なう立場であり、イニシアチブを持って米国の「セオリー・オブ・ビクトリー」に合わせて軍事作戦を行なうことができた。しかし、対中国（対ロシアも）においては、米国の政治的目標は現状の維持であり、戦略的に受動的な立場にある。そのため、自らの「セオリー・オブ・ビクトリー」に基づいて軍事作戦を行なうというよりも、相手側の「セオリー・オブ・ビクトリー」に沿って展開する軍事作戦に受動的に対応していくことが求められる。そのため、米国の「セオリー・オブ・ビクトリー」は、相手側のそれを阻止するかたちで構築されなければならなくなる。日本の場合はよりそうした性格が強い。つまり、日米同盟として「セオリー・オブ・ビクトリー」を考える場合、それは自らイニシアチブをとるかたちにはなり得ないということである。

対中国の「セオリー・オブ・ビクトリー」

現在の西太平洋戦域では、これまで開発・整備してきたポストINF打撃システムにより、中国が第一撃のアドバンテージを有している。第2章で述べたとおり、中国の「セオリー・オブ・ビクトリー」は、その優位を活用して、航空優勢、海上優勢を獲得し、渡洋侵攻を行なうものであると推測される。

その前提で、日米同盟としての「セオリー・オブ・ビクトリー」を考える時、二つの方向性が考えられる。一つは中国が持つ第一撃の優位そのものを無力化すること、もう一つは第一撃を受けたとしても後続の作戦を阻止することによって、中国が政治的目標を達成するのを阻止するものである。

前者の場合、中国側のミサイル攻撃を直接的に阻止することが必要となるから、ミサイル防衛システムの著しい強化と、移動型ミサイルへの攻撃能力を持つようなポストINF打撃システムの開発が必要となる。中国側のミサイルの数量を考えれば、現在の運動エネルギー迎撃体による第1世代ミサイル防衛ではなく、指向性エネルギー兵器を用いた第2世代のミサイル防衛システムが必要になろうし、移動式ミサイルへの攻撃能力を持つためには、TELを捕捉するセンサー、その情報をリアルタイムで共有するネットワーク、相手を追尾して攻撃座標を変化させることのできるミサイルからなるシステムを開発していかなければならない。

これらは現時点では存在していないものであるから、まずは研究開発から始めなければならず、おそらく膨大なコストを要するものとなろう。そう考えると、中国の第一撃能力そのものを無力化する方向で、「セオリー・オブ・ビクトリー」を構築していくのは、現段階では難しいと考えられる。

より現実性が高いのは、第一撃を受けても、中国側の後続の作戦を阻止する能力を持つことで、その政治的目標の達成を阻止することであろう。これについて、具体的にはさらに二つの方向性が考えられる。一つは、第一撃に続いて中国が獲得しようとするであろう航空優勢を阻止することである。この場合には、中国の航空基地、具体的には機体を格納するバンカーや滑走路を撃破することが必要になる。そうすれば、日米同盟側の航空基地が破壊されたとしても、双方ともに航空戦力を有効に運用することができなくなるから、どちらも航空優勢を獲得できない状況に持ち込むことができる。この場合、ポストＩＮＦ打撃システムに期待されるのは、航空基地の防護された施設を破壊することであるから、弾道ミサイルや極超音速グライド兵器のような、高速で目標に命中することができるシステムを整備していくことが必要となる。この場合、数量的には数十、多くて１００を少し超える程度の数で一定の効果を期待することができるだろう。

もう一つ考えられるのは、中国側の海上における優位の獲得を阻止することである。そのために必要なのは、対艦ミサイル飽和攻撃能力の強化であり、ポストＩＮＦ打撃システムの文脈で言えば、海空の対艦ミサイルと連携することのできる地上発射型対艦ミサイルを整備していくことがこれにあたる。すでに陸上自衛隊は地上発射型の対艦ミサイルを保有しているが、海上発射、空中発射と連携して飽和攻撃を行なうには射程距離が不足する。１０００キロメートルを超える射程距離の地上発射型対艦ミサイルを整備し、海空のプラットフォームとデータリンクした上で同時攻撃ができるようなシステムを配備していくことができれば、かなり濃密な対艦攻撃を行なうことができよう。こちらも、数量的にいえば、海空プラットフォームと同時攻撃ができるという前提であれば、数十発の単位で十分な戦略的インパクトを持つことができると考えられる。

なお、中国側も地上発射型の対艦ミサイルを多数保有しているから、たとえば東シナ海あたりは、双方の水上艦艇が事実上進入できない「ノーマンズ・ランド」となってしまう可能性もある。「ノーマンズ・ランド」とは、精密誘導兵器の拡散が進んだ結果、紛争の両陣営とも、相手の精密誘導兵器による攻撃を恐れてアセットを展開させられなくなってしまうエリアのことである。[8] 日米同盟側は基本的には現状を維持する防衛側であるから、そうなったとしても、日本の安全保障の観点からみれば大きな問題にはならないであろう。

日米同盟の「セオリー・オブ・ビクトリー」

前節で、ポストＩＮＦ条約時代における「セオリー・オブ・ビクトリー」について検討したが、実際には、日本と米国とで最適な「セオリー・オブ・ビクトリー」は必ずしも一致しない可能性がある。日本の場合には、尖閣諸島や東シナ海ガス田をめぐる問題が中国との具体的な対立事項である。また、これらの問題はグレーゾーンからのエスカレーションを緻密にコントロールしていく必要がある。そのため、中国本土の航空基地への攻撃は、一つのオプションとしては考えられても、それだけでは適切な対応ができない可能性が高い。そう考えると、「セオリー・オブ・ビクトリー」として優先順位が高くなるのは、前節で述べた中では、中国が東シナ海において海上における優位を獲得するのを阻止することとなろう。(9)

一方、米国は、西太平洋戦域で想定され得る最も烈度の高い紛争、すなわち台湾海峡有事に備えることが優先されるだろう。台湾海峡有事の場合、東シナ海（あるいは南シナ海）と異なり、グレーゾーンからのエスカレーションによって事態が悪化していくという形態をとらない可能性がある。中国共産党にとっての台湾海峡問題の重要性を考えれば、エスカレーションというよりも、最初から使用可能なリソースをすべて投入する紛争になる可能性は十分に高いし、また展開によっては核へのエスカレーションも排除することはできない。台湾海峡有事においては、早い段階で台湾本土への攻撃が行なわれることになるわけだから、米国から見れば、中国本土への攻撃も早い段階で行なう必要が生じ、航空優勢の阻止、あるいは第2章で述べたような渡洋侵攻部隊の撃破といったものが戦略的に見てより優先順位が高くなる。

このように、日米同盟における「セオリー・オブ・ビクトリー」といっても、日米のそれは必ずしも一致しない可能性はある。ただこれは、無理矢理一致させることはなく、日米で分業するといった方策も十分に考えられよう。たとえば日本が海上における優位の阻止に重点を置き、米国が航空優勢の阻止に重点を置きつつ、移動式システムに対する探知・攻撃能力の強化に向けた研究開発を共同で進めていくといったかたちである。

たとえば現在、米国においてポストＩＮＦ打撃システムとして開発が最も先行しているのは、海洋発射型巡航ミサイルであるトマホークの地上発射型への改装である。第1章で、その配備をめぐる論点に触れられているが、これについて考える上でまず前提に置かなければならないことは、対地攻撃用巡航ミサイルには相当の物量が必要とされることである。イラク戦争においては、米英は巡航ミサイル発射能力を持つ艦艇を35隻集結させた。発射能力は合計すると１５００発に達する。[10] その中から約８００発、空中発射型が約１５０発、合計すると巡航ミサイルは約１０００発が発射されている。

これを踏まえると、仮に地上発射型の対地攻撃用巡航ミサイルを配備するとすれば、最低でも数百の単位、できれば千を超える数でないと戦略的なインパクトはごく小さいと考えられる。数十発の単位にとどまるとすれば、戦略的インパクトはほぼ皆無であろう。特に今後の「セオリー・オブ・ビクトリー」においては、ミサイルはコソボ空爆やイラク戦争当時よりも大きな役割を期待されることが考えられる。そうなると、相当の数量を配備しない限り戦略的な「違い」をもたらすことはないと考えるべきであろう。そう考えると、仮に日本に地上発射型トマホークを配備することがあるとすれば、それによってもたらされる効果は、軍事的な付加価値ではなく、同盟管理など政治的なものが中心になるであろう。

２０１５年に改定された「日米防衛協力のための指針（ガイドライン）」には、「米軍は、自衛隊を支援しおよび補完するため、打撃力の使用をともなう作戦を実施することができる。米軍がそのような作戦を実施する場合、自衛隊は、必要に応じ、支援を行なうことができる。これらの作戦は、適切な場合に、緊密な二国間調整に基づいて実施される」という一節がある。これを踏まえれば、地上配備型のトマホークを日本に配備することになれば、それが自衛隊に配備されるものであっても在日米軍に配備されるものであっても、「緊密な二国間調整」を強化するための触媒としての作用を果たすことが期待されることになろう。

なお、ポストINF打撃システムに関する同盟協力の点については米韓同盟の方が先行している。もともと韓国の対地攻撃ミサイルの射程距離は、米韓ミサイル指針という取り決めに基づいて、射程300キロメートル、ペイロード500キログラムに限定されていた。それを2012年に原則射程800キロメートル、ペイロード500キログラム（射程を延伸する場合はペイロードを減少させる）に、2017年にペイロードの制限を外すかたちで緩和してきた。

これにより、米韓同盟においては、米国が保有できなかった対地攻撃用地上発射ミサイルを韓国が整備するという分業が成立し、韓国は、射程1000〜1500キロメートル程度の地上発射型弾道ミサイルおよび巡航ミサイルを独自で開発・配備し、米韓同盟に組み込んだ。その任務は、北朝鮮との間で半島有事が勃発した際、航空優勢を確立するまでの間に、北朝鮮領奥深くに対する縦深攻撃を行なうことであると推測される。米韓同盟が統一的な指揮統制システムを有していることも考慮すれば、これは、ＩＮＦ条約を踏まえたある意味理想的な分業体制といえる。韓国の弾道ミサイルは、ポストＩＮＦ条約時代の同盟協力を考える上でも、一つの先行事例として考えることができるのである。

ヨーロッパから東アジアに移った議論の中心地域

本書では、ＩＮＦ条約失効をめぐる安全保障上の問題について、歴史的、戦略的、地域的な視点を含めて分析を行なってきた。最後に本章で、日本の進むべき方向について試論的に論じたが、これはあくまで筆者の個人的な試論であり、決定的な答えとして示したものではない。それは、この問題は、これから日本人が自らの問題として議論を重ね、方向性を見い出すべきものであり、本書は、あくまでそのための議論の材料を提供することを目的としているからである。

ＩＮＦ条約が成立した冷戦期、東アジア（当時は「極東」と呼ばれていたが）は、主戦線ではなく第二戦線としての位置付けであった。そのことは、ＩＮＦ条約をめぐる議論が米欧を中心に進み、日本が関わったのは最終段階であったことからも明らかであろう。

しかし、ポストＩＮＦ条約の時代における安全保障上の問題の主戦線は、ヨーロッパでなくアジアとなっている。このことは、ポストＩＮＦ条約時代の日本の安全保障のあり方については、米国を含め、世界のどこかから答えが示されることはないこと、つまり日本人自身がこれを自らの問題として認識し、答えを見い出し、それを発信していかなければならないことを意味している。

こういう時に日本人が陥りがちなのは、「軍縮か軍拡か」「軍備管理か抑止か」をめぐるイデオロギー的ポジショントークである。しかし「大国間の競争」が復活した現代における安全保障はそんなに単純な二者択一で議論できるものではない。軍縮を唱えるならば、中国が現実に多数の巡航・弾道ミサイルを装備し、在日米軍基地を標的として戦争の準備を行なっている現実を踏まえた具体的な処方箋が必要であろう。抑止力の重要性を説く側も、ポストINF打撃システムが具体的にどのように抑止力の強化に結びつくのか、戦略論や現代戦史を踏まえて論じることができなければならない。

本書は、及ばずながら、地域、歴史、軍備管理、抑止論といった枠組みを複眼的に見据えた議論を試みたものである。本書をきっかけに、ポストINF条約時代の安全保障について、活発な議論が行なわれることを期待したい。

（1）Thomas Shugart, "Has China Been Practicing Preemptive Missile Strikes against U.S. Bases?," War on the Rocks (February 6, 2017) https://warontherocks.com/2017/02/has-china-been-practicing-preemptive-missile-strikes-against-u-s-bases/.

（2）毎日新聞「社説：中距離弾の日本配備論　軍縮の道こそ探るべきだ」（２０２０年5月13日）https://mainichi.jp/articles/20200513/ddm/005/070/080000c.

（3）米陸海軍で極超音速滑空体を共用する開発プロジェクトが進められているが、研究開発のうち「先行コンポーネント開発試作段階」にある。これは実験室レベルの技術を実戦環境に応用していくプロセスとされ、システムとしての開発に入る前にコンポーネントレベルでの成熟度が検証される段階である。

(4) 答弁の該当箇所は以下のとおり。「わが国に対して急迫不正の侵害が行われ、その侵害の手段としてわが国土に対し、誘導弾等による攻撃が行われた場合、座して自滅を待つべしというのが憲法の趣旨とするところだというふうには、どうしても考えられないと思うのです。そういう場合には、そのような攻撃を防ぐのに万やむを得ない必要最小限度の措置をとること、たとえば誘導弾等による攻撃を防御するのに、他に手段がないと認められる限り、誘導弾等の基地をたたくことは、法理的には自衛の範囲に含まれ、可能であるというべきものと思います」「第二十四回国会衆議院内閣委員会会議録第十五号」(1956年2月29日) 241頁。

(5) 防衛省『令和2年版防衛白書 日本の防衛』(2020年7月) 200頁。

(6) なお、新START条約で規制されているのは、実際に配備されている弾頭数である。中国の核弾頭はミサイルと分離されて保管されているとされているから、新START条約の規定をそのまま中国の戦略核戦力に当てはめると、米ロの配備核弾頭数1550に対してゼロとカウントされることになる。

(7) Anthony S. Cordesman, "The Lessons and Non-Lessons of the Air and Missile Campaign in Kosovo," (Center of International and Strategic Studies: Washington DC, August 2000), p.824, https://www.csis.org/analysis/lessons-and-non-lessons-air-and-missile-campaign-kosovo; Anthony S. Cordesman, *The Iraq War: Strategy, Tactics, and Military Lessons*, (Center of International and Strategic Studies: Washington, DC, 2003), p.291, 294.

(8) Andrew F. Krepinevich, "Maritime Competition in a Mature Precision-Strike Regime," (Washington, DC: Center for Strategic and Budgetary Assessments, 2015), pp. 95-121, https://csbaonline.org/research/publications/maritime-competition-in-a-mature-precision-strike-regime.

(9) 対艦攻撃能力を重視してポストINF打撃システムを整備していくべきだとする議論として、Sugio Takahashi and Eric Sayers, "America and Japan in a Post-INF World," War on the Rocks, (March 8, 2019) https://warontherocks.com/2019/03/america-and-japan-in-a-post-inf-world/がある。

(10) Cordesman, *The Iraq War*, p.292.

■座談会——

総括：ポストINFの世界はどうなるか？

米国のセオリー・オブ・ビクトリー

高橋（杉雄）「テクニカルな議論に入る前に、それぞれの国の『**セオリー・オブ・ビクトリー**』の中で、ポストINF打撃システムがどう位置付けられているか、まず米国の状況について村野さんに解説してもらおうと思います」

村野（将）「セオリー・オブ・ビクトリーの必要性を指摘する論者は、米国にはセオリー・オブ・ビクトリーがないことを議論の出発点にしています。大国間競争や抑止の重要性が議論されてきた一方

セオリー・オブ・ビクトリー：抑止が失敗して実際に戦争になってしまった時に、どのように戦うかという大まかなイメージ。最近アメリカを中心に活発に議論が行なわれている。語感としては、プロ野球でいう「勝利の方程式」のイメージが近い（第2章参照）。

で、なぜこれまで米国にはセオリー・オブ・ビクトリーが存在してこなかったのか。その理由の一つは、米国は現状維持国であり、全ての危機や挑戦は、中国ないしロシア側からのアクションで始まる、という前提に立っていることが関係していると思います。実際に、ＩＮＦ条約を破ったのはロシアであり、西太平洋地域で現状変更を始めたのは中国である、という事実は、ポストＩＮＦの世界における戦略を議論する上で重要な前提です。

その上で、米国がポストＩＮＦ打撃システムをどのように位置付けているかについて考えると、主に四つの論点があると思います。一つ目は、大国間競争における**コスト賦課**。二つ目は米軍および同盟国との協力における運用の柔軟性の向上。具体的には、これまで地上発射型ミサイルを配備できずに、ミサイルの発射プラットフォームを水上艦や潜水艦、航空機に頼っていた負担を軽減させて、統合運用の柔軟性を高めるという観点です。三つ目は、米国の防衛コミットメントを示すシグナリング効果です。地上発射型ミサイルは、艦艇や航空機と違って、すぐに撤収させづらい。この特性は「配備先の同盟国を見捨てることはない」という抑止対象に対するシグナルになると同時に、同盟国に対しての**安心供与（アシュアランス）**の意味があると思います。四つ目が、軍備管理の梃子（てこ）としての役割です。

これらを米国のセオリー・オブ・ビクトリーをめぐる議論に当てはめると、基本的には、米国およびその同盟国が敵から先制攻撃を受けることが前提になっています。となると、問題は抑止それ自体よりも、抑止が失敗した後にどう対処するか——いわゆるエスカレーション・コントロールを迅速に行なわなければいけない状況で何ができるかが重要になってきます。

その結果、米国の戦略においては、核兵器を含む懲罰能力だけではなく、通常戦力による拒否能力を重視しなければならないという流れが強まっています。これは言い換えれば、戦闘が始まる前、つまり平時の抑止態勢と、グレーゾーンから有事に拒否力を発揮するための作戦構想とで、戦略や兵力の配備態勢に大きなギャップがあってはいけないということです。そのためには平時の抑止態勢と、

コスト賦課（ふか）：競争関係にある国との間の国力や軍事力を総合的に分析し、自国にとってはコストパフォーマンスがいいが、相手にとっては悪い分野を見つけ出し、自国に有利な分野に集中的に資源を投資することで、相手に「コスパの悪い」対応を強いる発想。特に平時の「大国間の競争」を有利に進める上で重視されている。具体的には、弾道ミサイル1発のコストの方が、BMD（弾道ミサイル防衛）迎撃体1発のコストよりもはるかに安いことから、弾道ミサイルの脅威にBMDで対抗することは「コスト賦課」を強いられていると見なされる。この発言で意味しているのは、ポストINF打撃システムに対する防空システムの開発を中国などに強いることで、米国側から「コスト賦課」を行なうことである。

安心供与（アシュアランス）：米国から見ると、抑止とは米国自身に対する攻撃の抑止と、同盟国に対する攻撃の抑止（拡大抑止）の二つの目的がある。拡大抑止においては、相手の抑止だけでなく、米国がきちんと守ると同盟国に安心させる必要がある。両者の違いについて、1960年代のイギリスの国防大臣であったデニス・ヒーリーは以下のように書き残している。「ロシア人を抑止するには5パーセントの信頼性で十分だが、ヨーロッパ人を安心させるためには95パーセントの信頼性が必要である」

有事の具体的な対処態勢が重なるようにしていくべきだというのが、今の米国におけるポストＩＮＦ打撃システムをめぐる議論だと思います」

冷戦期との類似性

合六（強）「外交史研究の立場からすると、今のお話は、１９７０年代の議論と似ていると思いました。当時、拡大抑止の信頼性とか『デカップリング』の問題が発生していて、まさに村野さんがご指摘されたものと似たような議論が展開されていました。当時は米ソの戦略核がほぼ同水準にあり、宣言政策上は**『柔軟反応戦略』**ですが、実際の運用政策は大量報復をベースにした抑止態勢になっていました。ですから、運用面で柔軟性を確保するには、通常戦力や戦域核戦力が重要だという考え方です。それで抑止を維持し、もし抑止が破綻すれば、早く紛争を有利に終結するなり、抑止を再度回復させてエスカレーションをコントロールしなければならないという考え方です。１９５０年代末に『大量報復戦略』への批判として出てきた『限定核戦争論』が『シュレシンジャー・ドクトリン』のようなかたちで７０年代半ばにアメリカの政策の中に取り込まれていくんです。こういう議論を経てＮＡＴＯの『二重決定』に至る話が出てきます。限定核戦争論をめぐる議論は最近も出てきて、その意味では全く同じとは言いませんが、冷戦期と類似性が見られると思います。

ここで村野さんに質問ですが、ご指摘の三点目で、ポストＩＮＦ打撃システムの位置付けについて、同盟国への安心供与を指摘されましたが、そこは冷戦期との違いがあるかもしれません。70年代、ソ連のSS‐20に対して先に不安を抱き、それへの対処を求めたのはヨーロッパ、特に西ドイツです。米国は当初それほど問題とは思っていなかった。しかし最終的には、西ドイツへの安心供与のために米国が重い腰を上げて動き出しました。現在、ヨーロッパにおいては、確かにロシアの行動に対する不安は見られますが、INF条約失効前に、ロシアの条約違反とSSC‐8についてどれほどヨーロッパ諸国が懸念を示していたか、あまり表に出てきませんでした。だからこそ、トランプ政権の条約離脱決定には一部の同盟国が戸惑いをみせた。そうしたなかで、どれほど米国側が安心供与を意識しているのかという疑問です。むしろ条約離脱を含むこれまでの米国の行動は、一部のヨーロッパ同盟国には不安と不満をもたらしていないかということです」

村野「INF問題に対する米国の捉え方には、大きく分けて二つの見方があると思っています。一つ

柔軟反応戦略：1960年代前半に提示された核戦略の考え方で、それまで、ソ連の挑戦に対して核兵器の大量使用で報復するとしていた大量報復戦略に代わり、ソ連の挑戦のレベルに応じて限定核戦争を含めた多様なオプションで対応するとした考え方。戦術核・戦域核・戦略核に至るエスカレーションラダーは、この柔軟反応戦略の考え方のもとで整備された。

SSC‐8：ロシアが開発した地上発射型巡航ミサイルのNATOコード。米国はこれをINF条約で禁止された射程500〜5500キロメートルのミサイルと判断し、ロシアの条約違反を指摘、INF条約からの脱退に至った。

はＩＮＦ問題を対ロ関係や軍備管理をめぐる問題として捉える見方です。基本的に米欧関係や米ロ関係の専門家はＩＮＦ問題を主に軍備管理や、ＮＡＴＯ諸国との同盟管理の問題と捉えています。ＩＮＦをめぐる問題が顕在化したのは２０１４年頃でしたが、当初から軍備管理の専門家や米欧・米ロ関係の地域専門家はＩＮＦ条約離脱に対して慎重な立場をとっていました。

他方、いわゆる戦略コミュニティ、特に国防省で実際にプランニングをしている軍事専門家や、アジアの地域専門家はＩＮＦ問題を西太平洋における中国との軍事バランスの問題として捉えている側面が大きく、彼らが条約からの離脱を積極的に支持してきました（第6章参照）。そうした経緯もあり、欧州の同盟国に対する安心供与のために、ポストＩＮＦ打撃システムが必要だという視点は、米国ではほとんど議論されておらず、実際に欧州への配備論も先鋭化していません。これはかつてのパーシングⅡや核トマホークの欧州配備をめぐる議論とはかなり様子が違います。もっぱら問題になっているのは西太平洋地域、アジアの同盟国――特に日本も含めてどこに配備するかという議論が中心です。一方、欧州側に安心供与のためにポストＩＮＦ打撃システムを置いて欲しいという潜在的需要があるかといえば、ポーランドのようなロシアに近い一部の国を除いてはあまりないんじゃないかという印象です」

高橋「同じヨーロッパといっても東欧と西欧で全くこの問題に対する感覚は違いますね」

小泉（悠）「ロシアと隣接している東ヨーロッパの国々は、自国にポストＩＮＦ打撃システムを置くよりも、もうちょっと西側に置きたいという感じになりますよね」

高橋「結局、**カリーニングラード**にロシア側のポストＩＮＦ打撃システムが置かれるわけですから、東欧諸国は大きなプレッシャーを受ける。そのプレッシャーをやわらげるためにはどのような安心供与が必要となるのかという問題ですね。それは果たしてポストＩＮＦ打撃システムを対抗的に配備することなのか、ということは論点になる」

小泉「村野さんが挙げられた四つの論点ですが、その中でいちばん重視されているものはどれでしょうか？」

村野「私の理解では、先ほどの順番どおり、①コスト賦課、②運用の柔軟性、③抑止のシグナリング・同盟国への安心供与、④軍備管理の梃子です。場合によっては、①と②は入れ替わるかもしれませんが」

小泉「コスト賦課と運用上の柔軟性が圧倒的に大きいということですね」

村野「そうだと思います」

高橋「あとで議論できればと思いますが、それはセオリー・オブ・ビクトリーによって変わってくる

カリーニングラード：ポーランドとリトアニアの間のバルト海沿岸にあるロシアの飛び地。ここにミサイルを配備すれば、それほど射程が長くなくても、ヨーロッパのかなりの部分を射程に収めることができる。

んじゃないかと思います。エルブリッジ・コルビー（元戦略担当国防次官補代理）が主張するような『**ディナイアル・ディフェンス**』みたいな考え方だと、コスト賦課という要素はあまりない。一方、『**インサイド・アウト**』的な考え方や、文字どおりのコスト賦課戦略をベースにすればコスト賦課は優先順位の一位になります」

村野「同感です」

ロシアのセオリー・オブ・ビクトリー

高橋「次にロシアの事情について小泉さんに解説をお願いします」

小泉「ロシアの核戦略の全体的なことは、2019年に出版した『**「核の忘却」の終わり**』で議論していますが、要するにロシアは二重の戦争に備えていると思います。一つは、非常に古典的なタイプの戦争で、『もしヨーロッパ平原でNATOとぶん殴り合いになったらどうするか』みたいな、わかりやすい話だと思うんです。普通にやると絶対勝てないので、ロシア版柔軟反応戦略みたいなかたちで、戦術核を重視して、『有事になったら積極的に早期に核を使います』みたいな、核使用を組み込んだセオリー・オブ・ビクトリーがあると思います。

ただロシアの軍事ドクトリンを見ても、さすがにこのようなタイプの戦争は考えにくいし、2019年末にロシアのゲラシモフ参謀総長が外国武官団と記者会見した時も、『2050年までは大規模な国家間戦争があるとは我々は思っていない』と発言しています。たぶんこれは正直なところだと思います。また、いかに米ロ関係が悪いといっても、そのようなかたちで第三次世界大戦をやるというのは現実的に考えにくい。そう考えると、これまでロシアがやってきた、そしてこれからもやりそうなタイプの軍事力行使は、『旧ソ連の小国に介入していく』『シリアに対してやったような介入をする』『非対称な脅威に対して小規模軍事力行使を行なう』などになると思います」

高橋「非対称というのは、相手が小さいという意味ですか?」

小泉「相手が小さく、なおかつ持っている能力や装備も非対称であるということです。チェチェンやシリアが典型的ですし、グルジアやウクライナの場合、相手は正規軍ですが、軍事力の規模が小さく、航空戦力などはほぼロシアが完封できるレベルです。ロシアはそういう相手であれば勝てるんだけれど、そこに米国がNATOを引き連れて介入してく

ディナイアル・ディフェンス:沖縄列島線に地上発射型の対空ミサイルと対艦ミサイルを配備し、中国の軍事的な膨張を物理的に封じ込める態勢を構築することを主張する考え方。

インサイド・アウト:沖縄をはじめとする、中国のA2/AD(接近阻止/領域拒否)圏内に存在する基地を拠点として中国のA2/AD能力を無力化し、外部からの戦力投入を容易にすることを主張する考え方。

『「核の忘却」の終わり』:高橋杉雄・秋山信将編『「核の忘却」の終わり:核兵器復権の時代』(2019年、勁草書房)。

ると非常に困る。そこで『その行動を思いとどまらせるような核使用のセオリーがあるのではないか』ということが、まあこの10年ぐらいずっと問題になってきたわけです。それがいわゆる『エスカレート・トウ・ディエスカレート(escalate to deescalate)』で、核使用のセオリーがあるかないかわかりませんが、私は一応『ある』という前提で備えるべきだと考えています。なぜならそういうアイデアがあって、能力があるのであれば、一応備えた方がいいということです。

そこにポストＩＮＦ打撃システムはどういう位置付けになるかというと、エスカレーションのはしごを一段増やして、より安全に核を先行使用できるということが考えられます。ただロシアのポストＩＮＦ打撃システムが核なのかどうかはよく分からない。極超音速兵器は、ほぼ間違いなく核なんですが、ＳＳＣ‐８だと『核だかなんだか、よくわからない』というのが現実で、そうすると『核ではない中距離ミサイルによる、エスカレーション・コントロール』みたいなことを、ロシアは考えているかどうかが論点になります。

もう一つの論点は、ロシアが中国をどう考えているのかということです。これまでの考え方からすれば、ロシアのポストＩＮＦ打撃システムのターゲットはＮＡＴＯですが、果たして今のロシアがＮＡＴＯ相手に一生懸命、ポストＩＮＦ打撃システムを作らなければならない状況かと考えざるを得ない。とすれば『やはり相手は４０００キロの国境を接している中国なんじゃないか』という議論も出てきます。

しかし、果たして本当に中国というファクターのために、ロシアがこんなに大きな政治的コストを背負い込んでやっているのだろうかとも思うわけです。しかも米国の情報ソースによれば、ロシアは2004年くらいから開発を始めているわけです。つまりINF条約に基づく検証措置が終わるや否や条約違反のミサイルを作り始めているということです。当時、ロシアは中国のことをそれほど恐れていたのかという疑問が残ります。

その時期に起きたことを振り返ると、米国がABM（弾道弾迎撃ミサイル）条約を破棄したり、ポーランドにGBIを置くと言い出しているので、米国のMD（ミサイル防衛）に対するロシアの反発としてミサイル開発を始めたと考えるのがしっくりきます。

ということで、ロシアのセオリー・オブ・ビクトリーは、正規戦とハイブリッド戦、それに対中国戦の3種類あると思います。ただポストINF打撃システムがその中のどれに当てはまるかはよくわからないのが現状です」

GBI：米本土防衛用のミサイル防衛システム。日本に配備されているスタンダードSM-3やパトリオットPAC3に比べてはるかに大型の迎撃ミサイルで、サイロから発射される。

ロシア軍産複合体の影響力

高橋「確かに米国のMDへの反発というのは説得力がありますね」

小泉「時期的に見ても、それがいちばんの理由という気はします。ほかに『最近の国際情勢が冷戦的になったからというだけでは説明がつかない論理』もあるのではないかと思っています」

高橋「それはどういうことですか？」

小泉「冷戦期には、ソ連側もヨーロッパ側もそれぞれの思惑があって、INFの配備に至るわけですが、いま起こっていることは、その繰り返しと理解してよいのかという疑問です。私はそうではないと思っています。先に述べたように、いまロシアが欧州正面にポストINF打撃システムを配備しなければならない理由にしっくりくるものがない。だとすれば、MDみたいな新テクノロジーへの対抗なのか、対中国抑止なのか、といったことになります。あるいはロシアの中に軍産複合体みたいなものが出てきたのかもしれないという問題意識です」

合六「軍産複合体の影響というのは、どれほど真実味のある話なのでしょうか？ ソ連によるSS‐20配備についても、たとえばゴルバチョフは回顧録で、戦略的な要因より、軍産複合体の圧力が強かったと批判的に指摘しています。またSALT（戦略兵器制限条約）で米国にどんどん妥協するブレジネフ書記長に対する不満が保守派を中心に高まり、これを抑えるためにブレジネフはSS‐20の配備を承認したと指摘する研究もあります。こうした国内政治的、あるいは官僚政治的な要因は無視できないのではないかと思います。戦略的には身もふたもない話ですが……」

小泉「そういう官僚政治的なダイナミクスは無視できないと思います。やはり軍産複合体を食わせていかなきゃいけないし、軍産複合体も、一回始めてしまうと、同じようなシステムを何回も繰り返し開発しようとする傾向が特にロシアは強いです。今のアヴァンガルド（核弾頭を搭載する極超音速グライド兵器）も昔のアルバトロスをまた焼き直したものですから。ということを考えてみると、結局SS‐20についても、実際には戦略論的な理屈ではなく、軍産複合体がまず作ってきたものに軍隊が使い道を考えたという可能性も十分にあります。現在のポストINF打撃システムについてもそうしたダイナミズムが存在した可能性は結構あるんじゃないでしょうか」

高橋「純軍事的な視点ですが、米国は世界中のどこでも海洋発射のトマホークでピンポイント攻撃できるじゃないですか。一方のロシアは、地理的条件から米国みたいなかたちでは海洋発射型の巡航ミサイルを運用できない。ところが陸上発射であれば、内線の利を活かして周辺にピンポイント攻撃ができる。こんな風にミリタリー・プランナーは考えるんじゃないかと思うんです」

小泉「そうでしょうね。ただロシアの場合、油断ならないのは、軍人が純粋に純軍事的な思惑で地図上に線を引いて、『ここからここに撃てるような武器があったらいいな』って言った場合、普通はそこに政治とか外交とかの思惑が加わって、『まあ、待て』という話になるんですが、ロシアは作っちゃうんですよね。で、作っちゃってから、『適当に言い訳しときゃいいみたいなイージーな感じでいたら、大騒ぎになっちゃた』ということなのか……」

一同（笑い）

小泉「少なくとも2007年にプーチンが『INF条約もうやめようよ』と公言しているので、その時点でロシア国内では政治的にある程度コンセンサスはとれていたのかなと思います。けれど、おそらく発端は、いま話したような純軍事的な理由や、合六さんも指摘された軍需産業との関係じゃないかなと思います」

高橋「その結果、後付け的に我々が政治的・戦略的な理由をあれこれ考える……」

小泉「意外と戦略面だけで考えるとおかしくなるみたいなところはあるかもしれませんね」

戸崎（洋史）「ロシア側にもさまざまな動機や理由があって、その中でポストINF打撃システムの開発を開始した。ロシアにとっての戦略的優先順位は依然として第一にヨーロッパだと思いますが、たとえば米国がアジアでさまざまな対抗措置をとり、中国もこれに反応するなど、アジアがポストINF条約時代の主たる舞台となった時に、ロシアの考え方とか兵力構成は変わってくるのでしょうか？」

小泉「ロシアがアジア正面でINF射程のミサイルに何をさせるかといえば、昔からそんなに変わってなくて、対中国か、米国の前方基地である日本に使うかしかないと思うんです。欧州や中央アジアのように大幅に国境線が変わったわけではないので、配置する場所や敵味方の関係が大きく変わらなければ、結局、昔やったようなことになるのかなと。

ただ気になるのは、ヨーロッパ側には紳士協定的にＩＮＦは置かず、アジア側だけ置くとすると、これは１９８０年代に懸念された『同盟のデカップリング』そのものになってしまうんではないかと危惧します。だから兵力構成というよりも配備態勢が問題になると思います」

中国のセオリー・オブ・ビクトリー

高橋「ここで中国について議論しようと思います。今回は中国専門家がいないので、私なりに中国の状況を分析します。中国の場合、ＩＮＦ射程のミサイルは核ミサイルとして作られてきましたが、１９９０年代に湾岸戦争、台湾海峡危機、コソボ空爆を通じてハイテク兵器の威力を目の当たりにすると、米国の軍事力に対して、通常戦力、特に自らのハイテク産業を育成した上でハイテク兵器で対抗しようとしました。この時期が彼らの分岐点で、精密誘導技術の開発が進み、弾道ミサイルの通常弾頭化が行なわれて来ました。

中国のセオリー・オブ・ビクトリーは、米国の航空戦力の優位を打ち消すことから始めなければなりません。おそらく第一撃で東アジアの米空軍基地を叩く。これは非常に精度が高くて、滑走路どころか**バンカー**さえも直撃しうるようなものです。その上で航空優勢を獲得し、台湾やその他に上陸作

バンカー：強固なコンクリートで防護された格納庫。

戦を行なう。それが彼らのセオリー・オブ・ビクトリーだと思います。

巡航ミサイルでレーダーを叩き、弾道ミサイルでハードターゲットを叩く。次に中国本土に縦深性をもって展開された戦闘機によって航空優勢を獲得し、上陸作戦を行なうということです。それに並行してサイバー攻撃も行なわれます。非常にわかりやすい、現代版ブリッツクリーク（電撃戦）のようなものです」

小泉「そうなると、教科書どおりの大国間戦争の道具として、ポストＩＮＦ打撃システムが位置付けられているということですね。中国にとって、ＩＮＦ射程という意識ではなく、戦域の中で使える便利な射程距離を選択したら、米ロで言うところのＩＮＦ射程になるという感じでしょうか？」

高橋「そう思います。中国の大型爆撃機は戦略核戦力としての戦略爆撃機ではありません。なぜなら、中国から米国の政経中枢を爆撃機で核攻撃することは考えられないからです。そういう意味で、米ロとは考える前提となるフォーマットがまったく違います。その関連で言えば、中国のＡ２／ＡＤ（接近阻止／領域拒否）能力という言い方はやめるべきだと思っています」

小泉「ほう」

高橋「Ａ２／ＡＤという言い方ではなく、シンプルに戦域打撃能力と考えるべきじゃないかと思います」

小泉「中国にすれば、なにも条約に違反しているわけではなく、粛々と自分の担当正面で能力を整備してきましたというところですよね」
高橋「そうです。戦場も決まっていますし……」
小泉「だから中国自身の思惑は割とすっきりしているんですが、米国やロシア、インドから、どう受け取られるかが論点かもしれませんね」
村野「いま高橋さんが言われた中国の戦域打撃能力が使われるシナリオは、軍事専門家のあいだではおおむね共有されていると思います。でも、我々が考えていないシナリオがあるかもしれないという不安もあります。中国が中距離ミサイル戦力を活用する別のシナリオがあるかどうか、ロシアの視点から、なにか想定できることはありますか？」
小泉「うーん、ほかに考えようがない。なんかほかにありますかね……」
戸﨑「日本や韓国に対して使うとすれば、『デカップリング』の手段であったり、核による威嚇や恫喝といったことも考えられます」
村野「心理的恫喝とオペレーショナルな物理的妨害手段ということですね」
高橋「弾道ミサイルにはいろいろな使い道があって、たとえば射程１５００キロメートルくらいのミサイルを南シナ海に置いたら、フィリピン、ベトナム、インドネシアに対するものすごい恫喝手段となります」
戸﨑「さきほどの『現代版ブリッツクリーク』のような使い方を基本にするのであれば、核である必要性はなさそうですね。むしろ通常戦力の方が都合がいい」

高橋「そうなんですが、もともと核を積んでいたからだと思うんですが、いまだに中国の戦域レベルの弾道・巡航ミサイルは**デュアル・ケイパブル（両用任務）**です。実際にミサイル基地には核弾頭と一緒に通常弾頭バージョンが置かれているということは、やはり核オプションを捨てていないと解釈せざるを得ません。これは官僚的な惰性の可能性もあるんですが、戦略的には理解できない。中国の核ドクトリンで理解できない点がまさにこれです」

戸﨑「核と通常弾頭を分けた方が使いやすいと思うんですけどね」

村野「これは最近出てきている**極超音速グライド兵器**にも言えることですが、実際に中国の中距離ミサイルがどの程度の精密打撃能力を実現しているかについては、情報評価にばらつきがあります。少なくとも既存のDF-15やDF-21のような1000～2000キロメートルくらいの射程であれば、CEP（半数必中界）は高いと思われますが、それ以上の、たとえばグアムまで狙えるDF-26のCEPはそれほど高くないという評価もあります。また2019年10月の軍事パレードに登場したDF-17と呼ばれる極超音速グライド兵器は、ナレーションでは「通常弾頭」だと紹介されましたが、もともと中国はロシアと同じように、極超音速グライド兵器を米国のミサイル防衛を突破可能な核抑止力として開発してきた経緯があるので、これらは技術的には核弾頭を搭載できるはずです。しかし、米国が開発に苦労しているように、長射程の極超音速グライド兵器の精密誘導は難しいといわれています。実際、中国も同様の問題を抱えているとすれば、誘導精度の低さを補うために核を積めるようにしておく、デュアル・ケイパブルにしておく理由は、まだ残る気がします」

高橋「そうかもしれませんね。結局、公開情報で判断できる精度は、例の**シュガートの論文**に出ている衛星写真ということになるんですが、あれは確かにバンカーを直撃しているけれども、どれくらいの射程でミサイルを撃ったかはわからない。当てられるのは確かだけど、どういう条件で当てたのかはわからないってことです」

デュアル・ケイパブル：核兵器と通常兵器の両方を使用可能なシステムのことを指す。日本語では「両用任務」という語を用いることが多い。

極超音速グライド兵器（ＨＧＶ：Hypersonic Glide Vehicle）：弾道ミサイルでも巡航ミサイルでもないミサイルとして最近開発が進められているもの。「極超音速」とはマッハ5以上の速度域を表す用語であるから、単に速度域だけ見れば弾道ミサイルも含まれるが、通常「極超音速兵器」と呼ぶ場合には、弾道ミサイルは含まず、ラムジェットやスクラムジェットエンジンを積んでその速度域で飛翔できる極超音速巡航ミサイルと、衛星軌道ほどの高さまで一度打ち上げてから急角度で降下し、大気圏の上層域を極超音速域で空力機動するブーストグライドシステムを指す。本書では、飛行原理の違いに着目し、後者について「極超音速グライド兵器」の語を用い、通常の巡航ミサイルと同一の飛行原理の極超音速巡航ミサイルは巡航ミサイルとして分類している。

シュガートの論文：一般に入手可能な衛星写真を利用して、中国国内にあるミサイル標的の現状を明らかにした論文。Thomas Shugart "Has China been practicing preemptive missile strikes against US bases?,"War on the Rocks, (February 6, 2017).

日本のセオリー・オブ・ビクトリー

高橋「次に日本について森本先生からお話を伺おうと思います」

森本（敏）「まず、日本のセオリー・オブ・ビクトリーを米国との同盟関係の中で、どう考えるかということです。ひと言で言うと、米国の脅威の優先順位は一位が中国、二位がロシアで、三番目が国際テロあるいはイラン、北朝鮮を含むローグ・ステイトです。北朝鮮の優先順位はかなり低く、日本はこれとは逆で、第一位が北朝鮮、それから中国、次にロシアです。国際テロなどはあまり高くない。

米国は、依然としてヨーロッパに重点を置いています。2020年4月5日、インド太平洋軍司令官が『リゲイン・ザ・アドバンテージ』という議会報告を提出し、その中で2026年までの6年間に総額約200億ドルを議会に要求することとしたいが、この予算要求額はＥＤＩ（欧州抑止イニシアチブ）の八〇パーセントにすぎないと言って、太平洋軍が不満を表明しているわけです。この中で海兵隊に地上発射型ミサイルを持たせるとあります。今の海兵隊が保有するミサイルの射程は、アジア・太平洋では300キロメートルくらいしかないんです。すでに第一列島線の内側では中国に有利な状態になっているのを取り返しに行くということです。そして、将来は第一列島線を越えて、中国大陸まで届く長射程のミサイルを配備する。それが、いま我々が議論している中距離ミサイルだと思います。

ということは、米国は第一列島線の内側はすでに中国有利になっていて、その中には南シナ海、台湾、東シナ海が入ってしまっていると認識している。これに対し、まず日本を中心に中距離ミサイルを配備して第一列島線内のバランスを取り返す。その次は中国を向こう側に追いやろうというのが第一段階です。

第二段階は、グアムを米国の本土防衛の前哨線にすること。そこに強力なミサイル防衛システムを配備して、第一列島線と第二列島線の間のバランスを米国有利に持って行くというステップを米国は考えている。そして、陸軍ではなく、海兵隊にその役割をさせようということでしょう。海兵隊司令官が出した『フォースデザイン２０３０』という報告書にも同様のことが書かれています。

こうした状況で日本はどうやったら生き残れるかを考えなければならないのですが、まずは第一列島線を中心に、いずれ東シナ海、台湾に手を出してくる中国を、日本として米国の拡大抑止に依存せず、自らの手で懲罰的抑止能力を持つことが、日本の防衛力の非常に大きな課題になると思います。

第一列島線と第二列島線の間の優位を確保するには、DF-21、DF-26だけでなく、空母に対して、F-35Bを運用するためのプラットフォームを置き、第一列島線と第二列島線の間のバランスを優位にしようとする米国と協力していく。これが、日本の生き残りのためのセオリー・オブ・ビクトリーだろうと思います。海兵隊を中心に、ミサイル能力を強化しようとする米国の基本戦略と、日本がどこまでタイアップできるかが、日本の大きな課題です。以上のことから、今の『防衛計画の大綱』をもう一度見直さなければならない時期が数年のうちに来ると思っています。

防勢一方の日本の防衛力ですが、ミサイル防衛で飛んでくるものを防ぐだけでなく、米国とともに優位を奪回していくという戦略が日本の生き残りの戦略ということだと思っています」

米中間の戦域打撃戦力のギャップ

高橋「ありがとうございます。この問題は最後にもう一度論議したいと思います。森本先生が日米関係について話されましたが、**ネットアセスメント**的に言えば、セオリー・オブ・ビクトリーは相手を見て変わっていくもので、米ロは米ロで相互作用があるし、米国は米中においても相互作用がある。相手を見ながら変わっていくことについて、村野さんはどう見ますか？」

村野「これまで米国には明確なセオリー・オブ・ビクトリーがなかったという話をしましたが、ロシアに対する米国のセオリー・オブ・ビクトリーは、中国に対するものよりも、さらに不明確だと思います。実際にポストＩＮＦ打撃システムを欧州正面に配備して、米国とＮＡＴＯがそれをどのように対ロ抑止、エスカレーション・コントロールの中に組み込んでいくかという具体的な議論はほとんどなく、従来の戦略爆撃機や潜水艦搭載の**低出力核オプション**でなんとかなると考えています。つまりポストＩＮＦ時代における対ロ戦略のコンセンサスは、米国にはまだない状況だと思います。

他方、西太平洋で中国の優位をオフセットするという議論は、２０１０年代の早い段階からありました。そしてINF条約から正式に離脱・失効になって、統合参謀本部や各軍の中で、具体的な作戦構想に組み込まれてきている段階です。それでも、戦略目的と戦術目的の曖昧さはまだ残っています。最初に高橋さんが言われた『米国のセオリー・オブ・ビクトリー』を追求する兵器システムや兵力態勢の優先順位付けが明確になってないのもそれが理由だと思います」

高橋「そういうことですか」

村野「必然的に、それは『何をターゲットにするのか？』という議論と関わってきます」

高橋「いま明らかに米中間に戦域打撃能力のギャップがあります。そのギャップをどう埋めるかという考え方が一つあります。もう一つの方向性としては、軍事行動は政治的な成果に結びつかなければ意味がないので、ギャップはギャップとして存在していても、それが政治的結果に結びつかないような戦略を作り出せばいいという考え方もあり得ます。中国の考え方が、先ほど言ったように現代版ブリッツクリークだとすると、一つのやり方は、航空優勢をとられたとしても上陸戦力を撃破すればよい」

ネットアセスメント：アメリカにおける戦略立案の一つの手法で、国際政治には「相手がいる」ことを前提に、国力や戦略を静態的・絶対的にではなく、動態的・相対的に捉えようとするアプローチ。詳しくはThomas Mahnken, *Net Assessment and Military Strategy: Retrospective and Prospective Essays*(Cambria Press, 2020)を参照。

低出力核オプション：いわゆる小型核兵器。英語ではこの発言のように「low yield nuclear option」と呼ばれることが多い。

村野「そのための長射程の地対艦ミサイルということですね」

高橋「もしかしたら地対艦ミサイルである必要さえなく、今あるトマホークをつるべ撃ちして、中台海峡の向こう側にある……」

村野「港湾や兵站基地を破壊すればいい」

高橋「そう。そんな考え方もできます。あるいは中国が米国と同盟国の航空戦力を叩いて航空優勢をとろうとするのであれば、航空基地を破壊して戦闘機が飛べないようにすればいいという考え方もあり得る。そうすると今度は航空優勢なき艦艇どうしの戦いという、現代戦としては意味のわからない状況になってくる。そうなると地対艦ミサイルが重要になってくる。

この議論を突き詰めると、アンドリュー・クレピネビッチやトム・マーンケンが言っている『ノーマンズ・ランド』、つまり互いのA2／AD能力が非常に強化された結果、双方ともに軍事アセットを進入させられないエリアが形成される状態も考えられる。そういう意味での米中の相互作用というのは非常に興味深い。おそらく一方が持っているゲーム・プランどおりにはいかない」

一同（頷き）

高橋「台湾海峡の関係で言えば、いちばん簡単なのは、台湾に上陸しようとする上陸部隊を出港前に地上で叩いてしまえばいい」

村野「そうなると中国はそれを見越して、米国が物理的阻止行動で介入できないような方法——つまりグレーゾーンを徐々に濃くしていく漸進的拡張のようなやり方で、米国に攻撃の決心をさせにくい状態のまま、台湾を政治的影響下に置こうとする可能性が出てきます。たとえば台湾で自然災害が発生した場合、災害救援のような理屈をつけて、人民解放軍を一気に派遣するやり方です」

精密誘導兵器とエスカレーション

高橋「次に抑止と軍備管理について考えてみたいと思います。まずポストＩＮＦ時代に開発・配備される地上発射型精密誘導兵器が抑止力としてどういう意味を持つかということです。抑止論自体は、ＩＮＦ条約前から存在しているので、ＩＮＦ条約があろうとなかろうと、その論理や中身が変わるわけではありません。ただアジアに関して言えば、アジアは基本的に海洋なので、地上戦は最後の最後まで行なわれない。相手の航空機を撃ち落とす、艦船を沈めるところから始まり、相手の戦闘機が出てくる飛行場をつぶす攻撃にエスカレートしていく。そうなると、ミサイルの射程の中で、ターゲットをどう選ぶかということが、エスカレーションの中身を構成します。つまりエスカレーションは、何を使うかではなくて、何を狙うかだと思います。

ただ、このエスカレーションのプロセスは東シナ海や南シナ海の場合で、台湾海峡では、先ほど村野さんが言われたようなハイブリッド的な攻撃を別にすれば、エスカレーションではなく、中国は最初から持てるものをすべて動員してくる可能性が高い。そこが東アジアにおけるポストＩＮＦ時代の抑止を考える上で難しい点という気がします」

小泉「南シナ海でターゲットを撃ち分けることによるエスカレーションというのは、どういうイメージでしょうか？　エスカレーションが低い段階での精密誘導兵器のターゲットは具体的に何ですか？相手の軍事アセット？」

高橋「まず海洋法執行機関ないし準軍隊どうしの衝突があって、次にどちらかが軍艦や航空機を出してくる。この段階では、実は民間人の被害はない。けれど、どちらかが相手の策源地を攻撃するという判断をした時に大きなエスカレーションが発生します。つまり、港湾か飛行場への攻撃です。それでも最初は、非常に精密なかたちで行なわれ、民間人の被害を局限しようとする。うまくいけば限りなくゼロにできるかもしれない。それではらちがあかないとなった時、**コラテラル・ダメージ**をある程度覚悟して、**カウンターフォース攻撃**をするということになる。で、最後に**カウンターシティ攻撃**でエスカレーションは頂点に達する。

だから精密誘導兵器は、コラテラル・ダメージを最小化する、非常に限定されたカウンターフォース攻撃というエスカレーションのラダーを一つ作る」

小泉「なるほど、わかります」

高橋「ただラダーを一段上げるのは負けている方です。いまは負けているけど上げたら勝てると思うから上げる。もう一つの可能性は、相手が先に上げたらこちらは劣勢になる、ならば先に上げた方がいいというかたちで起こるエスカレーションです。先制攻撃の優位による危機の安定性の低下という問題が、エスカレーションにも適用されてくるっていうことだと思うんです。繰り返しになりますが、この考え方は台湾海峡には適用できません」

小泉「精密誘導兵器の特殊性は、核兵器と通常兵器でしっかり分けて論じる必要があるのでしょうね」

高橋「紛争の烈度に関する相場観が、冷戦期と比べれば相当低くなり、コラテラル・ダメージの量が大きな影響力を持つと思います。烈度のレベルが上がれば核兵器か通常兵器かという区分になるのでしょうが……」

小泉「高橋さんが言われる紛争の烈度は、コラテラル・ダメージを極力避けたいというレベルから、核兵器か通常兵器かの選択を迫られ、コラテラル・ダメージを無視して確証破壊的なものまでイメー

コラテラル・ダメージ：軍事目標への攻撃の巻き添えとして発生する民間人の死傷者や民間施設の損害。日本語では「副次的損害」ないし「付随的損害」と訳出されることが多い。

カウンターフォース攻撃：もともとは核戦略の用語で、相手側の核戦力に対する攻撃を指すものであるが、この座談会では軍事目標に対する攻撃の意味で使われている。「対兵力攻撃」と訳出される。

カウンターシティ攻撃：これももともとは核戦略の用語で、都市攻撃を指す。「対兵力攻撃」の対義語。

ジに入ってくるところとでは大きく違うということでしょうか。」

高橋「米国も中国も、精密誘導核兵器といえるようなものを持っているので、たとえば相手の飛行場を攻撃しても、飛行場の大きさによってはコラテラル・ダメージがそんなに出ない可能性さえある。そうなると、核と通常兵器の違いは、物理的効果ではなく、実は核兵器の**スティグマタイゼーション**ということになってしまうかもしれない」

戸﨑「精密誘導兵器の能力が向上し、また低出力の核弾頭が搭載されるとしても、核兵器の使用をためらう強さがどの程度変化していくかはわからない点です。通常兵器の方が使用しやすいということはあるでしょうし、核は依然としてほかに手段がない場合の『最後の手段』として位置づけられているのではないかとも考えられます。

今後、従来の抑止がどう変わっていくか。より武力衝突が起こりやすい状態での抑止を考えないといけないということなのかもしれません。また、これまでは精密誘導兵器は米国が独占していて、中国には核しかなかったが、核使用には高いハードルがあった。今は互いに精密誘導兵器を持ち、戦いやすくなった。そうしたなかでの抑止関係は、これまでとは変わってくると思います」

高橋「ひと回りして同じところに帰ってくる可能性もあります。いま限定核戦争論が復活していますが、互いに精密誘導核兵器を持つことで、相手が精密誘導核兵器を使ったら、こちらも精密誘導核兵器を使いますよという、一つのラダーが形成されて相互抑止になる可能性もある。逆説的ですが、小型の精密誘導核兵器を互いに保有することで、実は核と通常戦力の間の壁が強くなる……」

戸﨑「それはありますね。ただ、一つ問題なのは運搬手段が核弾頭なのか通常弾頭なのか、着弾するまで判断できないことです。通常攻撃であるにもかかわらず核攻撃だと誤解し、意図せざるエスカレーションに至る可能性も指摘されています」

村野「いま戸﨑さんが言われたのは、危機における核弾頭と通常弾頭の識別問題だと思いますが、それとは別に平時における弾頭の識別問題も論点として考える必要があります。たとえばロシアが極東にSSC－8を配備した場合、中国の戦略ミサイルや関連アセットの一部を射程に収めることになります。同様に米国の中距離ミサイルが全て通常弾頭であっても、それによって中国の戦略核ミサイルの関連アセットなどを精密打撃できるのであれば、それは中国の核ドクトリンにどういう影響を与えるかということです。

つまり、アジアに配備される米ロ、あるいは日本のポストINF打撃システムの影響は、平時の戦力整備計画や配備態勢と、危機のエスカレーション・コントロールという二つの論点につながるのではないでしょうか」

スティグマタイゼーション：「スティグマ」とは「烙印」の意。核の専門家は、『核兵器とは使ってはいけない兵器である』という「烙印」を押すという意味で「スティグマタイゼーション」の語を用いる。

小泉「ロシアは、自分たちの配備したものが中国にどう影響を与えるかというより、極東正面でどうやったら多少なりとも均衡を保てるかというディフェンシブな考え方をしているように思えます。もちろんロシアがディフェンシブなつもりでも、中国は何かしらの受け止め方をしているはずですが、おそらくロシアは、極東では圧倒的に不利であると思っているので、それに対抗してちょっとくらいミサイルを置いたところで、中国が過激に反応することはないと思っているのではないでしょうか。それで、最近ロシアの極東正面でイスカンデル‐M装備のロケット旅団を1個増やして、4個旅団にしました。さらに1個旅団あたり3個大隊だったのを4個大隊編制にしてミサイルの層を分厚くしています。たぶんこれは対中抑止でしょうが、だからといって中国が対抗して軍拡に走り、結果、ロシアが不利な立場になるという考え方をしているようには見えないんです」

戸﨑「中国にすれば、戦域レベルと戦略レベルの区別は米ロ間では意味があっても、米国の通常兵器が中国の戦略核戦力を叩けるのであれば、それは中国から見れば戦略兵器だということでしょう。その一方で中国は移動式のＩＣＢＭを作っているし、中距離ミサイルは移動式がメインです。それを弾道ミサイルなりで叩けるかというと、それは難しいので、ロシアのポストＩＮＦ打撃システムが中国の核戦力に及ぼす影響については、もう少し冷静に見るべきかなと思います」

ポストINF打撃システムと中国

高橋「中国側の軍事専門家と議論すると、トマホークに対する恐怖感をかなり強く持っているように感じられます。私自身はトマホークの過大評価だと思っていますが、中国にしてみれば、現在の中国の戦域打撃能力と、米国の海洋打撃能力は均衡している、あるいは中国やや優位という認識を持っているのではないでしょうか。だから、米国のポストINF打撃システムが入ってくるとその均衡が崩れるので、同盟国への配備を阻止しようとしている感じがします」

戸崎「問題は米国が配備するかもしれないポストINF打撃システムが何をターゲットにするかということですね。相手が移動式であれば、ミサイルでミサイルを狙うことは極めて難しい」

小泉「中国がどういう受け止め方をするかは、当該国との政治的関係に大きく制約されているので、軍事バランスを見るだけでは、あんまりよくわからない。政治的に見ると、中ロは互いに敵にしたくないのは間違いなさそうです。たぶん両者は紙上ではいろいろな計算をするけれど、『そこのところは問題がないことにしよう』みたいなダイナミズムが働いているような気がします」

合六「中ロの政治的連携は、米国の戦略的計算にどれくらい影響を及ぼすのでしょうか?」

小泉「中ロが合同軍事作戦を採るとか、軍事同盟を結ぶということは、当事者たちが強く否定しているところで、私もそれは考えにくいと思います。米国の軍事計画の立場で考えれば、米中有事の際にロシアをどの程度、中立の立場にとどめておけるかだと思います。中ロ連合軍と殴り合うとかいう話ではないのではないかな。これもやはり軍事的な計算というよりは政治の話に近づいてしまう気がします」

中国を軍備管理に引きずり出すには

高橋「次に軍備管理の話をしたいと思います」

戸﨑「日本の安全保障の観点から見た場合、中国の脅威に対して、軍事的にどう抑止していくかということと、政治・外交的な軍備管理を通じてどう低減・除去していくかということになると思います。その軍備管理を考える上で、冷戦期のような二極で均衡という状況にはないことが前提となります。中国と軍備管理しようとしても米国やロシアだけでなく、インド、パキスタン、中東諸国などの関係も含めて考えないといけない。まさに世界は多極的で不均衡な状況になっています。

さらに中国の力が台頭して、米国と大国間競争をしている状況ではなおさらです。今後中国の力が予想に反して急激に低下し、日米が中国に軍備管理を強制できるという状況は現時点では考えられません。そうであれば軍備管理は多国間の枠組みで、しかも当事国が不均衡な能力を持っているという前提で考えなければならない。伝統的な二極・均衡の枠組みではない『新しい枠組み』に行かざるを得ないけれども、それはとても難しい。

軍備管理の目的にもよりますが、誰がリードするのか、どの国が対象になるのか。また、どの兵器を対象にするのかということもあります。ポストINF打撃システムについて、地上発射型に焦点を当てるのか、海洋／空中発射型のミサイルも対象に含めるのか、長距離ミサイルとの関係はどのように整理するのか。あるいは核と通常の区分けをどうするかなど問題は山積です。

また、実際に軍備管理を進めようとすれば、中国やロシアはミサイル防衛も対象に含めるよう求めてきます。軍備管理を協力的に行なうためには彼らの要求を無視するわけにはいかない」

高橋「ますますファクターが多くなってしまう」

戸﨑「また、仕方のないことなのですが、将来どのような軍事バランスになるかをいま見通すのは難しいと思います。一定の時間を経て、パワーバランスがある程度固定化されない限りは、あるべき軍備管理は見えてこないかもしれません。

その一方で、実際の危機やリスクは存在するので、まずそこから手当てしていくというやり方がありますｆ。その中で協力の前例となるような軍備管理をやっていくというのが、今のところ考えられるやり方だと思います」

高橋「まずはリスク低減ですね」

戸﨑「そうですね。たとえば戦略対話を米ロ間、米中間、あるいはそれら三か国で進めていき、高いリスクをもたらしうるような行動を抑制するとか、信頼醸成を進めるとか、透明性を上げていくというような運用面の軍備管理を実施していく。そして、力のバランスにある程度の見通しが立ったところで、能力面の軍備管理を行なうという流れなのではないかと思います。

中国を取り込んでいくのは今の段階では難しいだろうと思います。二つの方法が考えられ、一つは、冷戦期の『ＮＡＴＯの二重決定』のようなかたちで、こちらも核・ミサイル能力を強化し、『中国にとって好ましくない状況』を作り、中国を交渉に引きずり出すというものです。ただ逆に中国は軍事力で対抗するということも考えられます。特に中距離ミサイルについては、中国の方が優位にあるため、これだけで軍備管理に参加させるのは難しいと思います。

もう一つは、軍備管理への参加が中国にとって安全保障上の利益になると認識させることです。前者の方法よりもまだ実現性が高いので、こちらを模索すべきだと思います」

高橋「中国側が軍備管理に応じるように仕向けていくわけですね」

戸﨑「はい。従来の核軍備管理の枠組みも、核兵器が登場してから少なくとも20年かかってできあがったものです。その時以上に複雑で、流動的な今の状況で、短期間に『新しい枠組み』を明快に示すことは難しいと思っています」

中ロの軍事協力

小泉「ＩＮＦ条約がなくなって、新ＳＴＡＲＴ（戦略兵器削減条約）も、２０２１年に期限が来ます。あと5年は単純延長できるかもしれないけど、その先はどうなるか……。あと5年くらいで、新しい軍備管理の枠組みができないと、しばらくは軍備管理を諦めざるを得ないということですか？」
戸﨑「数的な意味での軍備管理は難しいだろうと思います。もしできるとしても、米ロの戦略核を、たとえばオバマ政権が提案したような、1000発ほどの規模に削減するという程度のことはあるかもしれないですが、中国を巻き込んだ数というのは考えにくいですね」
小泉「なるほどね……」
戸﨑「あるいは、新STARTを5年延長して、その間に中国も巻き込んで、米中ロがミサイルをトータルで制限するというのは、もしかするとあるかもしれないですね」
小泉「2026年までに、中国そこまで折れてきますかね？」
戸﨑「折れない可能性が高いと思いますけど、わかりません」
合六「そもそも、新START延長の可能性はどれくらいあるんですか？」
戸﨑「少なくとも今回の新型コロナ前は、かなり厳しいと見られていました」
高橋「それは、米国側が例の**ロシアのファンタスティックなシステム**をどう扱うかの点にかかってい

ロシアのファンタスティックなシステム：ロシアが開発していると発表した極超音速グライド兵器「アヴァンガルド」、極超音速空対地ミサイル「キンジャール」、原子力巡航ミサイル「ブレヴェストニク」、原子力無人潜水兵器「ポセイドン」を指す。これらは基本的に新START条約の規制対象外となる（新START条約の規制に抵触しない核兵器を検討したところ、前述のようなシステムに至ったと考えられている）。専門家の間では「ファンタスティックなシステム」ないし「エキゾチックなシステム」といわれることが多い。

ますね。別の論点として、中ロの二国間軍備管理はどうでしょう？」

戸﨑「中ロですか……想像もつかないですね」

小泉「内容は全くわからないんですが、中ロは2019年10月、『軍事および軍事技術協力協定』という、何らかの軍事機密保護協定を結んだ可能性があると言われています。だから、そういう互いの機密情報を保護する枠組みがあれば、何らかのデータを交換してもおかしくはない……」

高橋「お互いが脅威になるシステムを、お互い気になる場所に置かないとか……」

小泉「あるいは、その総量を通告しあうとか、その程度のことはしているかもしれません。そこで気になるのは、2019年にプーチン大統領は中国の弾道ミサイル早期警戒システムの開発をロシアが支援していると発言したんです。もしかしたら、何らかの早期警戒情報の共有みたいなことをするのかもしれない。そういう広い意味での信頼醸成とか、危機の安定性を高める措置のようなものは中ロで考えているのかもしれない。たぶんそれは彼らが敵どうしだからではなく、敵になると、ものすごくお互い困るので、情報共有する可能性はあるんじゃないですかね」

高橋「お互いの矛を外に向け合うためというか……。米国にとってはよいことではないですね」

合六「その点が私の知りたかったことです。中ロが同盟を形成するまでに至らなくても、軍事的な協力が進めば、米国側はそれによって対中・対ロという二国間ベースで思考することに限界が生まれるわけですね」

戸崎「はい。米国対中ロという構図になれば、数的な軍備管理の交渉はさらに難しくなります。信頼醸成をどうするか、核と通常弾頭をどう識別するかといった運用的なところから軍備管理を進めて信頼性を高めていく。あるいはエスカレーションの不安定性を低減していくといった、かなりソフトなところからまずは進めていくのが、現実的にできることなのかなと思います」

小泉「そのためには、よりディープな情報公開が必要になる……」

戸崎「特に中国に対して、それは大事だと思っています。中国は、たとえば、どこにどのようなミサイルがどれだけ配備されているか、搭載されているのは核弾頭か通常弾頭かなどを明らかにしていくべきだと思います」

小泉「中国も外国との条約に従って開示するという経験をちゃんと積ませるべきですね」

戸崎「そうだと思います。ロシアは実際に実施しているわけですし」

小泉「ロシアは不信感の塊みたいな国だけど、仕組みができて、官僚的なプロセスに乗ると粛々とやりますね。だから中国もちゃんと学んでもらうのも。先々悪いことじゃないと思います」

合六「ちなみに、米国の軍備管理のコミュニティの人たちはこの問題をどう感じているのでしょうか？」

戸崎「楽観的ではないと思います」

合六「当面、軍備管理の新しい枠組み作りは難しいから、抑止でいくしかない……とはならないのですか？」

戸﨑「軍備管理の専門家はそのあたりは堅いですね。抑止に重心を置くというより、いかに軍備管理を守り、進めていくかを重視しています」

新たな軍備管理を求める欧州

合六「軍備管理コミュニティの人たちがどういう議論を展開しているのかというのは注目する必要がありますね。ＩＮＦ条約がなくなって、新ＳＴＡＲＴが延期されないとなると、ＳＡＬＴが締結された１９７２年以前の世界に戻るわけじゃないですか。そこで軍備管理の専門家たちが、どれだけクリエイティブな発想で、『軍備管理の新しい枠組み』を考えていくのか。不確定要素が多いなかで、現時点で専門家たちがどのような議論をしているのか大変気になります」

戸﨑「遠い将来的なものは出し切れてないと思います。運用面からのアプローチ、あるいは数的にミサイルや発射基を見ていくといった提案する専門家はいます。米中ロの文脈では議論・提案などがなされていますが、インドやパキスタン、それから中東のミサイルはどうするのか、アジアにおけるポストＩＮＦ打撃システムの配備をどう考えるのかというような具体的な論点について精緻な枠組みは考えられてないように思います」

合六「ヨーロッパでは、まだ具体的提案はないですけれど、軍備管理の枠組みは必要だということは言われ続けています。やはりＩＮＦ条約がなくなったことは、彼らにとってはショックのようです。フランスのマクロン大統領は国際的な軍備管理協定に向けて積極的に動くべきだとヨーロッパ諸国に呼びかけています。これは、フランスを含むヨーロッパの利益が犠牲にならないように、新たな軍備管理枠組み構築に向けて声を上げていくんだということなのかもしれません。その一方で、フランスが当事国となって交渉するとなると、話はいっそう複雑になります。フランスやイギリスの核戦力を交渉の中でどう扱うのかという、冷戦期の論点が蒸し返されることにもなりかねません」

高橋「そもそもＩＮＦ条約から英仏を外すことができたのは、どういう経緯があったんですか？」

合六「『二重決定』に至る過程で、英仏は米国の戦域核戦力の近代化に当初から積極的でしたが、新たな軍備管理交渉の開始には躊躇していました。自分たちの核が交渉に含まれるかもしれないからです。そこで米国が『ＳＡＬＴ（戦略兵器制限交渉）の時と同じように、英仏の核は米ソ間の交渉には含めない。戦域核をめぐる交渉もＳＡＬＴの枠組みでやるから安心していいよ』という立場をとったんです。もちろんソ連は、ＳＡＬＴでも、ＩＮＦ交渉でも、英仏の核を制限に含めろと繰り返し米国に要求するわけですが、米国は、これは米ソの交渉だから第三国の兵器は含めないと死守し、最終的にソ連が折れました。だから、先ほど述べたように、ソ連内部では英仏の核戦力を規制できない指導部への不満が高まっていたんです」

地上発射型トマホークは有効か？

高橋「最後の論点である、日本の課題について議論を進めたいと思います」

森本「米国がどの段階で地上発射型巡航ミサイルを運用できるようになるかわかりませんが、最短で1年半から2年、遅くても2020年代中頃になると思います。その前に日本を中心に地上発射型巡航ミサイルを配備したいと言ってきたら、日本はどういう対応をとるのか、非常に深刻な問題と受け止めています。今から頭の体操をしておかないと間に合いません。結論を先に申し上げると、オプションは二つあると思います。

一つは、米国のトマホーク巡航ミサイルを、日本が先に入手して自衛隊が配備する。そして、政治的な反作用のハードルを少し低くしてから、米国が海兵隊の基地に持ち込む。同時にやってもいいんですが、まず日本が配備して、次に米国という流れです。

二つ目のオプションはその逆です。まず米国が配備する。そうするとオスプレイ輸送機のように、日本が持ってもおかしくないという流れになる。どちらにしても政治的な困難をどう乗り越えるかが課題です。

地上発射型トマホークを日本が持つとなると、敵基地攻撃能力の問題が出てくるんですが、これは意外と乗り越えられる可能性が高いと思います。

すでに航空自衛隊は敵基地攻撃にも使えるスタンドオフミサイルを導入する計画で、これは今のところは900キロメートルほどの射程で、島嶼防衛と対艦防護用です。一方、中国はさらに射程の長いシステムを持っているので、先に自衛隊の方が被害を受けてしまう。それでは日本を守れないので、中国が持っている射程と同等、もしくはそれ以上の能力が必要になる。そこで敵基地攻撃能力をどうするかという問題になります。

さらにミサイルを導入できても配備システムの非脆弱性も重要です。そのためには固定式ではなく、移動式システムを選択して攻撃されにくくします。日本国内の数か所に置くだけでなく、たとえばグアム、あるいはASEAN（射程を考えるとフィリピンかベトナム）など、複数箇所に配備して、中国のターゲッティング（目標選択）を難しくする。非脆弱性を維持しながら、抑止機能を持つという使い方になるんだろうと思います。

今のところ米国は、最初に申し上げた海兵隊の『フォースデザイン2030』というプログラムとインド太平洋軍の戦略によれば、日本や韓国に集中している兵力をアジア・太平洋域に広く分散配備して、非脆弱性を高くしながら、大洋に出てくる中国を包囲するという戦略に変えていこうとしています。そういう意味で、東南アジア、オセアニア島嶼諸国、あるいはハワイやグアムを有効に使って中国側のターゲッティングを困難にさせながら、その一環として日本に配備するという選択肢があるのではないかと思います。

いずれにしても米国が先に持ってくるか、日本が最初に持つかというのは、非常に重要な判断だと思いますが、どちらかと言えば、自衛隊が先に装備する方がよいと、現段階では思っています。

最後に新ＳＴＡＲＴについてですが、私は２０２１年2月に新ＳＴＡＲＴが延長される可能性は少し低いんじゃないかなと思っています。なぜなら米国は核の三本柱を近代化するために猛烈な努力を払い、予算を費やしているだけでなく、新しいミサイル防衛システムを保有しようとしています。数が同じなら、質的に米国の方が優位になります。先ほど小泉さんが言われたように、仮にアヴァンガルドが新ＳＴＡＲＴに含まれたとしても、ロシアが提案しているそれ以外の戦略兵器が新ＳＴＡＲＴに含まれないとなると、アメリカはＳＴＡＲＴを続ける理由がなくなるのではないでしょうか。

そうなると、ＩＮＦ条約と同じパターンで、米国はＳＴＡＲＴを維持するのは賢明ではないと判断すると思います。しかし、これは２０２０年11月の大統領選挙で共和党、民主党のどちらが勝利するかで大きく違ってきます。現段階での予想は難しいのですが、先ほど述べた理由で、新ＳＴＡＲＴの延長の可能性は低いと思っています」

高橋「地上発射型トマホークの配備問題はメディアが好きそうな話題ですが、そこから議論を始めるべきではないと思っています。そもそもアジア・太平洋の戦略環境において、地上発射型巡航ミサイルは、どれだけ意味があるかを先に考えるべきです。

トマホーク巡航ミサイルでは、北朝鮮の移動式ミサイルも中国の空軍基地の滑走路も破壊できません。使えるとしたら、台湾に渡洋侵攻する前の中国の両用作戦部隊を攻撃するくらいです。そうであれば、海洋発射型で十分です。地上発射型トマホークを配備するというのは、そもそも戦略的にナンセンスだと思います」

森本「トマホークがどこまで精密であるかという点について、軍事的に全てのデータが開示されてはいませんが、少なくとも中国が内陸部に保有している2000基近いＩＲＢＭ（中距離弾道ミサイル）やＭＲＢＭ（準中距離弾道ミサイル）を弾道ミサイルよりも精密に攻撃できるのではないですか。飛行場の滑走路も……」

高橋「滑走路は破壊できません。2017年4月、米軍によるシリア空軍基地攻撃では航空機は破壊できましたが、滑走路には被害がありませんでした」

森本「それは相手の飛行場の防護能力と攻撃側の精度によって決まりますが、確かに滑走路を攻撃したところで何時間かしか機能を止めることができないのであれば、航空基地を攻撃するためにトマホークを使うのは賢明ではないですね。

なぜ中国が内陸部にミサイルを置くかというと、沿岸部にあると米国艦艇のミサイルによって破壊されるので、ゴビ砂漠近くに持ってきているわけです。中国がトマホークの精度をどう考えているかによりますが、私は非常に大きな抑止機能があると思っています」

高橋「でもそれは地上発射型でなければならない理由にはならない……」

森本「地上発射型の方が安定している」

高橋「潜水艦発射であればA2／AD状況下でも運用できます」

森本「潜水艦発射はある目標に対して攻撃できる数を一度に揃えるのはすごく難しい」

高橋「オハイオ級巡航ミサイル原潜なら1隻で150発を超えます」

森本「地上発射型であれば、ASEAN諸国や日本などに数か所ずつ配備することで、確実にどれだけ破壊できるかがカウントできます。海洋・空中発射型では戦力を一度に集結させることが簡単ではないのです。常に移動していますから」

高橋「ただそれも路上移動式だったら、同じ問題が生じますよね」

森本「そうですね。でも、それをカバーできるだけ、地上発射型ミサイルを数か所ずつ置いていくと、その分だけ相手は、ターゲッティングが難しくなると言えるのではないでしょうか」

高橋「いますぐ米国が使える海洋・空中発射型巡航ミサイルの総数は少なめにラフに計算しても700発強です。地上発射でそれに匹敵する数を揃えるのは非常に難しい。トマホーク巡航ミサイルではないミサイル——つまり極超音速グライド兵器や弾道ミサイルであれば、海洋発射型トマホークにはできない機能を果たすことができます。トマホークである限り、海洋発射型と比べて何が優位なのかを考えなければなりません。大陸であるヨーロッパであれば地上発射型は大きな利点があると思いますが、アジア・太平洋で考えると、地上発射型トマホークの有効性について大きな疑問があります」

森本「なるほど。そういう疑念があることはよくわかりました、ただ日本が地上発射型トマホークを配備するというオプションを採ることで、中国と日本の非対称能力の差をいくらかでも縮めることはできるのではないでしょうか」

高橋「ポストＩＮＦ打撃システムの配備は検討すべきだと思いますが、なぜ巡航ミサイルなんですかということです。地上発射であれば、海洋・空中発射型と違って、サイズやペイロードの制約のない、より大型でより高速なものを作ることができるはずです」

小泉「逆に言うと、なぜ米国はアジアに地上発射型トマホーク持ってきたいんですか？」

高橋「単純に、今あるから……」

森本「うーん。ポストＩＮＦ打撃システムを配備するのは、米国にとってアジア・太平洋における中国の脅威が大きいからですが、中国の持っている中距離ミサイルに、確実に打撃を与えることのできる場所に、安定的に運用できる戦力を持っていくには、オーストラリアは遠すぎるし、韓国は近すぎるし、台湾というわけにはいかない。結局、グアムを中心に、日本やＡＳＥＡＮということになってくるんじゃないでしょうか」

巡航ミサイルと中距離弾道ミサイルの組み合わせ

村野「ここで事実関係を整理したいのですが、米国がこの地域でポストＩＮＦ打撃システムをどのように構成し、どう運用するかについては、まだ明確になっていない部分があります。

森本先生が言われた海兵隊の新しい『フォースデザイン２０３０』というコンセプトが出て、２０２０年2月に発表されたＦＹ２０２１の国防予算要求の中で、海兵隊はトマホークを48発調達するとしました。これが事実上、ポストＩＮＦ世界において、米国が導入する最初の地上発射型巡航ミサイルになります。

焦点となるのは、海兵隊が地上発射型トマホークをどう使いたいのかという運用構想とターゲティング・プランニングです。少なくとも、ワシントンで議論している中では、米国が新しく持つポストＩＮＦ打撃システムで、中国の地上配備型ミサイルを直接攻撃すべきだという主張は、今のところ聞いたことがありません。それは、ほとんど移動式になっている中国のミサイルを攻撃するのが技術的に難しいからでしょう。これは、米国が想定するポストＩＮＦ打撃システムは全て通常弾頭型だという主張を運用レベルで裏付けているように思います。冷戦期の欧州に置かれていた地上発射型トマホークやパーシングⅡのように核弾頭を搭載するつもりなら、路上移動式ミサイルも攻撃できるわけですから。

実は、海兵隊の運用構想と調達関連資料を読むと、彼らが取得しようとしているのが、トマホーク・ブロックＶａという最新型であることがわかります。ブロックＶａは『海洋打撃トマホーク（Maritime Strike Tomahawk）』とも呼ばれていて、対艦攻撃能力が付与されています。これが海兵隊に入ってくる。つまり、迅速な機動展開に使える移動式の長射程地対艦ミサイル――イメージとしては、陸自が持っている12式地対艦誘導弾の長射程版のようなものを、東南アジアや南西諸島を含むアジア地域に展開しようというのが、今の海兵隊のコンセプトなんだろうと理解しています。

海兵隊総司令官の発言や関連文書によれば、海兵隊が地上発射型トマホークなどを使って、新たに対艦攻撃任務を担うことを強調していますが、対地攻撃任務に言及されることもあります。こちらはあまり具体的なターゲティングの議論はありませんが、地上の基地を叩くのであれば、移動式ミサイルよりも、たとえば地上に露出しているソフトターゲット、燃料貯蔵施設のような固定目標か、指揮統制車両のような移動がそれほど容易ではない目標が考えられます。あるいは相手の防空システムのリソースを飽和させるために、ある程度の数を揃えた巡航ミサイルが必要だという議論もありうると思います。まあ、あまり攻撃の規模が大きくなれば、海兵隊よりも陸軍の役割になるかもしれませんが……。

いずれにしても、彼らは地上発射型トマホークを使って、中国の移動式ミサイルを攻撃しようとは考えていないと理解しています」

森本「2021年の国防予算と、現段階で海兵隊およびインド太平洋軍が示している基本的な戦略計画によれば、言われるように、それほど長射程のものではなく、せいぜい300から400キロメートルくらいで、内陸部深くに届くような計画は今はないと思います。しかし、『将来は』どうなるかということを必ず考えておかないといけないと思います。

私は次のようなステップを考えています。第一段階は、いま言われたような射程ですが、第二段階になると開発も進み、精度も上がり、内陸部に届くミサイルができる。冒頭申し上げたように、2020年代半ばに中国内陸部に配備された中距離ミサイルを高い精度で破壊できるトマホークを開発できるのではないかと思います」

高橋「それだったら、東シナ海から潜水艦で攻撃する方が容易です」

森本「米国は、第一列島線の内側で潜水艦の活動できる状態は今後厳しくなると見ているのではないでしょうか」

高橋「それはTEL（移動式発射機）でも同じだと思います。中国側の対地攻撃用弾道ミサイルは、対艦弾道ミサイルの技術を利用すれば一定の移動目標を追尾する能力を持っている可能性があります」

森本「ということはトマホーク巡航ミサイルを日本に持ってくるのは、軍事的にも政治的にも意味がないということですか？」

高橋「そう思います。トマホークであるという前提であれば、もし日本が導入するなら、艦載型でいいと思います」

森本「いや、アメリカも地上だけでなく、海洋・空中発射と総合運用できるシステムを持ってくるんじゃないでしょうか」

高橋「米国にとって最大の問題は、中国に対して完全に立ち後れているということなんです。米国が今後10年間にポストＩＮＦ打撃システムに投入可能なリソースは、おそらく中国よりも少ない。さらに米国はヨーロッパとアジアの両方で使うことを考えなければならないから、かなりニーズを絞って効率的に投資をしないといけない。特に対中と対ロで全く異なる『セオリー・オブ・ビクトリー』を持っていると、ヨーロッパでも、アジアでも中途半端なものになりかねない。そこで両方で使えるものを開発できる新たなセオリー・オブ・ビクトリーなり、運用構想、戦略目標が必要になってくる。そうじゃないと中国との差を埋めることはできない」

合六「ポストＩＮＦ打撃システムを新たに地上に配備した時、それがどれくらい全体の抑止力強化に寄与するものなんでしょうか？」

高橋「その質問は、陸上のミサイルがなければ、抑止できない紛争があるかどうかという問いに置き換えていいでしょうか？」

合六「そうですね。村野さんが指摘されたように、地上配備を進めることで運用上の柔軟性を確保するという目的はよく理解できるんですが、地上に配備した時に、抑止力の効果として、どれほどプラスになるのか。逆にアジア方面とヨーロッパ方面で、それぞれ別々に開発を進めていった場合、コストを相手に賦課しているつもりが、自分に賦課してしまうことも、リスクとして起こるんじゃないかということを考えたんです」

高橋「いま海と空に存在している巡航ミサイルと同じものが地上で増えたとして、抑止力における価値が増えるとは思いません」

合六「つまりトマホークを地上に持ってきたところで、抑止効果の面ではプラスにはならないというのが高橋さんの意見ですね」

高橋「はい。その一方でいま攻撃できない目標を破壊できるシステムならば抑止力としてプラスになります。たとえば中国は第一撃で米国の前方展開基地を潰しに来ます。潰した後、航空優勢をとって揚陸部隊が台湾海峡を渡ろうとしても、航空優勢をとれない状況を作ればいい。INF条約が有効だった時代は、それは非戦略核でやるしかなかった。しかしINF条約の終焉によって、通常弾頭のミサイルでもそれができるようになってきた。具体的には巡航ミサイルではなく、弾道ミサイルないし極超音速グライド兵器です」

合六「では、改めて根本的なことをお聞きしたいのですが、現時点での中国との関係で、抑止力上の問題とはなんでしょうか？」

高橋「それは中国側が第一撃において圧倒的な優位を持っているということです」

合六「つまり軍事バランスが中国に有利なだけではなく、抑止上の問題もあるので、それを克服するために、巡航ミサイルではなく、弾道ミサイルなり極超音速グライド兵器を地上に配備して、抑止の効果を高める……」

戸﨑「その場合に、空でも海でもいいけれども、地上というオプションが出てくるという話ですね」

村野「現在の米国には海から撃てる弾道ミサイルは核ミサイルしかありません。となると、通常弾頭を搭載した弾道ミサイルを地上に配備するというオプションは、抑止力としての価値が出てくると思います。中国の攻勢的航空作戦の能力を何割か低下させることができる能力、具体的には中国の航空基地の滑走路――たとえば3000メートル級滑走路の2か所を攻撃して、1000メートルずつに寸断できれば、中国側の戦闘機や爆撃機は、そこから飛び立てなくなるし、作戦中の航空機もより離れた基地に戻らなければならなくなる。そうなれば彼らの航空作戦能力を一時的に低下させることができます。少量であっても、弾道ミサイルならそういうことができるという議論には説得力があると思います」

高橋「要するにどういう戦い方をしたいのかということだと思います。ディナイアル・ディフェンスみたいに割り切って、海の上で防げばいいんだっていうことなら対艦トマホークでもいいという話になる」

村野「私はトマホークもあるに越したことはないと思っています。もちろん、予算上のプライオリティの問題はありますが。一つは、巡航ミサイルによる長射程の対艦攻撃能力。もう一つは、中距離弾道ミサイルによる中国の航空基地と重要な固定目標の破壊能力。この二つがポストＩＮＦ打撃システムの具体的な使い道かなと考えています」

ポストINF打撃システム配備の政治的問題

合六「巡航ミサイルと中距離弾道ミサイルの組み合わせはよくわかりましたが、国内政治的に可能かという点はどうでしょうか？」

村野「政治的理由を背景にした慎重論・反対論はいくつかあります。たとえば『北朝鮮の弾道ミサイル開発にこれまで日本は反対してきたのだから、日本自身が弾道ミサイルを持ったり、米国の弾道ミサイルを受け入れるべきではない』というものがあります。私はこうした議論には反対です。北朝鮮の弾道ミサイル発射は、核を搭載して日本を脅かす意図が明らかだから問題なのであって、米国や韓国が弾道ミサイル発射訓練をしても、我々は非難しません。今後、北朝鮮と交渉しても、彼らが真面目に弾道ミサイルを減らすことは当面期待できないならば、彼らが軍備管理交渉に乗ってくるまで、日本が弾道ミサイルを含む攻撃能力を持つ合理性・政治的な正当性はあるのではないでしょうか。これは中国に対しても同じことが言えます。専守防衛の中で、戦略爆撃機や攻撃型空母、ＩＣＢＭは持たないとしていますが、自衛隊の装備や運用を一律に制限することは適切ではなくなっていると思います」

高橋「憲法上の問題でいえば、敵国をもっぱら破壊する兵器を持たないことにしている、ということなので。軍事目標のみを攻撃できる精密誘導打撃力であれば、憲法にも、専守防衛にも反しないかたちで整理することは十分できると思います」（終章参照）

森本「政治的な問題は整理できると思います。敵基地攻撃能力そのものについてはすでに我が国はそれを乗り越えてしまっているので問題ないんです。それよりも海洋・空中発射型巡航ミサイルが主で、地上発射型はそれを補完する手段にすぎないという議論に答えを出すことが大事だと思います。地上発射型巡航ミサイルが軍事的に有効な抑止力たりうるかどうかという点で高橋さんとは意見が大きく違います。

やはり私は、海洋・空中発射型の戦力は常に移動しているもので、あるところに濃密に配備しようと思うと、相当大きなリソースが必要となります。安定的に兵力を維持するためには、ある程度の地上発射型巡航ミサイルを持つことは、オプションとして悪くないと思っています。しかも日本だけではなくて、ほかの地域や国に大量に配備することによって、中国に対するトータルの抑止力を強化し、包み込むように配備することが可能です。その政治的な圧力を利用して、軍備管理に誘導していくということも、中国の情勢次第では期待できるかもしれません。先ほど言ったように、政治的には米軍が先に持ってくると日本国内で非常に大きな問題が発生する可能性があるので、まず日本が持つという選択を先にした方がスムーズにいくんじゃないかと思っています」

高橋「日本が持つと選択する前に、日本列島に打撃力が必要であるという、**国民の理解**がほしいと思

国民の理解：NHKが実施した世論調査（2020年8月12日付報道）によれば、自民党が7月31日に提言した「相手の領域内でも攻撃を阻止する能力」について、回答者の50パーセントが「持つべきだ」と答えている。

います。たとえば２００３年にＢＭＤ（弾道ミサイル防衛）を導入すると決めた時も、ＢＭＤが必要だという国民的理解がある程度形成されていたのは間違いないと思います。要するに、日本に戦域レベルの打撃力が必要だということを、一定の割合の国民が理解することが重要だと思います」

森本「第一列島線の内側の軍事バランスが中国優位になっていて、日本の自衛力が非常に強い圧迫を受けている。場合によっては本当に台湾が侵攻されるかもしれない。尖閣諸島のグレーゾーン事態に対応できない時のことを考えて、どこか島嶼地域にポストＩＮＦ打撃システムを配備するという選択は悪い話ではないと思っています」

高橋「その場合、配備する位置と射程という二つの変数があり、長射程ミサイルの方が高価になるという要因も考慮しなければなりません」

森本「……中国の内陸部にあるミサイルに対するカウンターアタックということだけを考えると、日本とフィリピンが最適ですね」

高橋「内陸部のミサイルまでターゲットにする必要があるのか、またそれができるのかという問題があります」

村野「ポストＩＮＦ打撃システムをめぐる論点は、結局、日米同盟の役割・任務・能力（ＲＭＣ）を再定義するという課題に、立ち返ってくると思います。日米の役割分担に関する抜本的な見直しの中で、ポストＩＮＦ打撃システムの必要性を議論して、作戦計画およびターゲティング・プランニングをどこまで共有するかが問われます。朝鮮半島、東シナ海、台湾という具体的なシナリオの中で、指揮統制をどう切り分けるか、あるいは一体化させていくのかという問題をセットで議論しないといけないと思っています。結局これが日米同盟の『セオリー・オブ・ビクトリー』を議論するということなのではないでしょうか」

高橋「それを議論して納得する前に配備問題が出てくると、とんでもないことになる」

森本「そういう意味で、日米同盟を再々定義する時期が、近い将来、来ると思います。その時に、いま我々が議論しているポストＩＮＦ打撃システムも含めて、クロスドメイン（宇宙・サイバー・電磁波）における日米の役割分担などがこれから出てきます」

村野「それはおっしゃるとおりだと思います」

高橋「このあたりでリモート座談会を終わりにしたいと思います。あとは各自担当章の執筆をお願いします。いまは海外出張や会議もないようですから……」

小泉「新型コロナのおかげで執筆に集中できますね」

（２０２０年４月10日収録）

おわりに

（森本 敏）

第2次世界大戦が終わって、75年が経つ。この間に起きた多くの地域紛争や軍事的衝突で、その帰趨を決めた要因の主なものはミサイルであった。すなわちミサイル技術がいわば、戦後における戦争の様相を一変させたのである。

そして、近年では弾道ミサイル、巡航ミサイルに加えて極超音速グライド（滑空）兵器といったミサイルが登場するようになっている。また、ディプレスト軌道といった低空を変則的に飛翔するミサイルも開発され、通常の地上レーダーでは発見・探知だけでなく対応も難しくなっている。

こうしたミサイルは各種の技術革新にともない、速度・航続距離・精度・軌道・誘導方式・搭載兵器などの機動性や生存性などが急速に発展し、あるいは多様化している。

ミサイルを搭載するプラットフォームも地上・艦艇・航空機だけでなく、無人システムへと拡大し、現時点では条約上の規制がある宇宙システムに広がるのも時間の問題であろう。さらに、今後、ミサイルにＡＩ（人工知能）や自律性・量子技術などを応用することにより、ミサイルの性能が一層、発達することが予想される。

さらに、ミサイルの脅威は、その弾頭に核兵器・化学・生物兵器など大量破壊兵器が搭載されることによって、急速に拡大してきた。その点で、冷戦期に、東西両陣営の頂点にいた米ソ二大大国が核兵器や運搬手段の削減について合意した戦略核兵器制限条約であるＳＡＬＴおよびＳＴＡＲＴ関連条約と中距離核兵器全廃を目的としたＩＮＦ条約は冷戦期における地域の安定に貢献したといえるであろう。

しかし、ＩＮＦ条約は２０１９年8月に失効して、その役割を終えた。新ＳＴＡＲＴ条約は２０２1年2月、5年の期限が到来する。現時点では、ロシアは条約期限の自動延長を希望しているように見える。しかし、米国には軍備管理の枠組みに入っていない中国の兵器システムが質・量とも急速に発展するのを放置することはできず、中国を含む軍備管理枠組みを求めるべきだとして、新ＳＴＡＲＴ条約の自動延長を留保する意見もあり、その行方は不透明である。

また、２０２1年初頭には、5年ごとに開催されるＮＰＴ（核不拡散）条約の再検討会議が予定されているが、10年前も5年前も、いずれもコンセンサスができなかった。今回の再検討会議で再び、コンセンサスができないと、ＮＰＴ体制の行方も不透明になり、軍備管理の枠組みが一層、不安定になるという深刻な事態を招くことが心配される。

一方、ロシア、中国、北朝鮮などは依然として、核兵器や各種のミサイルの開発を進めている。これに対するミサイル防衛の技術は追い付いておらず、たとえば、極超音速巡航ミサイルやディプレスト軌道を飛翔するミサイルには現有のミサイル防衛システムでは有効に対応できないと米国防省高官は議会証言で述べている。

世界は再び、共産主義と自由主義というイデオロギーや価値観をめぐる戦略的競争関係が見受けられる。インド太平洋では米中間の競争が先鋭化している。欧州では、依然としてロシアの脅威を感じる国が多い。米国と同盟国の関係には亀裂が入りつつある。こうした安全保障環境の中で、我々はINF条約後の世界における「セオリー・オブ・ビクトリー（勝利のための論理）」をどのようにして見いだすかという命題に取り組んだ。

本書は、ミサイル戦争の中で追求すべき「セオリー・オブ・ビクトリー」を多角的な側面から追求して、日本の軍備管理を含む安全保障のあり方に一定の回答を見つけ出そうと試みたものである。

本書は、私がINF条約のプロセスを追跡してきた経緯の中から出てきた問題意識に、専門家の諸兄の協力を得て発刊したものである。実際には、本書の編集・監修はほとんど高橋杉雄氏に担当していただいた。執筆者の選定や討論の構想も高橋氏の尽力によるところが大きい。

同氏の鋭い戦略観と技術面での素養は、「はじめに」と「第2章」「終章」および「座談会」の部分などで随所にみられる。今後の日本の安全保障にとって極めて貴重であり、将来の活躍が大いに期待される。

第3章の執筆を担当した戸﨑洋史氏は、有数の軍備管理専門家として著作も多く、かねてより注目していた研究者である。

第4章の執筆を担当した合六強氏は、今回、初めて議論をし、執筆を担当していただいたが、かねてよりNATOを含む欧州の安全保障を中心に研究しておられる専門家と承知していた。本書ではNATOの「二重決定」について歴史的見地に立って新しい視点を提示していただいた。

第5章の執筆を担当した小泉悠氏は、ロシア研究について本邦における第一人者といってよい、新進気鋭の専門家であり、同氏が本書の執筆者に加わっていただいたことが本書の重みを増したことは間違いなく、本書発刊に大きな貢献をしていただいたものと考える。

第6章の執筆を担当した村野将氏は、現在、ワシントンのハドソン研究所の研究員であり、本書を読んでいただければよくわかるが、おそらく日米安全保障関係を米国からみた場合の視点をこれだけ見事に分析できるのは同氏をおいてはほかにいないと確信する。日米同盟関係に関する研究者として同氏が展開する見識は今後とも日本にとって貴重なものになるであろう。

私がＩＮＦ条約に関わったのはＩＮＦ条約交渉が進んでいた１９８０年代中頃である。当時、在米日本国大使館政務班に勤務して軍備管理を担当し、ソ連が極東に配備していたＳＳ‐20の現状をたえず米政府に入ってブリーフィングを受け、それを公電にして本省に送っていた。この仕事の主管者は岡本行夫氏であり、私は補佐役だった。米国側の速度が速い説明と画面に映し出されたＳＳ‐20の状況を書き取ることには苦労をした。もっぱら私が「とにかく何でも」質問する係で時間稼ぎをしている間に、岡本氏が停止している画面をメモして、それを大使館に帰り、二人で合作して公電にしたのを思い出す。

本書を発刊する際には推薦の言葉を岡本行夫氏にお願いするつもりだったが、その岡本氏も今はいない。あれから35年余、米国はすでにポストＩＮＦ打撃システム開発に着手し、いずれ成功して、日本に配備したいと言い出した時に、この問題に火がつく。

本書はその時のために、この問題を多くの方々に改めて考えていただきたいと思って刊行したものである。

本書の刊行に大変な熱意をもってご尽力いただいた並木書房の奈須田若仁氏に衷心よりお礼を申し上げたい。また、最後に改めて高橋杉雄氏と森本事務所の吉田秘書にお礼を申し上げたい。この三人の協力がなければ本書の刊行はあり得なかったと確信している。

令和2年夏

執筆者略歴

森本　敏（もりもと　さとし）　防衛大学校卒業後、防衛省を経て１９７９（昭和54）年外務省入省。在米日本国大使館一等書記官、情報調査局安全保障政策室長など安全保障の実務を担当。初代防衛大臣補佐官、第11代防衛大臣（民間人初）、防衛大臣政策参与を歴任。２０１６（平成28）年より拓殖大学総長を務める。主な著書に『どうする!?　どうなる!?「北朝鮮」問題』（共著、海竜社、２０１８年）、『国家の危機管理』（共著、海竜社、２０１７年）、『防衛装備庁─防衛産業とその将来』（共著、海竜社、２０１６年）など。

高橋杉雄（たかはし　すぎお）　防衛研究所防衛政策研究室長。１９７７年早稲田大学大学院政治学研究科修士課程修了。２００６年ジョージワシントン大学大学院修士課程修了。１９９７年より防衛研究所。防衛省防衛政策局防衛政策課戦略企画室兼務などを経て、２０２０年より現職。核抑止論、日本の防衛政策を中心に研究。主な著書に『「核の忘却」の終わり：核兵器復権の時代』（共著、勁草書房、２０１９年）。

戸﨑洋史（とさき　ひろふみ）　日本国際問題研究所軍縮・科学技術センター主任研究員。九州大学客員教授、広島市立大学非常勤講師などを歴任。専門は核軍備管理・不拡散、核戦略・抑止論など安全保障問題。主な著書に『安全保障論─平和で公正な国際社会の構築に向けて』（共編著、信山社、２０１５年）、『ＮＰＴ　核のグローバル・ガバナンス』（共著、岩波書店、２０１５年）など。大阪大学大学院国際公共政策研究科博士後期課程中途退学。博士（国際公共政策）。

合六　強（ごうろく　つよし）　二松学舎大学国際政治経済学部専任講師。慶應義塾大学大学院法学研究科後期博士課程単位取得退学。同大学法学研究科助教などを経て、2017年より現職。専門は米欧関係史、欧州安全保障。主な論文に「西ドイツの核不拡散条約（NPT）署名問題と米国の対応 1968〜1969年」（『GRIPS Discussion Paper』18-3、2018年）、「中性子爆弾問題をめぐる同盟関係、1977〜78年：カーター政権の対応を中心に」（『国際情勢』第84号、2014年）など。

小泉 悠（こいずみ ゆう） 早稲田大学社会科学部卒業、同大学院政治学研究科修士課程修了（政治学修士）。民間企業勤務、外務省専門分析員、国会図書館調査員、未来工学研究所研究員などを経て、現在は東京大学先端科学技術研究センター特任助教。ロシアの軍事・安全保障政策を専門とする。主な著書に『「帝国」ロシアの地政学』（東京堂出版、2020年）、『軍事大国ロシア』（作品社、2016年）など。

村野 将（むらの まさし） 米ハドソン研究所研究員。岡崎研究所や官公庁で戦略情報分析・政策立案業務に従事したのち、2019年より現職。マクマスター元国家安全保障担当大統領補佐官らとともに日米防衛協力に関する政策研究プロジェクトを担当。専門は日米の安全保障政策、核・ミサイル防衛政策、抑止論など。主な論文に「平和安全法制後の朝鮮半島有事に備えて：日米韓協力の展望と課題」（『国際安全保障』第47巻第2号、2019年9月）など。

新たなミサイル軍拡競争と日本の防衛
—ＩＮＦ条約後の安全保障—

2020年９月１日　印刷
2020年９月10日　発行

編著者　森本　敏、高橋杉雄
執筆者　戸﨑洋史、合六強、小泉悠、村野将
発行者　奈須田若仁
発行所　並木書房
〒170-0002 東京都豊島区巣鴨2-4-2-501
電話(03)6903-4366　fax(03)6903-4368
http://www.namiki-shobo.co.jp
印刷製本　モリモト印刷
ISBN978-4-89063-401-9